谁没压力谁不烦
做自己的心理医生

谁没压
做自己的心理医

Who have not pressur
Who is not vexing

丁丁 著

中国妇女出版社

ISBN 7-80203-179-6
定价: 28.00元

中国妇女出版社

特大型桥梁深水高桩承台基础施工技术

主 编 张 鸿 刘先鹏
副主编 王海怀 肖文福 徐 伟

中国建筑工业出版社

图书在版编目（CIP）数据

特大型桥梁深水高桩承台基础施工技术/张鸿,刘先鹏主编. —北京：中国建筑工业出版社,2005
 ISBN 7-112-07740-0

Ⅰ.特... Ⅱ.①张...②刘... Ⅲ.承台-桥梁基础：桩基础-工程施工-施工技术 Ⅳ.U445.55

中国版本图书馆CIP数据核字（2005）第113159号

本书主要以苏通长江公路大桥主塔4号墩基础施工为主，同时兼顾其他几个辅助桥墩基础的施工，较全面地反映特大型桥梁中深水高桩承台基础的施工技术。本书可供国内同行借鉴，也可作为土建专业人员的参考资料。

* * *

责任编辑　郦锁林
责任设计　肖广慧
责任校对　汤小平

特大型桥梁深水高桩承台基础施工技术

主　编　张　鸿　刘先鹏
副主编　王海怀　肖文福　徐　伟

*

中国建筑工业出版社出版、发行（北京西郊百万庄）
新　华　书　店　经　销
北京铁成印刷厂印刷

*

开本：787×1092毫米　1/16　印张：17　字数：411千字
2005年10月第一版　2006年5月第二次印刷
印数：1501－3000册　定价：**42.00**元
ISBN 7-112-07740-0
（13694）

版权所有　翻印必究
如有印装质量问题，可寄本社退换
（邮政编码100037）
本社网址：http://www.cabp.com.cn
网上书店：http://www.china-building.com.cn

前 言

我国桥梁深水基础技术从20世纪50年代开始,发展至今已进入了国际水平。深水基础的施工,直接受到深水环境的影响,并且随着水深的增加,未知及可变的技术因素也相应增加,其施工技术的难度也急剧增加。

苏通长江公路大桥位于江苏省东部的南通市和苏州(常熟)市之间,是交通部规划的黑龙江嘉荫至福建南平国家重点干线公路跨越长江的重要通道,也是江苏省公路主骨架网"纵一"——赣榆至吴江高速公路的重要组成部分,是我国建桥史上工程规模最大、综合建设条件最复杂的特大型桥梁工程。苏通大桥工程主要由北岸接线工程、跨江大桥工程和南岸接线工程三部分组成,跨江大桥工程总长8206m,其中主桥采用双塔双索面钢箱梁斜拉桥。斜拉桥主孔跨度1088m,列世界第一;主塔高度300.4m,列世界第一;斜拉索长度580m,列世界第一;群桩基础平面尺寸113.75m×48.1m,列世界第一。

鉴于苏通大桥深水基础施工技术的难度比其他桥梁大,具有独特性,为提高我国桥梁建设水平,中港二航局组织同济大学一起编写了《特大型桥梁深水高桩承台基础施工技术》这本书,既可供国内同行借鉴,也可作为土建专业的参考资料。本书由张鸿、刘先鹏主编,王海怀、肖文福、徐伟副主编,参加编写的还有何平、丁峰、张国志、姚蓓、高纪兵、左明昌、姚平、彭强、秦宗平、黄朝晖、何关健、黄文学、陶建飞、王周瑜、刘亚东、胡安祥、杨昌维、骆艳斌、陈灿、李绍辉、宋灿、谢小松等。

本书主要以苏通长江公路大桥主塔4号墩基础施工为主,同时兼顾其他几个主桥辅助墩基础的施工,较全面地反映特大型桥梁中深水高桩承台基础的施工技术。全书共包括八章:第一章,桥梁基础施工技术概述;第二章,深水区高桩平台的施工准备;第三章,施工平台搭设;第四章,钻孔灌注桩施工;第五章,河床永久性防护;第六章,钢吊箱施工;第七章,大体积混凝土承台施工;第八章,通航安全措施。

本书主要以苏通大桥基础施工的技术为依托,在编写过程中也参考了其他相关资料,在此向所有原作者表示感谢。由于编者水平有限,加上时间紧,书中难免会有不妥之处,恳请读者不吝批评指正。

编 者
2005.6

目 录

前言
第一章 桥梁基础施工技术概述 1
第一节 桥梁基础类型 1
第二节 桥梁深水基础施工技术及特点 4
第三节 桥梁深水基础工程实例 8
第二章 深水区高桩平台的施工准备 30
第一节 施工区水文、地质勘察资料准备 30
第二节 粉细砂河床底冲刷规律 35
第三节 施工测量 38
第三章 施工平台搭设 43
第一节 施工平台概述 43
第二节 施工平台形成工艺 45
第三节 钢管桩平台的搭设 49
第四节 护筒区平台的搭设 56
第五节 钢护筒垂直度控制措施 64
第六节 施工平台防撞措施 65
第四章 钻孔灌注桩施工 67
第一节 准备工作 67
第二节 试桩 75
第三节 钻机 76
第四节 PHP高性能泥浆 79
第五节 成桩施工 81
第六节 高强度水下混凝土的配置 101
第七节 灌注桩桩底注浆 102
第八节 桩身质量控制及检测技术 109
第五章 河床永久性防护 116
第一节 河床冲刷计算 116
第二节 调治构造物 121
第三节 河床护底施工工艺以及动态控制 122
第六章 钢吊箱施工 126
第一节 钢吊箱概述 126
第二节 钢吊箱设计计算 134
第三节 钢吊箱施工工艺流程及施工方法 164
第四节 钢吊箱定位技术措施 180
第五节 自密实混凝土在封底混凝土中的运用 186

第六节　钢吊箱施工安全监测 …………………………………………… 209
第七章　大体积混凝土承台施工 ……………………………………………… 229
　　第一节　高性能混凝土的配制技术 ……………………………………… 229
　　第二节　大体积混凝土裂缝控制的一般措施 …………………………… 240
　　第三节　4号主墩承台大体积混凝土温控设计 ………………………… 244
第八章　通航安全措施 ………………………………………………………… 256
　　第一节　船舶通航维护 …………………………………………………… 256
　　第二节　防撞措施 ………………………………………………………… 257
参考文献 ………………………………………………………………………… 263

第一章　桥梁基础施工技术概述

第一节　桥梁基础类型

一、概述

随着社会的发展、交通运输需求量的扩大以及桥梁建设技术水平的不断提高，一大批跨江河、海峡的深水大跨桥梁陆续涌现，成为城市中不可或缺的一道风景。而这些大型桥梁的建设，不论是在规模和结构上的扩大与复杂，还是在施工环境中的影响与多变，都对其设计和施工提出了很高的要求，并给工程增加了相当的难度。虽然目前国内外桥梁施工技术已有不少成功的经验，但是尚未形成一个完整的体系，而每一个新的工程总会呈现出一些新的问题和困难，并不能只依靠借鉴以往的工程经验去解决，得具体问题具体分析，不断改进施工技术。

桥梁都建造在一定的地层上，桥梁结构的全部荷载都由下部地层来承担。受桥梁结构影响的那一部分地层称为地基（ground），桥梁下部结构与地基接触的部分称为基础（foundation）。桥梁上部结构为桥跨结构（bridge superstructure），而下部结构包括桥墩（bridge pier）、桥台（abutment）及其基础，如图1-1所示。

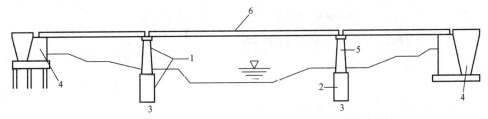

图1-1　桥梁结构各部位立面示意图
1—下部结构；2—基础；3—地基；4—桥台；5—桥墩；6—上部结构

桥梁基础根据其埋深分为浅基础（shallow foundation）和深基础（deep foundation）。将埋置深度较浅（一般在数米以内），且施工简单的基础称为浅基础；由于浅层土质不良，需将基础置于较深的良好土层上，且施工较复杂的基础称为深基础。基础埋置在土层内深度虽较浅，但在水下部分较深，如深水中桥墩基础，称为深水基础，在设计和施工中有些问题需要作为深基础来考虑。

工程实践表明：桥梁的地基与基础的设计和施工质量对整个桥梁结构的质量和正常使用起着巨大的影响。基础工程是隐蔽工程，如由缺陷，较难发现，也较难弥补和修复，而这些缺陷往往直接影响整个桥梁结构的使用甚至安全。基础工程的施工进度，常常控制着整个桥梁工程的施工进度。下部工程的造价，通常在整个桥梁造价中占相当大的比例，尤其是在复杂的地质条件下或深水条件下修建桥梁基础更是如此。因此，对桥梁基础工程必须做到精心设计、精心施工。

二、桥梁深水基础类型

多年来，我国桥梁工程界通过建造跨越长江的大跨度桥梁，已经积累了30m左右水深条件下各种深基础的施工经验。桥梁深水基础技术从20世纪50年代开始发展至今，已进入国际先进水平。但我国公路桥梁发展较晚，近20年才有较大规模的发展，而铁路桥梁发展相对较早。从已施工的基础形式看，可以粗略地将其划分为三个发展阶段。

第一阶段为大力发展管桩及混凝土桩基础。20世纪50年代因修建武汉长江大桥的需要，首创管桩基础，自此管桩直径由1.5m发展到3.0m、3.6m、5.8m；由普通钢筋混凝土发展到预应力钢筋混凝土。

第二阶段为大力发展沉井和钻孔桩基础。20世纪60年代因修建南京长江大桥的需要，由于施工水深达30.5m，覆盖层厚度达54.87m，发展了重型沉井、深水浮运钢筋混凝土沉井和钢沉井；又因成昆线的需要，开始较大规模发展钻孔桩基础。

第三阶段为大力发展复合基础。20世纪70年代由于修建九江长江大桥的需要，首创了双壁钢箱围堰钻孔桩复合基础；20世纪80年代，在修建茅岭江铁路大桥时采用了平台式套箱围堰；在修建肇庆西江大桥时除了采用钻孔桩、沉井及钢管桩基础外，还采用了双承台钢管桩基础。

根据目前国内外已建成的桥梁深基础情况，其类型主要有：桩基础（包括打入桩基础和钻孔桩基础）、管柱基础、沉井基础、组合基础（包括沉井加管柱基础和沉井加钻孔桩基础）和特殊基础（包括双承台管柱基础、锁口管柱基础、多柱基础、连续墙基础、沉箱基础和设置基础）。桥梁深水基础类型见图1-2。

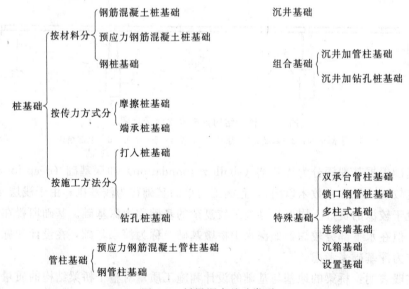

图1-2 桥梁深水基础类型

目前，国内也已经成功施工了最大水深达70余米的深水基础，这表明我国深水基础的施工技术水平已接近和达到世界先进水平。

1. 桩基础

桥梁深水桩基础是桥梁深水基础形式中最为经济的基础形式。桩基础与其它形式的深基础相比，具有以下优点：

(1) 桩基所需沉入的深度要比沉井、沉箱所需下沉的深度小；

(2) 当沉井、沉箱与桩的深度相等时，桩基础的用料少40%~60%。因此，桩基的造价一般比沉井、沉箱低一些；

(3) 桩基刚度小。在流速大、冲刷深的情况下，桩径将会随着冲刷深度的增大而增大。

桩基础是由承台座板（也简称承台）把一组（最少两根）桩连接在一起的基础。承台多为现浇的钢筋混凝土结构，是一个变形远小于位移的刚性板或梁。

桥梁深水桩基础的形式，可按承台分成为：水上高承台桩基础；水下高承台桩基础；低承台桩基础；高低双层承台桩基础。

桥梁深水桩基础按照成桩方法分为打入桩（包括振入、压入，旋入）、钻孔灌注桩及钻孔埋设预制桩三大类型。

2. 管柱基础

管柱基础是我国于1953年修建武汉长江大桥时所首创的一种新的基础形式。管柱基础主要由三部分组成：一是承台座板，二是管柱柱身，三是嵌岩柱塞。

(1) 钢筋混凝土承台座板

钢筋混凝土承台座板，一般简称承台，其作用是：将管柱顶连接为一个整体；通过它将上部结构传来的荷载分配传递到每根管柱上；将柱顶锚固在承台内，以抵抗外力矩。

(2) 柱身

管柱柱身是由若干节管柱拼接而成，而管柱节有钢筋混凝土管节、单壁钢管节、双壁钢管节等。另外，在管柱内常需增加钢筋笼和填充混凝土。

(3) 嵌岩柱塞

管柱基础的特点之一就是在柱底钻孔嵌岩，柱塞底混凝土应与管柱内的填充混凝土同时灌注。柱塞内的钢筋，其下端应插至孔底，上端应深伸入管柱内计算的长度。这样，嵌岩柱塞就将预制管柱和岩层结合在一起，形成一压弯构件。

管柱基础还按其承台座板的高低分为：低承台管柱基础；漫水高承台基础；出水高承台基础（即日本常采用的多柱式基础）等三种。

3. 沉井基础

沉井基础刚度大，能承受对基础作用的较大弯矩，且沉井基础有较大的承载面积。当桥梁的上部荷载较大，基础需要埋设较深时，沉井基础也是常用的基础类型之一。

沉井基础作为桥梁深水基础的另一特点是，在其下沉过程中，可以自身防水，避免了桩和管柱基础中的防水围堰。深水浮运沉井的类型有：带临时井底的沉井、双壁浮运（空体自浮）沉井、带钢气筒的浮运沉井。

4. 组合基础

在水深很深、且有非常厚的覆盖层或地质条件很复杂的情况下，当施工技术无法将单一形式的基础下沉到达预期深度时，可以采用两种不同形式的基础，以接力的方法来修筑桥梁深水基础，通常称这种形式的基础为组合基础。

组合基础所说的组合，指的是在外形结构上的组合，而不是指两种基础作用与性质上的组合。例如，沉井加管柱组合基础，曾在南京长江大桥2、3号墩上用过；沉井加钻孔灌注桩组合基础，曾在广东江村南北大桥的南桥各墩台和北桥南台基础中采用。

5. 特殊基础

随着桥梁跨度不断增大，基础入水深度不断增加，尤其是近年来国外海湾、海峡大桥不断兴建，针对一些特殊的复杂自然条件，采用了一些特殊基础，例如：

（1）针对水深、覆盖层浅及岩性复杂的情况，我国首创了"双承台钢管基础"，其特点是将结构主体与施工工艺密切结合，使施工辅助工程大幅压缩而形成的一种施工上直接一体化的桥梁深水基础结构。在修建广茂线肇庆西江大桥4号墩基础工程时首先采用。

（2）在海洋中修筑管柱基础时，不能使用难以抵抗海上大风的大浪的围堰来降低承台标高，日本采用加大管柱直径，并将承台提高到水面以上，称此结构形式为多柱式基础。如日本的大岛大桥、大鸣门桥、横滨湾大桥和伊唐岛大桥等。

（3）地下连续墙也是一种特殊的桥梁基础形式。日本将墙用"接头"的形式在平面上连接成一个封闭的矩形、八角形、井字形或圆形等不同的结构形式的地下连续墙基础作为特殊的桥梁基础形式。

（4）沉箱基础就是将沉井底节做成一个有顶盖的施工作业工作室，然后在顶盖板上装设井管及气闸，也称为气压沉箱。当桥梁深水基础需修建在透水性很大的土层中且含有难于处理的障碍物，或基底需要经过特殊处理的情况下，沉井无法下沉时，可采用沉箱基础。沉箱基础主要由顶盖、刃脚、工作室、箱顶砌体、升降井孔、气闸及箱顶管路组成。

第二节　桥梁深水基础施工技术及特点

一、桥梁深水基础主要特点

桥梁深水基础，不仅深水环境对它产生许多直接作用，而且深水对其设计理论和施工技术都会提出一些特殊问题。例如，不论是基础类型的选择、基础埋深的确定、外荷载或作用力的计算以及地基承载力与沉降量确定等问题，均与水深有关。因此，认识桥梁深水基础的特点是必要的。初步归纳，桥梁深水基础的主要特点有：

1. 基础所受到的水平力、如水流冲击力、船舶碰撞力、水压力、水撞力、波浪力等，都要比陆上或浅水基础大的多；

2. 深水基础除了考虑环境水的侵蚀，还需要考虑潮汐、洪水以及流水所夹砂石与流冰的直接碰撞、磨损问题；

3. 深水基础的稳定性与可靠度，一般常受水文条件控制，所以对桥梁深水基础，水文条件与地址条件具有同样重要的地位；

4. 深水基础类型的选择一定要慎重考虑，并作全面的可行性分析，因为它不仅关系到基础造价高低，还直接影响到桥梁工程的成败、质量和工期；

5. 深水基础应具有高抗自然灾害的能力，这要求其勘测设计作大量、细致的勘测。由于深水基础的地基勘测均需在水下进行原位勘测，工作条件差，要取得真实、可靠的数据难度大，这就要求其勘测手段更先进、可靠；

6. 深水基础属于水下隐蔽工程，其设计与施工必须将水流速度、水深深度等因素及由深水所引起的其他约束条件联系起来综合分析，并采取相应措施；

7. 对于海湾、海峡和近海岛屿间的近海桥梁深水基础，更应考虑海洋环境产生的荷载，如由台风、巨浪、大潮所产生的巨大水平力，应成为其设计和施工中必须考虑的重要控制条件；

8. 根据桥梁深水基础的现状和发展来看，目前在水深大于100m的深水中修建的桥梁基础尚无先例，但海洋大陆架最大水深可达200m，而现在世界上最深的水下建筑，即1998年美国墨西哥湾修建的Bullwinke石油钻井平台，水深达411m。因此，在水深200m条件下修建海上桥梁深水基础是可能的，但随着水深的增加，未知及可变的技术因素也相应增加，其设计和施工的难度也将急剧增加。

二、深水基础施工技术及特点

1. 深水基础施工平台

深水基础钻孔桩一般为大直径，施工时受洪水、通航、大流速和冲刷的影响，为排除施工干扰，必须在桩位设置工作施工平台。施工平台是钢护筒下沉定位的导向辅助平台；是桩基础钻孔、水下混凝土灌注的作业平台；是基础施工机具、材料临时堆放的场地；是双壁钢围堰施工拼装、下沉的支承平台。

平台的施工根据平台的构造分类不同而不同。深水桩基施工平台分为固定施工平台和浮动施工平台两种类型。部分国内深水桩基施工平台实例见表1-1。

国内深水桩基施工平台实例一览表　　　　　　　　　　表1-1

工程名称	平台形式	平台构造	固定平台受力方式
鄂黄长江公路大桥	固定平台	平台基础由钢管直桩和斜桩组成；钢管桩顶端纵横布设由2I56b组成的承重钢主梁；在承重钢主梁上搭设高度为2m的万能杆件桁架；桁架上用5cm厚木板做平台铺装	钢管桩单独受力
佛开高速公路九江大桥	固定平台	钢管桩作为平台支撑；角钢焊制成桁架作为纵、横向连接；贝雷桁架作为承重梁；45号工字钢和5cm木板作为平台铺装	钢管桩单独受力
岳阳洞庭湖大桥	固定平台	用钢管桩作为支撑基础；管内灌满黄砂增加强度；其上放置工字钢、贝雷架、工字钢轨道；钢管桩之间用[22槽钢作剪力撑和横向连接整体	钢管桩单独受力
利津黄河公路大桥	固定平台	φ80cm混凝土钻孔灌注桩作为平台基础；其上布置I55型钢作为纵横连接及分配梁	钻孔桩单独受力
尖山跨海大桥	固定平台	在钢护筒顶部加工一个井字槽钢架；在井字架的槽钢上加焊限位钢板，使其准确就位	钢护筒单独受力
蚌埠朝阳淮河公路大桥	固定平台	钢管桩作定位、支撑系统；钢护筒顶端加焊牛腿；用16号槽钢加固纵、横向连接及平台钢管桩与钢护筒间相互连接，保证平台的稳定和抗扭	钢管桩与钢护筒共同受力
黄石长江公路大桥	固定平台	以双壁钢围堰作为平台基础；用N型万能杆件组拼成桁架结构；上弦连接I56工字钢；设16个支座与钢围堰焊接	双壁钢围堰
泰和赣江特大桥	浮动平台	浮箱平台用海军锚定并准确定位，再打φ325mm钢管桩锚定	—
隆沪铁路濑溪河铁路桥	浮动平台	钻探船设计采用桶筏积木式，用若干个油桶组成；对钻探船进行平面锚固定位和垂直升降定位	—
女姑山特大桥	浮动平台	浮动平台采用中－60浮箱、箱形钢梁、标准梁节组拼；将定位桩打入淤泥黏土中一定深度，使浮动平台只能随潮水升降，而平面位置不变	—

固定施工平台按构造形式分为支架施工平台和围堰施工平台。支架施工平台包括木桩施工平台、钢筋混凝土桩施工平台或型钢、钢管桩施工平台等。围堰施工平台包括钢套箱围堰施工平台、钢板桩围堰施工平台、浮运薄壳沉井施工平台。支架施工平台按组成平台的构造可分为型钢平台、桁架平台和型钢与桁架组合平台；按平台的受力方式可分为钢管桩单独受力、钢护筒单独受力、钢管桩与钢护筒同时受力三种类型。固定施工平台的优点为：结构简单，相对固定，在成孔过程中对成孔质量有保证。缺点为：周转材料使用多，周期长，平台构架和定位桩的拆装比较费事；且因其平台构架均在施工水位以上，桩的自由长度较长，刚度较差，有头重脚轻之弊。当平台受到较大水平力，如风力、水流冲击力等或冲刷较大时，平台容易失稳。

浮动施工平台是深水中完成钻孔桩基础施工的一种简便而有效的方法，它是指利用水上设备（民用船舶或工程浮箱）以及军用器材等搭设作业平台进行钻孔桩施工的方法，适用于水流较平稳，波浪小，流速不大，通航压力小的河流中深水钻孔桩基础施工。按构造形式分为浮船、六七式标准舟节、浮箱等。浮动施工平台的优点为：结构简单、架设较为简单；可充分利用制式器材，方案灵活性大；投入施工快，显著缩短工期；容易改装成套箱拼装下沉用平台，能节省大量时间；受潮汐水位变化的影响小，抗洪能力强。平台可随水位上浮下沉，在涨水时可继续施工，确保施工进度。缺点为：占用较多水上设备和器材；占用较多河道，一定程度上影响通航，在河道通航繁忙、流速较大的河流中实施比较困难；定位需要较庞大的锚锭系统；钻机施工过程晃动大，钻进效率低，且不能适应大扭矩、大功率的回旋钻机。

2. 围堰施工

深水基础施工方案主要取决于当地地质条件。从施工方面来看，钻孔灌注桩基础的施工有分为先下钢围堰后成桩和先成桩后下钢围堰两种施工方案。

（1）先下钢围堰后施工钻孔桩方案

先下钢围堰后施工钻孔桩方案具有以下优点：

1）钢护筒厚度及长度减少易于准确定位；

2）节省钻孔平台钢管桩钢材也可节省加工焊接及施工桩的费用；

3）节省钻孔平台的稳定措施费。

若无覆盖层或覆盖层很浅时宜采用先下钢围堰后施工钻孔桩方案。

先下钢围堰后施工钻孔桩方案流程见图1-3。

（2）先成桩后施工钢围堰方案

先成桩后施工钢围堰方案具有以下优点：

1）施工快，从施工钻孔平台钢管桩、架设平台至开钻时间短；

2）可降低钢围堰高度，节省工期，降低造价；减少双壁钢围堰夹壁混凝土量；

3）避免岩面高低不平时，钢围堰不规律的高低刃脚着岩难度；

4）清除钻渣难度减小；

5）封底混凝土量可减少。

因此，先成桩后施工钢围堰方案常被用于覆盖层较厚，且覆盖层较软、承载力较小，工期和造价有要求的工程中，如图1-4所示。

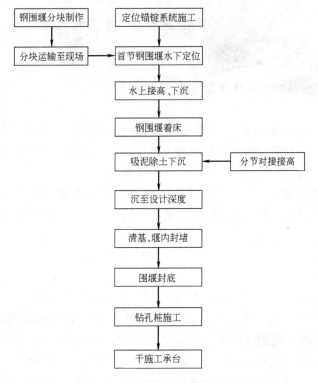

图 1-3 先下钢围堰后施工钻孔桩方案流程图

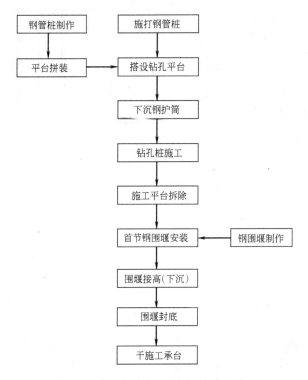

图 1-4 先成桩后施工钢围堰方案流程

第三节　桥梁深水基础工程实例

一、海口世纪大桥主墩沉井施工技术

1. 工程概况

海口世纪大桥位于海南省海口市北部海甸河入海口处，大桥全长 2262m，主桥为 147m＋340m＋147m 双塔双索面钢筋混凝土斜拉桥，主塔高 106.9m，外观为钻石形。大桥于 1998 年 3 月正式开工，于 2003 年 1 月建成通车。

大桥南北主墩（S1、N1）采用沉井基础。主墩处最高潮位 4.25m，最低潮位为 －0.28m，常水位 1.5m。土层结构依次为淤泥、黏土、中砂、细砂、黏土、粗砂、细砂、黏土与细砂互层。

2. 沉井制作

（1）沉井构造

世纪大桥主墩基础 S1、N1 为沉井基础，沉井沿高度方向共分 7 节，底节为钢壳沉井，长 30.4m，宽 19.2m，外墙厚 1.4m，内墙厚 0.8m，高 14m，内部分为 15 个井孔。第 2 节至第 6 节为钢筋混凝土沉井，平面尺寸为 29.8m×18.6m，外墙厚 1.2m，内墙厚 0.6m，高 26.6m，沉井构造见图 1-5。最后井顶一节因处于潮汐变化区段，为提高结构抗腐能力，采用防腐混凝土。沉井封底混凝土厚度为 5m。沉井顶面高程为 ＋4.1m，基底高程为 －36.5m，井底落在黏土层和黏土细砂互层上。

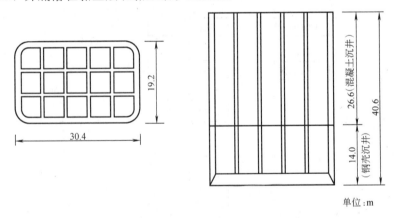

图 1-5　沉井构造示意

（2）沉井钢壳制造

S1、N1 沉井的钢壳高 14m，S1 分为 3 个标准节，N1 分为 4 个标准节，每节平面尺寸为长 30m，宽 18.8m。钢壳均在陆上拼装场地拼装至 14m 高，然后由 500t 浮吊运至墩位处下沉就位。

采用砖砌墩来支撑钢壳内纵横隔仓，外围井壁刃尖直接在场地上布置枕木、钢板来垫撑。然后在砌好的砖墩顶面上放好钢壳安装线，拼装遵循先内后外原则进行，单元件利用钢壳一侧的塔吊吊装。刃尖在钢壳下水前先期浇筑 0.8m 厚的混凝土。

(3) 沉井钢壳整体吊装

沉井钢壳整体吊装见图 1-6。

图 1-6 沉井钢壳整体吊装示意

经计算沉井钢壳的最终吊重为 4700kN，选用 500t 的起重船进行吊装。浮吊进场前对大堤外浮吊走行范围内的部分航道进行了疏浚。500t 吊船进场就位后，挂上钢丝绳，经多方联合检查验收无误后，对现场进行清理，然后进行试吊，试吊中各方均无异常情况后钢壳重新吊起，后退 30m 左右起锚，借助 2600 匹马力拖轮的顶推在原地转 180°，在拖轮护航下抵达墩位处。

在墩位旁预先停泊一 400t 定位方驳，方驳长边与钢壳平行，距钢壳 2m。以定位好的方驳作为粗定位的参照物，然后 500t 浮吊携钢壳进入墩位处，钢壳缓慢沉放，期间吊钩始终保持 1000kN 以上的受力。刃脚入水后钢壳上预先设置的水管与定位方驳上的水泵相连，均匀对称地向钢壳隔仓壁内注水助沉。

当钢壳下沉到刃尖距基床顶面 2m 时进入精确定位阶段，定位采用前方交会法，临近一侧的岸上设 2 台经纬仪定位，另一侧岸上设 1 台全站仪作为校核。在钢壳的纵横两轴线设 4 个测点，通过实测值与理论值比较，确定钢壳的偏移位置，扭转方向，并及时通知吊船进行调整，逐步缓慢移动，边纠正边下沉。预先派潜水员对墩位处河床用高压水枪进行整平。当刃脚沉入河床时，经反复检验位置及标高无误后，并不马上脱钩，而是立即向沉井钢壳的 15 个隔仓回填砂，填至刃脚以上 3m 再松钩，500t 浮吊退场，立即在钢壳外利用开底泥驳回填砂，回填高度为 4~6m。

(4) 沉井钢壳内混凝土浇筑

钢壳内水下混凝土浇筑方量为 1128m³，强度 C20，浇筑高度 6.5m，共分 26 个隔仓。混凝土通过固定泵管由栈桥泵送到沉井边 400t 驳船上的储料斗内，然后用方驳的吊机将储料斗吊至浇筑位置，采用导管法浇筑水下混凝土，浇筑顺序为先四周后中间。钢壳内水下混凝土浇筑完成后，上部属于干浇混凝土，强度 C20，总方量为 1558 m³，输送采用泵送与搅拌车输送相结合。浇筑前须对老混凝土面进行处理，浇筑顺序为先四周后中间，顶部混凝土浇筑完毕 20h 后开始施工缝凿毛，并于 48h 内完成。

(5) 钢筋混凝土沉井滑升施工

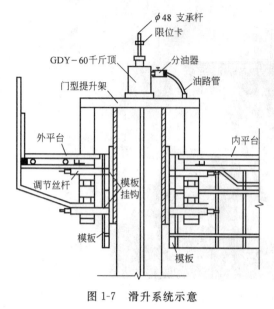

图 1-7 滑升系统示意

世纪大桥主墩沉井基础滑升施工高度为 26m，分 4 次进行滑升，每次滑升高度为 6m、9m、8m 和 3.1m，每米混凝土方量为 211m³。

滑升系统由模板系统、操作平台系统、提升系统三部分组成，见图 1-7。其中外平台为挑平台结构，用于绑扎钢筋、混凝土振捣及人员走动等。内平台为操作平台，大部分机具及材料均集中于平台上，为满足沉井下沉需要，内平台为活动平台。提升系统包括千斤顶、支承杆、针形阀、油管、油路、分油器、液压控制台与阀门等。千斤顶选用 GYD-60 型大吨位千斤顶共计 152 台。

各系统检查能正常运转后，进入始滑阶段。始滑高度为 90cm，分 3 次浇筑及提升，在始滑工程中检查滑模平台是否水平、各千斤顶工作是否正常，然后转入正常滑升。正式滑升过程中 2 次滑升的间隔不大于 1.5h，在气温较高时增加 1~2 次中间提升，每次 1~2 次个行程。

混凝土井壁偏移及扭转的测量与控制：在方便观测的平台四角设置测量标志，采用经纬仪观测平台的偏移和扭转情况，每滑一作业班测量 1 次，同时每滑 3m 高用吊线锤吊测模板四边的垂直度，出现偏差，则采用倾斜平台的方法徐缓纠正模板的偏差；操作平台每上升 50~60cm 作 1 次水平测量，并将水平标高标于各支承杆上，调整各千斤顶和限位卡，以控制平台的均衡提升，纠正平台的倾斜和扭转。

3. 沉井下沉工艺

(1) 不排水吸泥下沉方案

设备的选择：根据计算及沉井结构特点（内部有 15 个井格），每个沉井布置 15 台 ϕ150 空气吸泥机。

管线布置：沉井下沉布置设备及管线较多，因此管线布置上遵循尽量延长主管线、总管线，减少支管线的原则和尽量利用滑模施工的支架设备布置，避免上穿井格的布置原则。

吸泥机的移动机构：吸泥机利用铺设在开型门架上的横梁和轨道进行水平移动，见图 1-8。纵横及上下向的移动则通过手拉葫芦及撬棒实现，工作时应经常移动吸泥机。

(2) 助沉措施

此次沉井下沉过程中采用的助沉措施有泥浆套助沉、高压射水、潜水员配合射水及排除障碍、潜水钻机钻吸、冲击锤破碎泥岩层、改用 ϕ250 吸泥机等手段。

启用泥浆套，当沉井刃尖高程达到 -25m 左右，下沉系数已接近 1，开始采用泥浆套助沉技术。

泥浆套管布置在沉井钢壳 5m 高处，见图 1-9。采用泥浆套助沉时，必须保证井内水头比井外水头高 3m，以防止翻砂涌水破坏泥浆套。同时特别注意井内吸泥的对称作业，

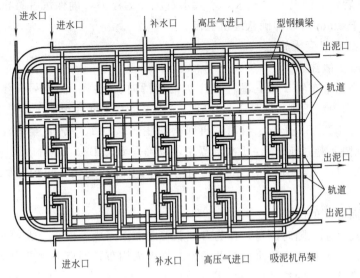

图 1-8 吸泥机布置示意

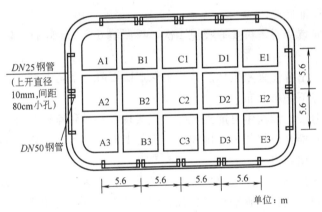

图 1-9 泥浆套布置

使沉井平稳下沉,并随时注意纠偏。

对于黏土和密实砂层,原高压射水设备采用单肢和双肢高压水枪装在吸泥管的两侧,但开始因为流速与流量的不足,效果不明显,后增大了水压,并派潜水员进行水底人工水平射水破土,改善了井格下和刃脚处的取土效果。

对于卵砾石胶结块,采用 $\phi 250$ 吸泥机,取得了较好的效果。

对于泥岩、砂岩夹层和粗砂胶结块,用 1.5t 冲击锤破碎成块,再由潜水员配合将碎块吊出井外。

(3) 终沉技术

当沉井下沉至设计标高 $-36.0m$ 近 1m 左右时,沉井进入终沉阶段,为保证沉井最终稳定着床及清基时的稳定,采取了以下措施:

1) 控制下沉速度,主要以掏刃脚踏面的泥土来实现,吸泥机吸泥主要以尽量减小沉井高差为目的。

2) 开始对泥浆套固化,以确保沉井下沉到位后的稳定。

3）终沉到位后，立即向井内充水，增大水对沉井的浮力，确保沉井终沉稳定。当沉井 24h 下沉量小于 8mm 后，即确认终沉稳定。

4. 沉井水下封底混凝土施工

（1）水下混凝土灌注

导管每个井格正中布置 1 根，灌注顺序为沿横桥向从沉井一侧向另一侧推进，即先 A1、A2、A3（图 1-9）开球、混凝土封导管口，水下混凝土灌注至流于接近 B1、B2、B3 导管附近，则 B1、B2、B3 开球、封口，再回头灌注 A1、A2、A3 直至灌注完成。其间 B1、B2、B3 每间隔不超过 1h 灌注 1 次混凝土，以确保 B1、B2、B3 封口无误。并依此流程逐步灌注 B、C、D、E 各列隔仓。布料要求从时间上保持均匀，每根导管的灌注时间间隔不大于 1h。

（2）混凝土面标高的测量

混凝土面标高必须能随时测量。作为开球及控制灌注完成、检查导管埋深、确定能否提升导管、拆管的重要措施，每个井格四角及井格中央均布置测点。测点设备利用浮球原理自制。混凝土灌注完成的控制标准是以导管混凝土面高于设计标高 30cm，每格井格四角处混凝土面高于设计标高。

（3）施工技术保证措施

清基完成后先回填片石，再普遍吸泥 1 次，再回填 6～8cm 碎石，以尽量减少基坑内浮浆数量。

因本次水下混凝土灌注采用拔球法，为确保成团混凝土下降及减少混凝土在管内被水冲刷的几率，在木球下垫彩条布。

对导管在水下混凝土灌注中可能出现的高气囊现象而导致首批混凝土下降困难，采取以下措施：在第 1 节导管上安装 1 个排气口，预备 1 根 P38 钢轨用以在混凝土不下降时捅开储料斗及导管内的堵塞点。

尽量减小吊机起吊半径，增大起重能力，增大集料斗容量，减小储料斗容量。

导管法兰处加焊三角形加强筋板，以加强接头强度，同时可避免导管提升时法兰钩挂施工平台。

因封底混凝土灌注强度达到 $90m^3/h$，因此在沉井内布置数台潜水泵抽取海水，保证井内外的水头平衡。

养护、混凝土灌注完毕后，专班负责根据潮汐变化抽水和补充，确保在内外水头差平衡的条件下自然养护。

二、南京长江三桥南塔钻孔灌注桩与承台组合基础施工技术

1. 工程概况

（1）基础构造

南京长江第三大桥主桥桥跨布置方式为：63m+257m+648m+257m+63m。南塔基础采用钻孔灌注桩与承台组合的基础形式。南塔基础承台为哑铃形状，圆形部分直径为 29.00m，平面尺寸为：横桥向 84.00m，纵桥向 29.00m。钢套箱内封底混凝土厚为 4.6m，承台厚为 7.5m。南塔基础基桩数量为 30 根，圆形部分基桩直径为 3.0m，矩形部分基桩直径为 2.5m，桩长为 109.5m。

(2) 水文

长江每年5~10月为汛期，11月~下一年4月为枯水期，洪峰多出现在6~8月，1月或2月水位最低。8~9月施工水流流速为2.5m/s。

(3) 地形地貌与床体基岩结构

南京长江第三大桥桥位处床体断面呈不对称V形，深槽靠近南东岸，江底狭窄，深泓最低黄海高程标高为-42m，南塔位基岩面以上覆盖层厚为39.7m，由细砂、中砂、粉砂、粗砂、卵砾石等土体构成。南塔基岩面黄海高程标高为-74.32m，其结构从上至下依次是：3.00m厚全风化泥岩；5.40m厚强风化泥岩；21.90m厚弱风化泥岩 14.40m厚微风化泥岩，1.60m厚微风化砂岩，21.50m厚微风化泥岩。

2. 基础施工总体思路

南塔基础不采用传统的钢围堰施工方法，而采用下述施工方法施工：采用哑铃形双壁有底钢套箱，依靠基桩护筒和套箱自身体系构成基础施工平台，完成基桩成桩和承台浇筑施工；钢套箱采用首节浮运，在基础位接高的方法安装就位；利用导向船、钢套箱底口的锚碇系统使钢套箱初步稳定和定位。

南塔基础施工需要解决3个主要问题：①在水深流急的江中，怎样使钢套箱等基础施工设施在水流的冲击下保持稳定状态，以及如何建立施工平台；②在急流和船行波浪影响下，怎样保证钢套箱的定位精度，以及在床面上，在没有由钢围堰等围水设施形成的静水区域的情况下，怎样保证基桩护筒在水流冲击下的安装精度；③怎样浇筑水下承台。

第一个问题的解决思路是利用穿过钢套箱底板以及进入床体的基桩护筒的限位，使钢套箱等基础施工设施能够在水中保持稳定状态，并形成基础施工平台。在未将钢护筒打入土层前，利用布设锚碇设施的导向船系统稳定钢套箱，并作为此阶段的基础施工平台。

第二个问题的解决思路是利用数根底部进入床体，顶部互联的基桩护筒作为临时定位钢护筒，使钢套箱稳定和定位，在无浪情况下，利用锚碇系统调整钢套箱位置，使其位置达到定位精度，然后利用临时钢护筒使钢套箱固定。

第三个问题的解决思路是利用钢套箱箱壁及底板上的封底混凝土所形成的阻水结构，使套箱内的水被抽出，同时江水被阻隔在套箱外，形成套箱内无水状态，从而在无水状态下进行水下承台的施工。

3. 主塔基础施工方法及步骤

(1) 在岸边水域拼装导向船结构；

(2) 在基础位上游布置定位船的锚碇等部分锚碇系统设施；

(3) 用大马力拖轮及定位船上的牵引将导向船系统浮运至基础位，并与定位船、已抛锚体连接；

(4) 将底节钢套箱牵引进入导向船系统中，并与船体相对固定；

(5) 完成导向船锚碇系统的布设及调整；

(6) 进行钢套箱的接高及下沉，箱顶平台的安装，平台上导向、限位装置的安装等工作；

(7) 使钢套箱在无浪状态下定位，选择12根基桩位的钢护筒作为临时定位钢护筒

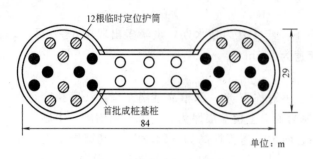

图 1-10 钢护筒平面布置

（图 1-10）完成 12 根临时定位钢护筒的下放和振打。临时钢护筒的打设、安装是一次性的，此后阶段，临时钢护筒可直接用于基桩钻孔成桩；

（8）在临时钢护筒上安装封底所用悬吊系统，使钢套箱下沉至设计标高；

（9）在钢套箱内注水压重，并使钢套箱悬挂、锚固在临时护筒上；

（10）第 1 批 12 根首先成桩基桩护筒下放；

（11）进行第 1 批 12 根基桩的钻孔成桩施工；

（12）完成第 1 次封底混凝土悬吊系统的安装，分块、对称浇筑第 1 次局部封底混凝土；

（13）待封底混凝土达到设计强度后，插打余下 6 根钢护筒，进行余下 18 根基桩的钻孔成桩；

（14）完成其余封底混凝土悬吊系统的安装及混凝土浇筑；

（15）封底混凝土达到设计强度后，浇筑钢套箱箱壁水下混凝土 9.50m，同时从钢套箱箱内抽出等重量的水，以确保钢套箱悬吊系统不受附加重量；

（16）待钢套箱箱壁水下混凝土达到设计强度后，抽干箱壁内的水，对已完成的箱壁水下混凝土顶部进行处理，再在无水状态下浇筑 5.10m 高箱壁混凝土；

（17）根据江面水位标高，在套箱壁内回注一定量的水，此后，即可在套箱内抽水进行承台施工；

（18）完成承台、塔座浇筑施工。

三、大连轻轨跨海滩桥梁人工挖孔桩和扩大基础施工技术

1. 工程概况

大连快速轨道交通工程 3 号线是连接大连市区和金石滩国家旅游渡假区的重要交通线路，全长 46.5km 其中 13 号桥为全线的重点难点工程。桥长 550m，桥跨类型为 22 孔 25m 预制预应力混凝土简支梁，基础设计为人工挖孔桩和扩大基础。

桥址处最高潮位黄海高程 1.83m，高潮位水深达 6～8m，海底依次为：淤泥质粉质黏土 2～3m；砂砾石 4～6m；石灰岩及部分泥岩。石灰岩地段溶洞发育频繁且海底有暗沟。0 号台～8 号墩段为电厂排灰池内，海底上表面沉积 6～8m 粉煤灰，9～21 号墩段为海滩原始地貌（图 1-11）。

2. 施工方法

9～12 号墩位于海滩上，需先进行围堰才能进行挖孔施工，且围堰能尽量减少海水潮汐对挖孔作业的影响。围堰的高度、宽度以能消除最高潮汐时海水影响为准。实际施工围堰顶高程为 2.33m，高于最高潮水位 0.5m。

0 号台～8 号墩位置属于受海水潮汐影响的粉煤灰沉积层，其下又有溶洞存在，设计为挖孔桩，基底嵌入基岩 2m 以上。为此，对选用何种挖孔方法进行了论证和试验。

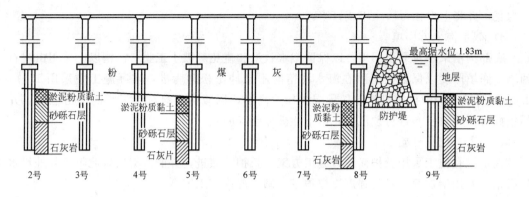

图 1-11 全桥典型地质示意

(1) 围堰隔水施工

9~21 号墩段围堰填筑后,潮汐对桩孔开挖影响较大。根据以往沿海地下工程隔水施工经验,采用两布一膜土工膜密铺下埋施工方案(图 1-12)。

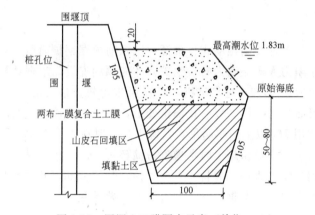

图 1-12 围堰土工膜隔水示意(单位:cm)

1) 截水沟开挖

围堰填筑至一半左右时开始在围堰两侧底部采用挖掘机开挖截水沟,作业时间选择在低潮位时进行。确保开挖宽度 1m 及深度 0.8m 回淤后净深确保 0.5m。沟底塌方要清理干净,边坡修理平整光洁,不允许存在大块尖角石块和杂物,以免刺破复合土工膜。

2) 土工膜铺设

为达到预期的隔水效果,采用 $1000g/m^2$ 的两布一膜复合防渗膜,渗透系数 $2.7 \times 10^{-11} cm/s$。选用厂家现有最大幅宽料(6m),以减少拼缝。要求厂家在整幅土工膜的四周留出 10cm 宽的拼缝带,以便焊接。

铺设土工膜紧随截水沟开挖进行,一般截水沟开挖及修整完毕 30~50m 时开始铺设。土工膜以长度方向沿基坑边线铺设,以减少接缝,并应松铺。首先将土工膜沿围堰地面顺方向全长打开,在土工膜底部间隔 30~50cm 用镀锌铁丝绑设长 20cm 的 $\phi32$ 短钢筋,以利土工膜沉底,保证密贴;同时,沿土工膜长向间隔 3~5m 加设长木杆,木杆长度大于坑深及土工膜宽度 1m,以确保土工膜能够覆盖沟底。准备就绪,人工用木杆将土工膜送达沟底,并将上口预留段压牢或钉牢。

3）截水沟土方固填

底部沟槽采用黄黏土回填,以保证截水效果和避免刺破土工膜。沟槽以上采用山皮石回填。回填厚度以保证土工膜在海水涨落时不被冲击松动为准,实际施工中采用1.5～2.0m。回填过程中挖掘机挖斗尽量减少作业高度,以减少土料对土工膜的冲击程度,并用挖掘机挖斗对土料进行预压实,但不能破坏土工膜。

(2) 人工挖孔桩施工

人工挖孔施工采用长护筒跟进施工方案。长护筒跟进,并嵌入岩层以此阻断与外界水位联系,并用钢护筒本身的强度支撑护壁,确保井内施工安全。

1）钢护筒的选择

本桥钢护筒要穿过粉煤灰层,并深入到不透水的淤泥质粉质黏土或砂砾石层0.5～1.0m,护筒最长达12m。根据以往施工经验,选择用14mm钢板卷制,直径2.2m（比挖孔桩直径大22cm）。对于入土部分为减少护筒与土层间的摩阻力,护筒壁外侧不设加劲肋。

2）钢护筒的沉入

厚壁长大钢护筒的沉埋要用振动式打桩锤。沉入前根据钢护筒所受的摩阻力确定打桩锤的振动力,并当摩阻力大于振动力时,钢护筒才能顺利安设。根据计算结果,结合过去的施工经验,采用VM4-10000A型打桩机,150kW发电机,最大击振力为1080kN。施工时对钢护筒顶部进行必要的加固,以防止锤击变形,并且准确放样,及时进行纠编,以防止护筒偏位。振动锤用16t以上吊车起吊,在锤击护筒时在4个方向用长缆风绳稳住振动锤,以防掉落造成损坏。在该桥施工时考虑到护筒超过8m以上时钢护筒受到的摩阻力较大,打入困难,采用二次打入法。先打入首节护筒,长6～8m,并进行开挖,开挖至接近护筒底时,在地面上焊接第二节钢护筒,并打入至需要的深度。

3）挖孔作业

完成埋设钢护筒的工作后,就可以进行挖孔作业,施工方法采用常规的人工挖掘。辘轳提升工艺,施工中应注意两点:虽然护筒已经穿过粉煤灰层,但由于此处是原海滩,渗水量仍然很大,在挖孔作业接近护筒底部时,地下水涌出,这时根据出水量的大小配备相应数量的水泵抽水才能保证正常施工;由于护筒长度比较长,在开挖达一定深度时,护筒外侧压力不断加大,护筒要采取必要的加固措施,具体方法是在护筒内侧用加劲肋进行加固,必要时用角钢在内侧焊成横支撑,防止护筒变形过大。

4）成孔检查

挖孔桩达到设计深度及嵌岩深度后便进行终孔检查。首先进行孔径、孔位、垂直度等方面的常规检查。由于在挖孔前此处没有详细的地质资料,且为石灰岩地区,溶洞较多,为保证桩底一定范围内没有溶洞,在终孔前要对孔底进行桩底检测。具体作法与桩基的无损检测相似,其检测的深度在桩底4～8m,通过该检测有效避免了桩基础落在溶洞的可能性,保证了嵌岩桩的质量。

(3) 挖孔施工中出现的涌水的处理方法

受潮水涨落的影响,粉煤灰层内及基岩上部覆盖层内含水量大,在挖孔接近护筒底部时处理不当就会发生涌水,甚至造成伤人事故。在本桥7和13号墩挖孔施工至岩层段即遇到涌水现象，采用环式封闭处理工艺（图1-13），然后再进行护筒底部区域开挖。其施工流程为：施工准备→抽水清底→预铺孔底卵砾石→安装组合短护筒→护筒外填卵砾石→护筒内堆放装泥麻包→水下混凝土封顶→安装变位传递杆→压浆封闭24h后抽水→吊出填芯麻包→拆除短护筒→检查封闭效果→继续开挖。

短护筒采用厚5mm钢板焊接分块制作拼接，采用螺栓连接以利拆卸。先入孔再安装，置于孔底预铺的卵砾石之上。封闭圈压浆厚度由最高水位时计算的最大水压力来计算，一般不宜小于40cm。压浆管要仔细放置，同时要配备用管。

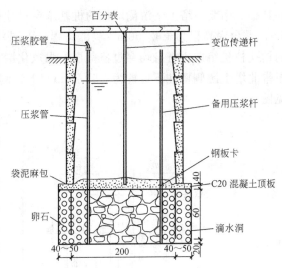

图1-13 环式封闭处理涌水示意（单位：cm）

其出口放在孔底卵砾石底部。在压浆管埋入混凝土封顶处设钢板卡，以保证压浆管定位及防止浆液外露，造成失压，影响封闭效果。卵砾石底层及填料孔隙率按35%~40%考虑。水下封顶采用C20混凝土，厚度40~60cm，要求承压1~1.5MPa。加入适量速凝剂，以保证24h内达到抗水压力强度。

封闭完成过24h后将孔内水抽净，按孔位中心放样将混凝土封顶凿除，拆除麻包及短护筒，可继续进行挖孔作业。

四、西陵长江大桥主塔分离式群基桩础施工技术

1. 工程概况

西陵长江大桥位于三峡大坝下游4.5km，主桥为跨径900m的单跨双铰全焊钢箱加劲梁悬索桥。大缆为预制平行高强镀锌钢丝束，锚碇为支承于花岗岩上的重力式锚碇，主塔为门式框架钢筋混凝土主塔，主塔基础为各塔柱独立的分离式群桩基础。

地质资料表明：北塔基范围内地形平坦，水体较浅，覆盖层厚度0.7~4.0m，主要为葛洲坝蓄水后新近淤积的细砂层，上游端西北角位于块球体岩石分布的边缘，其他部位也有块石零星分布；无全风化带岩体分布；强风化带厚度为1.17~10.33m，内含坚硬块球体岩石；弱风化带上部亚带厚0~16.03m；弱风化带下部亚带厚3.73~25.24m；以下为微新岩体。南塔基范围地形呈向江倾斜状，葛洲坝正常库水位时水深2.4~5.9m；覆盖层厚6.58~10.37m，主要为碎块石土及中砂，另外含有部分大漂石；由于塔基范围处于长江河滩受冲刷部位，无全风化带保存；强风化带厚度22.79~31.85m，内含坚硬块球体岩石；弱风化带上部亚带厚1.60~13.87m；弱风化带下部亚带厚度3.77~17.17m；以下则为微新岩体。

2. 基础形式

南北主塔基。桩底高程：南塔上游侧塔柱下桩群为+21.50m，下游侧塔柱下桩群为+15.50m；北塔上下游桩群的桩长相差2m，南塔上下游桩群的桩长相差达6m。最长的桩长为47m，最短的桩长则只有11m。南北塔基础都选用上下游塔柱各自独立的分离式群

桩基础。南北主塔上下游侧塔柱的桩基承台尺寸均为 13.0m×8.6m（四角圆角过渡），厚 5m，承台底高程为+62.50m（吴淞高程，下同）。每个独立基础的桩群由 6 根直径 2.2m 的钻孔柱桩组成，桩身均穿过覆盖层、强风化层、弱风化层上带，最后桩尖嵌入弱风化层下带北塔上游侧塔柱下桩群为+51.50m，下游侧塔柱下桩群为+49.50m。南塔基础结构见图 1-14。

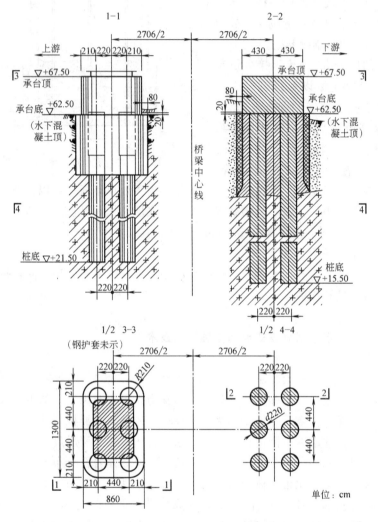

图 1-14　南塔基础结构示意

3. 施工方法

西陵长江大桥的主塔基础均处在常水位下较浅水域的岸边，且三峡工程有大量弃土可供利用，因此，基础施工采用筑岛围堰最经济，施工速度也可加快。北岸塔基范围的岛体不受洪水期的影响，岛体稳定，因此，北塔基础施工采取先下桩身钢护筒护壁施工桩基，所有的桩成桩后，下沉双壁钢护套围堰，清除覆盖层、封底、抽水，然后施工承台。

南岸塔基范围的岛体，受洪水期水流冲刷的影响，岛体不稳，洪水期有被水冲毁的可能，因此，南塔基础选用的施工方法为：

在洪水期来临前先下沉双壁钢护套围堰至稳定的原河床覆盖层内，再在上下游护套内将全部桩身钢护筒下沉到基岩面的稳定深度，并完成上下游每独立墩的四角桩共计8根桩的成桩任务，以备万一发生洪水冲刷危及护套安全时可将钢护套挂在已完成的4根基桩上，以安全渡洪。待所有12根桩成桩后，再将双壁钢护套下沉到设计高程，然后清基、封底、施工承台。

4. 双壁钢护套的作用与构造

双壁钢护套下沉到强风化层顶面后，其用途是：

（1）可以清除所有承台底的覆盖层以利于基岩接高到承台底面；

（2）形成一个无水的围堰以利于干筑承台混凝土，保证桩头与承台混凝土的连接质量；

（3）在岛体冲毁的情况下作为一个较大的水上工作平台。

双壁钢护套的结构见图1-15。在设计中护套的双壁通过面板加水平与竖向加劲肋形成正交异性板，钢板与加劲肋在下沉过程中的局部应力通过在双壁间浇筑的混凝土的高度加以控制；护套在下沉过程中的整体受力通过在护套内加水平连接系控制。水平连接系每个护套设置1个，当护套下沉时其连接系不随其下沉，而随时保持于岛面起支承作用。另外，为了处理在下沉过程中可能遇到的块石，在护套的壁上设置一定数量的竖向布置的$\phi 200 \times 6$的钢管，以代替此部分的竖向加劲肋。当遇到块石时，可以通过钢管对块石进行钻孔爆破，便于护套的顺利下沉。

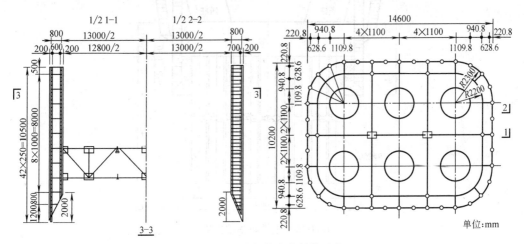

图1-15 双壁钢护套的结构示意

五、武汉军山长江公路大桥主跨斜拉桥异型钢围堰钻孔灌注桩施工技术

1. 工程概况

武汉军山长江公路大桥是京珠、沪蓉两条国道主干线跨越长江的重点工程，也是武汉市外环高速公路的共用工程。桥址处长江河道顺直，江面宽约1000m，两岸堤间距离1170m。主桥为48m+204m+460m+48m的五跨连续双塔双索面半飘浮体系钢箱梁斜拉桥。主5、主6号墩为主塔墩，主塔墩基础构造见图。

桥位处多年年平均水位17.49m（黄海高程，以下同），枯水期平均水位14.18m，历年最大水位差 17.96m，历年平均水位差 4.45m。1 月份平均水位 12.30m，7 月份平均水位 22.66m。设计断面平均流速为 2.21m/s。桥位处最高通航水位 27.10m，最低通航水位 10.32m。

主 5 号墩河床表层为松散状粉细砂层，局部地段底部夹少量砾卵石，厚约 0.75～1.30m，下伏基岩为粉砂质泥岩，岩面平缓，其中强风化层厚约 2.78～5.74m；弱风化层厚约 18.42～22.00m；微风化层基岩稳定，无不良地质现象。强风化粉砂质泥岩容许承载力 0.5～1.0MPa。主 6 号墩河床表面平缓，下伏自留系中统坟头组浅灰～灰色泥质粉砂岩，其间夹薄层钙质细砂岩、泥岩，具纹层构造。同时有一小型辉长-闪长玢岩岩脉穿过，脉体完整与围岩结合良好，其中强风化层厚约 1.58～10m；弱风化层厚约 22.86～25.80m；微风化层基岩岩体较完整，岩性比较单一。强风化泥质粉砂岩容许承载力 0.5～1.0MPa。

主 5 和主 6 号墩是斜拉桥的索塔墩。其基础分别设置 19φ2.5m 的钻孔灌注桩，桩长 40～42m，进入微风化岩层 8m；桩顶以上是基础的重要组成部分，即直径 30m、厚 6m 的圆形承台。主塔墩基础构造见图 1-16。

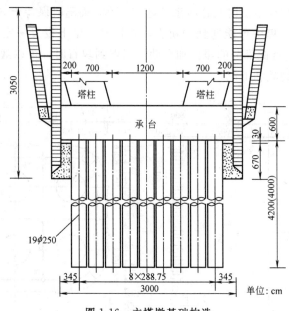

图 1-16 主塔墩基础构造

2. 异型钢围堰施工索塔钻孔灌注桩基础施工

（1）钢围堰构造

由于两主塔墩位处地质覆盖层非常薄，下伏粉砂质泥岩，综合考虑水文、地质条件、施工结构的安全渡洪、以及保证在洪水期继续施工和加快进度等因素，经过比选采用双壁钢围堰施工。

钢围堰为上下游带簸箕形的异形钢围堰，其圆形部分直径为 φ33m、高 30.5m，见图 1-17。

钢围堰采用双壁自浮式，材质采用 Q235A 级钢材，平面为圆形外加 2 个簸箕形。钢围堰顶标高 25m，高出 7 月份多年平均水位 2.34m，刃角底标高 -5.5m。簸箕形构造分

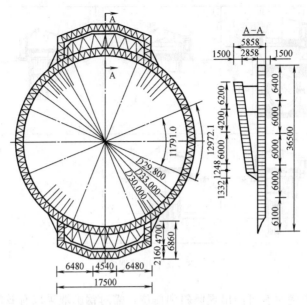

图 1-17 钢围堰构造示意

二期制作安装。簸箕形构造底标高 5.352m，一期顶面标高 16.8m，二期顶面标高 22.0m，实际施工时二期簸箕形构造没有制作焊接。圆形钢围堰分 6 个节段，1 个刃脚段、1 个标准节段、4 个加强段，每个节段分 8 个环块共 3 种类型。钢围堰内外壁板及隔舱板厚度 6mm，竖向加劲肋采用间距为 36cm 的 L75 等边角钢，水平斜撑采用 L80 等边角钢，水平环板厚 12mm，节间环板厚度 8mm。承台上设置了 24 个 3m 高的三角斜撑，以确保异型钢围堰的受力安全。为防止在最大抽水状态下封底混凝土与钢围堰之间发生渗漏，并使封底混凝土与钢围堰作为整体抵抗浮力的作用，在钢围堰刃脚段内壁板上设置了抗剪环板。钢围堰壁舱内填注 C15 水下混凝土，其顶面标高为 7.0m。

(2) 首节钢围堰定位

根据钢围堰在施工过程中的受力情况，将钢围堰圆形部分从下至上分成了刃脚段、加强段和标准段三种类型，待圆形钢围堰接高下沉到预定高度时，拼接钢围堰上、下游两侧异形块。圆形部分每一节段又等分成 8 块单体在岸上预制的胎架上加工。将首节钢围堰的 8 块单体加工完后，在岸边拼装焊接成整体，浮运至墩位处初定位。其中主 5 号墩采用定位船组＋双导向船组的通常方式固定围堰，如图 1-18 所示。

(3) 钢围堰接高、下沉和着床稳定

在首节钢围堰锁定后，向其隔仓内灌注 0.8m 厚的混凝土和向夹壁内加、抽水等措施以调平围堰，并预留一定的干舷高度，使其处于待拼次节围堰的状态。以后的每一节段均由 8 块单体在拼装船上组拼焊接成一节整体，运到墩位处，以 250t 浮吊整节起吊与首节（或上一节）进行焊接，每接高一节即均匀灌水下沉，并预留相应的干舷高度，以便接高下一节时施焊作业。当围堰接高下沉至刃尖距河床 0.5m 左右即暂停灌水下沉，通过导向船组及其锚碇系统严格控制钢围堰扭转、偏位，以实现围堰的精确定位。然后均匀灌水，快速实施围堰刃脚的着床，继之以均匀吸泥稳步下沉即可实现围堰的着岩。着岩后，由于

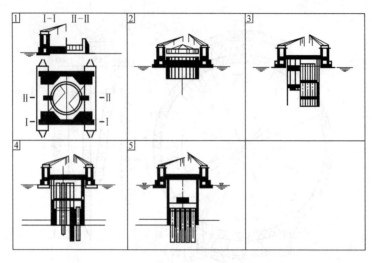

图 1-18 首节钢围堰定位

岩面高低不平，围堰随时有可能出现倾斜和偏位，需对钢围堰采取有效的稳定措施，以整平围堰、抵抗水流冲击和冲刷，牢固地稳定围堰。

(4) 钢围堰内清基、下放钻孔钢护筒、封底

钢围堰封堵完成确认合格后，即可进行清基工作。清基采用 1 台空气压缩机（40m³/min）配置 2 台 ϕ250mm 空气吸泥机进行，2 台吸泥机分别由水上浮吊悬吊。在吸泥过程中要利用浮吊经常移动和升降吸泥机位置，并摇荡管身，以不断吸出最稠的淤泥、碎块为标准。

随后，根据 19 根钻孔桩的设计布置，用拆装式杆件拼装钻孔钢护筒定位架，将 19 根 ϕ2.8m 的钻孔钢护筒依次起吊插入定位架中，牢牢焊接固定。

以上各项工作就绪后，在围堰顶上用万能杆件拼装桁架式的工作平台，开始对钢围堰进行水下混凝土浇筑封底。由于本桥的封底混凝土数量较大，每个主墩约 5000m³，为了确保围堰的封底成功，注意以下几个施工要点：

① 合理确定封底混凝土的配合比，包括坍落度控制在 18～22cm，初凝时间不小于 40h，并具有良好的自流平特性。

② 导管布设与浇筑测点的布置。本桥采用直径为 273mm 的标准刚性导管，其作用半径面为 6m（左右，其单节长有 1m 和 2m 两种，由连接装置连接成需要的总长度。导管的平面布置及根数则根据其作用半径确定，以能覆盖其基面为准。为准确了解水下混凝土的浇筑情况，在导管周围用测绳均匀布放测点，以便随时测量封底混凝土面的上升情况和标高。

③ 导管的首封。将导管上端的漏斗装满首灌足够的混凝土，并作好混凝土的后续供应设备。

④ 封底混凝土连续供应浇筑，并在尽可能短的时间内完成。同时，通过布置的测点读取数值，有效控制封底混凝土浇筑的全过程。

(5) 钻孔成桩

钢围堰封底完成后，即在围堰顶的工作平台上安装钻机定位，进行钻孔桩施工。根据

地质情况，主 5、主 6 号墩的钻孔桩施工采用反循环加压钻进，确保成孔的孔径和垂直度。为了确保钻孔桩的质量，对各项施工工艺进行有效控制，并对成桩进行超声检测。

（6）抽水、破桩头和承台施工

在 19 根 $\phi 2.5 m$ 的钻孔桩施工完成并经检验合格后，进行钢围堰抽水。在抽水过程中，要控制好围堰外、夹壁中和围堰内的水位差，认真观测围堰和封底混凝土的受力情况。待抽水完成后，进行桩头处理和清除围堰内的杂物及碎石，凿平封底混凝土，浇筑 30cm 的垫层混凝土，然后进行承台钢筋绑扎，并注意下塔柱连接钢筋和冷却水管的预埋。经研究，直径 30m、厚 6m 的大体积承台施工采取混凝土一次浇筑成型，并在施工中采取添加粉煤灰、降低砂石料的入模温度、通水冷却和内散外蓄等手段，确保大桥承台混凝土的施工质量。

六、湛江海湾大桥 48 号主墩超长大直径桩基施工技术

1. 工程及地质概况

湛江海湾大桥起于湛江市坡头区，于湛江市平乐渡口上游 1.3km 跨越麻斜海湾。桥梁全长 3981.17m，主桥全长 840.0m，为双塔双索面混合梁斜拉桥，跨度为（60+120+480+120+60）m。48 号主墩距离西岸约有 1000m，位于深水区，风大浪大。桥址区为第四系地层所覆盖，基岩埋深达 250m，根据钻孔揭露，上部为全新统海积相（Q_4^m）地层，下部为下更新统湛江组河口三角洲相（Q_4^{mc}）地层。河床表面覆盖着厚度 3~5m 的淤泥质黏土，其下为灰白色的粉质黏土、砂层、红色黏土互相交错、厚度不等不同层状分布，层与层之间有一定的夹角。粉质黏土与黏土具有极强的黏性且质地坚塑。48 号主墩桩基施工难点有：①超深，垂直度不大于 0.5%；②变截面大直径；③双层钢筋笼并采用机械直螺纹连接。

2. 主桥桩基规模

（1）桩基布置

主塔墩基础采用 31 根 $\phi 2.5m$（2.9m）变截面钻孔摩擦桩基础，桩尖标高为 -102m，其中标高 -102m~-31.0m 桩径为 2.5m，-31.0m 至桩顶 -1.4m 桩径为 2.9m。桩基布置见图 1-19。

（2）平台布置

搭设海上固定平台，进行桩基施工。钢管桩施打利用大型水上打桩船完成，钢管桩施工位置根据主墩桩位、承台的形式及其尺寸而定，钢管桩由 1.0cm 厚 Q235 钢板卷制而成，直径为 1.0m。根据地质资料，钢管桩应打入中砂层或硬塑、坚硬状的粉质黏土层。钢管桩的最终打入深度由贯入度控制。桩基施工平台为 36m×64m，承重梁为军用梁和 45 号工字钢，其中军用梁共 720m，钢管桩共 40 根，每根长 24m，共 960m。考虑桩基施工需要，平台上布置 1 台 50t 龙门吊，两侧布置 2 艘 50t

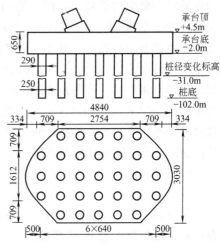

图 1-19 桩基布置（单位：cm）

浮吊。

(3) 桩基护筒下沉

主墩钢护筒直径为 3.1m。分 3 节制作，长度分别为 10.8m、11.2m、8.2m，材质采用 Q235C 钢，底节钢板厚度为 1.8cm，余下 2 节钢板厚度为 2.2cm，1 根桩基护筒重量达 47t。该桥桥址处于海水区，常年受到海水的侵蚀，故在设计中要求桩基护筒在承台底标高下 5m 的范围内进行热喷锌防腐。护筒在加工的过程中加十字内撑，以防止钢护筒变形。对接烧焊时要饱满，采用单面焊双面成形，焊缝达到二级焊缝的要求。护筒底端加焊 16mm 厚、45cm 高的钢带作刃脚。工地焊接采用坡口双面焊，焊缝连续，以保证不漏水。

护筒下放时，先安放护筒导向架，导向架的内径比护筒外径大 6～10cm，导向架长 8m。为防止护筒在起吊过程中变形，在外面焊 4 个吊耳作为起吊护筒用。同时把分段制作好的护筒起吊放入导向架内，并把护筒用牛腿支承在导向架上，接着吊起第 2 节护筒并与第 1 节护筒拼接。因 3.10m 直径的护筒阻水面积较大，因此在护筒下放着床时要利用平潮时机。通过导向架内空下放着床，并悬挂垂球测量其倾斜度，以保证不大于 0.5%。护筒依自重着床并临时限位固定，立即采用 250t 振动锤振动下沉。振动锤底座利用型钢与护筒顶部焊接牢固形成刚性固结，以保证振动锤的安全。

3. 成孔工艺

湛江海湾大桥 48 号墩桩基属于超深大直径桩基，单根桩基长度为 100.6m，常规机械传动的钻机无法满足施工要求，故选用 4 台 KP-3500 液压型回旋钻机气举反循环方法成孔。由于桩长，特配备 4 台 30m³ 的空压机。

(1) 泥浆配置

主墩桥址区的地质以粉质黏土和黏土为主，从主墩开钻之前进行试钻的效果来看，这 2 种土质非常适合造浆，无须再投入黄泥、膨润土，只须在钻进的过程中添加一定比例的纯碱、CMC 便可配制出符合要求的泥浆。

(2) 钻头的选择

该桥桥位所处位置地质情况大部分为黏土，因此采用适合在黏土中钻进的刮刀钻头，如四翼空心单尖钻锥刮刀，用钢管和 30mm 厚板焊制，上端有法兰同钻杆连接，下端剑尖形的中心角约 110°，并有 2～3 个齿刃。中间挖空作吸渣口，带齿的 4 个翼板是回转切土的主要部分。每齿是一刀片，顺着钻头切土的方向焊在翼板上。为提高切削能力，刀片同水平线的夹角以 30°为宜，过大过小都不好。剑尖处和 4 个翼板上的齿片均应镶焊合金钢，以提高耐磨性。再在钻锥外围增加 1 个波浪形外环，可增加钻进时的稳定性。并且要利用 KP-3500 钻机进行减压钻进，防止粘土糊钻或塞钻头排渣口，以提高钻进速度。考虑到桩基的长度较长，长钻杆的柔性会给桩基带来较大的倾斜度，故在钻杆上加上辅助的导向钢环，导向钢环比桩基直径小 2cm。

(3) 泥浆循环

在钻孔的过程中，泥浆的净化采用泥浆过滤器，整个泥浆过滤器包括涡流泥浆处理罐和滤砂器两部分。钻桩产生的大部分沉渣通过泥浆罐沉淀后排放到泥浆船上，经涡流泥浆处理罐过滤后的泥浆再经过滤砂器过滤后得到性能比较好的泥浆，并返回施工孔中，见图 1-20。

(4) 终孔

钻孔达到设计标高后，采用抽浆换浆法清孔。钻头提起离孔底 20~30cm，然后用稍高的转速转动钻头，一边继续反循环，把孔底泥浆与钻渣混合物排出孔外，一边向孔内补充储浆池内净化后的泥浆，一直到 8h 左右，测量出浆口的泥浆达到要求为止，即相对密度达到 1.1~1.15，黏度 18~24s，砂量≤3%、pH 值 8~10，然后拆除钻机。

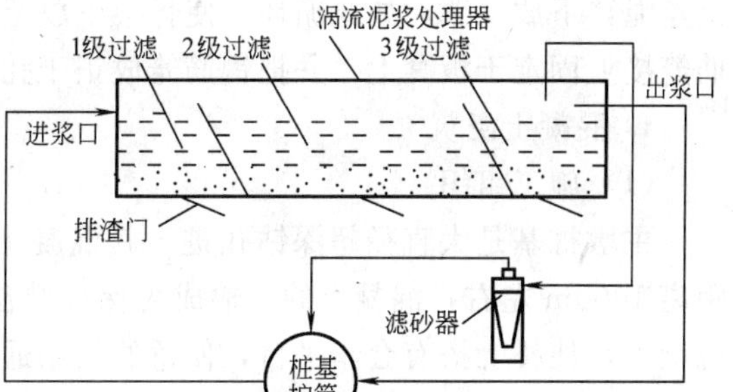

图 1-20 泥浆循环示意

(5) 钢筋笼制作与下放

主墩钢筋笼为双层钢筋笼，直径分别为 2.34m 和 2.74m，总长 102.6m，总重 33t，下放时分 9 节施工。骨架制作按照有关规范和技术文件的规定，根据构造的主筋长度分节段制作。受力主筋接长采用直螺纹套筒连接。双层钢筋笼一起制作，在双层钢筋笼之间采用短钢筋焊接加强相互间的刚度和保证净距，内层钢筋的连接要派专人到钢筋笼内圈进行操作以保证连接的质量。上面 2 节双层钢筋笼起吊连接时，考虑到钢筋笼比较重，最后 1 节钢筋笼的重量接近 13t，如果采用扁担梁的吊装方式容易造成钢筋笼在断面内变形，吊点处的钢筋在原来的位置，距离吊点远处的钢筋则受到重力的影响偏离原来的位置，钢筋直螺纹连接允许钢筋笼的变形量非常小，以确保主筋的位置在很小的范围内变动，故在最后节钢筋笼采用六角吊架，见图 1-21。六角吊架上下均有 6 个吊点，钢筋笼上的吊点采用 $\phi 25$ 圆钢做成的倒"U"形钩，倒"U"形钩的两肢与主筋焊接在一起。钢筋笼的保护层采用箍筋上套水泥圈的形式来保证，一个断面采用 6 个，每 2m 一层。为保证钢筋骨架起吊时不变形，采用两点吊。在吊放过程中注意将骨架固定在吊架上，并位于孔位中心。钢筋骨架底面高程控制在±50mm 以内。

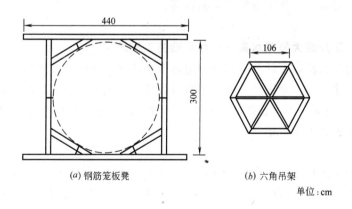

(a) 钢筋笼板凳   (b) 六角吊架

单位:cm

图 1-21 钢筋笼板凳及六角吊架示意

采用两点起吊待钢筋笼竖直后，检查骨架是否竖直，如有弯曲变形，加以纠正。骨架进入孔口后，应将其扶正徐徐下放，严禁摆动碰撞孔壁。当最后 1 道加劲箍筋接近孔口时，在主筋上焊接吊环，并用 6 根钢丝绳固定在板凳平台上；再吊起第 2 节骨架使它们在同一竖直轴线上，对接齐后便可拧紧套筒。接头接好后，再吊起骨架，取掉板凳平台上的钢丝绳，下放骨架，如此循环，使骨架下放至设计标高为止，最后用6根φ25的钢筋把钢筋笼接上固定于板凳上，并把钢筋笼放正于孔位中心，且用井字形式固定钢筋笼。

4. 混凝土浇筑

(1) 施工组织

主墩桩基是大直径超深钻孔桩，其混凝土量达630m³左右。由于现场拌合楼至主墩距离1000m左右，混凝土的运输成为保证灌注顺利的关键环节。考虑混凝土搅拌车运送混凝土，便桥上搭有会车平台，便桥的最小通行能力为12车次/h，则便桥的最小混凝土通行能力为72m³/h，完全可以满足施工需要。在主墩的扩大平台上布置2台固定混凝土泵机（1台混凝土泵车备用），采用8台6m³的混凝土运输车运送混凝土。

混凝土配合比由工地试验室确定，坍落度为18～22cm，控制混凝土的和易性、流动性，使其能满足初凝时间为17h的要求，保证灌注时间和灌注顺利进行。灌注水下混凝土采用内径φ35cm的导管，导管悬空50～60cm。下放导管应放到桩底后再提升悬空。导管使用前应进行水密、承压、接头抗拉试验。首批混凝土采用6m³容量的漏斗和12、10m³容量的2个储料斗。首批混凝土的方量为24m³，保证混凝土首次埋住导管1.5m。

(2) 多维电探法桩基施工

在混凝土灌注过程中，由于桩长超过100m，采用了多维电探法对桩基施工质量进行实时监控。本方法原理是根据不同的物质成分电介质不同从而影响该物质的电阻率不同。利用这一点，以标准的混凝土（或泥浆）电阻为标定值，在不同范围内其物质成分的不同，并以此为导向，得知测得其值相对的混凝土的数值图表。

通过此方法，可以得知以下几点：①桩基灌注前孔内泥浆性能和沉淀厚度是否满足要求；②桩基灌注时，剪球是否成功，所拌混凝土质量是否稳定，导管内是否返浆；③桩基灌注过程中，随时掌握埋管深度，避免过浅和过深，防止拔空或拔不起导管而发生桩基事故；④桩基灌注完成后，真实混凝土面的标高。

七、苏通长江公路大桥深水高桩承台基础施工技术

苏通长江公路大桥位于江苏省东部的南通市和苏州（常熟）市之间，是交通部规划的黑龙江嘉荫至福建南平国家重点干线公路跨越长江的重要通道，也是江苏省公路主骨架网"纵一"——赣榆至吴江高速公路的重要组成部分，是我国建桥史上工程规模最大、综合建设条件最复杂的特大型桥梁工程。

1. 工程概况

苏通长江公路大桥北索塔墩（4号墩）基础设计采用高桩承台式结构，桥墩中心里程桩号为K19+456.000m，设计有131根φ2800/φ2500mm变径钻孔灌注桩和4根备用桩位，呈梅花形布置，按照摩擦桩设计，考虑钢护筒与桩基础共同受力。其中：桩长117.0m，设计桩底标高为−124.0m，桩顶标高为−6.6m；钢护筒底标高−62.2m，顶标高−3.555m；护筒以下桩径φ2500mm。基础结构图见图1-22。

2. 深水高桩承台基础施工

4号墩位于大桥施工河段深泓区，墩位处实测河床底标高为−26.00～−28.50m，中心高程−28.30m，一般潮位时水深约在30.0m左右，且水流流速大，流态复杂，河床冲

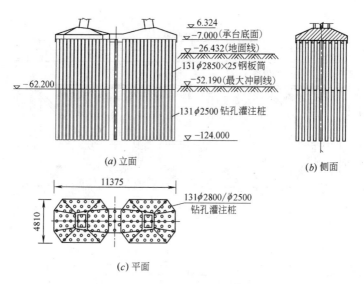

图 1-22 主 4 号墩基础结构图

淤变化频繁，对工程施工极为不利（详细地质及水文条件见第四章有关内容）。

(1) 施工平台形成

苏通大桥施工平台的施工，首先在钻孔平台上游侧建设一个刚度较大的起始平台（图 1-23），利用起始平台及锚固在平台上的悬臂定位导向架导向沉放钢护筒，控制钢护筒下沉过程中的垂直度及水平偏位；钢护筒自上游向下游逐排下沉到位后，逐排与起始平台及周围的钢护筒连接成整体，逐步形成较大的平台，待所有钢护筒下沉到位后，即形成一个刚度强大的施工平台。详细施工过程见第三章。

(2) 钢吊箱施工

苏通长江公路大桥采用钢吊箱作为防水措施来进行深水基础施工。4 号墩钢吊箱为纺锤形结构，总长 117.95m，总宽 52.3m，总高 16.5m（不含 2m 挡水结构），包括底板、侧板、内支撑、悬吊及定位系统五部分（详见图 6-1、图 6-2）。

4 号主墩钢吊箱设计为双壁有底自浮式钢吊箱，安装完后四边非直角，沿高度方向分 3 节，顶另有防浪板一节，总重量 5100t，综合考虑起重、运输及安装等各因素，将每节分成 34 块，分块重量 30~36t。根据现场情况，钢吊箱工期紧，质量要求高，底板安装位置上、下部有二层平台需要拆除，加之平台仍在进行钻孔施工，底板安装与钻孔桩施工及平台拆除施工同时或交叉进行作业，增加了底板现场安装难度，大型组合件无法吊装到位。经综合分析，决定对底板施工采取周边预制单片桁架定位安装后通过主、次梁连接构成立体桁梁结构，单层中间底板部分预制成梯形组合件，汽运、装船后运至 4 号墩位处安装。具体安装方法见第六章。

(3) 钻孔灌注桩施工

苏通长江公路大桥钻孔桩工程特点如下：

① 钻孔灌注桩成孔难。桩径达 2.5m~2.8m，孔深达 132m；且土层为粉砂、细砂、中粗砂及砂砾层，钻进成孔时易坍孔；

② 钢护筒施沉难。钢护筒长度长、重量重，分节最大长度达 58.645m，重量达 102t；

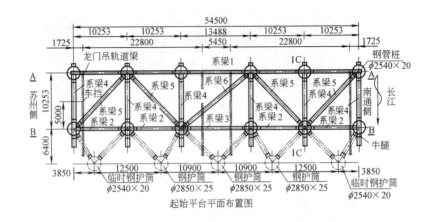

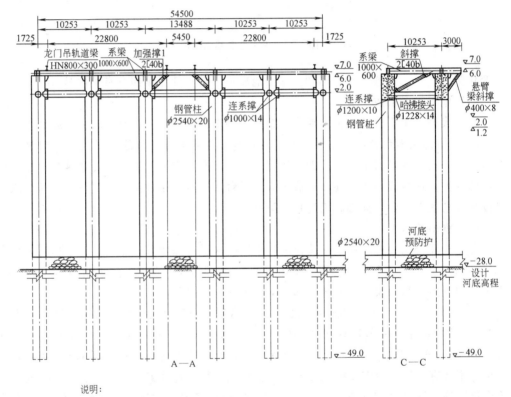

说明:

系梁均采用2HN800×300。

图1-23 起始平台结构图

且钢护筒施沉精度要求高,其倾斜度要求小于1/200,平面偏位不大于5cm;

③ 钢筋笼下放难。为确保施工速度,设计要求长120.4m、重72.2t的钢筋笼分段不超过4段;

④ 成桩速度要求快。钻孔灌注桩要求从钻孔出护筒底到浇筑水下混凝土到护筒底口的施工作业时间不宜大于72h,即要求从-62.2～-124.0m土层中钻进、清孔、移钻机、下放钢筋笼和导管、浇筑混凝土至护筒底口的时间不宜大于72h;

⑤ 混凝土浇筑难：每根桩混凝土方量大，且混凝土强度等级高，相应造成混凝土黏度大浇筑难。

钻孔灌注桩的详细施工方法，见第四章的相关叙述。

苏通长江公路大桥深水基础施工技术条件复杂，施工难度大。在诸如钢吊箱施工、钻孔灌注桩施工中创造了许多先进和独特的施工工艺，许多技术具有独创性。在接下来的章节中，可以逐步向读者展现苏通大桥施工建设者们的聪明和智慧。

第二章 深水区高桩平台的施工准备

第一节 施工区水文、地质勘察资料准备

桥梁深水基础施工时，除了要考虑施工方法和施工机具等因素外，还要考虑桥址处的自然条件：水文地质条件、气象与环境条件，在基础施工前，应该根据勘察报告详细准备相关资料。

一、水文与地质条件

一般说来，水文与地质条件多为桥梁深水基础选型的决定因素。根据经验，当持力层在水下不超过10m时，采用防水围堰抽水直接设置基础往往是最经济的；当超过30m时，采用桩基是最经济的。此外水文地质条件对施工也有重大影响。

1. 对水文条件的考虑

水文条件包括：水深、流速、冲刷、冲溶、浸蚀、水流方向、水位涨落幅度、飘流物冲击力与波浪冲击力等。本节以苏通大桥4号墩（北索塔墩）深水基础施工为例，介绍水文地质资料准备。

(1) 基本水文资料

苏通长江公路大桥所在河段为弯曲与分叉混合型中等强度的潮汐河段，水文条件复杂，江宽、流急、浪大，涨落潮流速流向多变。桥位附近最大水深达50m，－10m等深线宽约2km，－20m等深线宽约1.0km，实测垂线最大流速达3.86m/s，点流速4.47m/s。

桥位河段主要受径流、潮流水流动力因素的影响，以雨洪径流为主，每年的5～10月为汛期，11月～翌年4月为枯水期，洪峰多出现在6～8月，1月或2月水位最低。高潮位主要受风暴潮影响，在汛期当台风和天文大潮遭遇时，长江河口会出现很高的潮位，造成严重灾害。

根据多年实测资料统计，桥位区河段的水、砂特征值如下：

实测最大洪峰流量	92600m^3/s（1954.8.1）；
实测最小枯水流量	4620m^3/s（1979.1.31）；
多年平均流量	28255m^3/s；
多年平均输砂量	14410kg/s；
多年平均含砂量	0.52kg/m^3；
汛期平均流量	39896m^3/s；
汛期平均输砂量	25220kg/s。

汛期水量和输砂量分别占全年总水量和输砂总量的70.6%和87.5%。

(2) 潮汐特征

径流、潮流为工程河段的主要水流动力因素，工程河段距长江口约110km，感潮程度强，潮汛为非规则半日浅海潮，潮位每日两涨两落，日潮不等现象明显，每年春分至秋分为夜大潮，秋分至次年春分为日大潮。实测最大潮差为4.01m，平均潮差为2.07m。

潮流在一日内亦有两个变化周期，每个周期历时一般为12h 25min，流息（即涨、落潮流速为0的时刻）发生在最高或最低潮位20～40min之后。潮位和潮流的日变化周期及相关关系见图2-1。

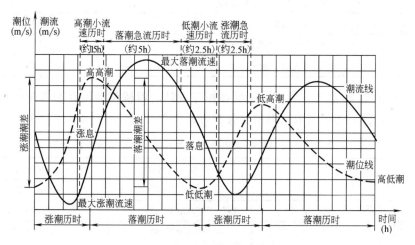

图 2-1 潮位和潮流的日变化周期及相关关系图

潮汐天文分期在一个农历月中的周期变化称为潮汐月周期变化。在一般情况下，大潮期时，潮高、潮差、潮流都较大；反之，小潮期时均较小。在一年中，农历八月中秋大潮（天文潮）为最大。

潮位和潮流月周期变化见图2-2。

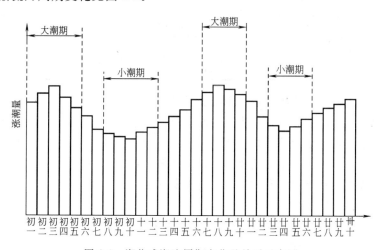

图 2-2 潮位或潮流周期变化及关系示意图

(3) 波浪高

根据实际施工情况，平台设计波浪高取2.0m，波长取60m。

(4) 流量与流速

施工期各潮型流速特征值见表 2-1。

各频率设计潮型落潮流速特征值定床河工模型实验成果表　　　表 2-1

项　目		20 年一遇
最大断面流量(万 m³/s)		19.05
最大断面平均流速(m/s)		2.66
主槽	最大垂线平均流速(m/s)	3.39
	最大点流速(m/s)	4.10
次槽	最大垂线平均流速(m/s)	1.43
	最大点流速(m/s)	1.63

根据河海大学 2003 年 5 月对苏通大桥施工设计阶段桥位潮位月季变化分析研究中间成果报告中的推算，主墩各农历月特征流速分段发生时间（小时或天）统计，见表 2-2。

主 4 号墩各农历月特征流速分段发生时间（小时或天）统计表　　　表 2-2

月份	≥2.5 m/s,小时	≤1.5 m/s,小时（天）	≤1.0 m/s,小时（天）
1	0	719.30(30.0)	499.80(20.8)
2	0	707.25(29.5)	472.75(19.7)
3	0	666.50(27.8)	426.50(17.8)
4	0	643.75(26.8)	415.25(17.3)
5	0	605.50(25.2)	378.25(15.8)
6	12.5	519.50(21.6)	329.00(13.7)
7	1.5	540.50(22.5)	368.25(15.3)
8	0	551.50(23.0)	371.25(15.5)
9	0	596.25(24.8)	400.75(16.7)
10	0	629.00(26.2)	411.25(17.2)
11	0	701.05(29.2)	463.25(19.3)
12	0	683.75(28.5)	483.75(20.2)

以上是苏通大桥 4 号桥墩建设的水文资料准备情况，由上可知，考虑桥梁深水基础水文条件，必须做相应的水文资料调查。而水文条件和水文资料是桥梁深水基础设计和施工的重要条件和依据，不仅应该调查拟建桥梁深水基础所在海、河的历史和现状，还应该研究他们的发展趋势和可能发生的变化，不仅必须解决好深水对桥梁基础的各种有害作用，还必须处理好桥梁及基础对水利、航运、生态所起的反作用或不利影响。

所以水文资料还要包含以下基本内容：

1）由拟建桥梁所引起的冲淤变化及相应的水文改变。

2）产生滑坡、泥石流的可能性和影响。

3）各种飘流物包括流冰、船舶等的冲击力的大小及性质，包括流冰最高水位、封冰最高水位、冰厚、冰块尺寸、冰块强度、流冰速度等。

4）通航要求，包括通航等级、航道位置、最高最低通航水位、航道规划与整治规划等。

5) 既有水工建筑物的情况与相关资料，尤其是由它引起的水害资料更为重要。

6) 城市自来水、电信、电力过江资料与规划；农田水利、排涝、灌溉要求与设施规划资料。

2. 对地质条件的考虑

一般来说，为考虑桥梁深水基础的地质条件，应该取得以下资料：

(1) 选择基础形式所需资料；

(2) 为确定地基允许承载力所需的资料；

(3) 足以评价地基沉降量的资料；

(4) 地基土和水质对基础的有害作用及研究防护措施所需的资料；

(5) 确定施工方法所需的资料，如防水围堰是否需要封底、支撑设计的土压力、沉井下沉范围的摩阻力、沉桩深度范围内有无障碍物等；

(6) 对岩石地基裂隙的定性定量资料。

对这些资料项目中，应该特别重视那些曾经发生过或在将来可能发生的有关影响基础的耐久性与稳定性的地质现象，如滑坡、山崩、泥石流、岩溶地区的地层下陷、岩石冲刷溶蚀等。另外，在做桥梁深水基础工程地质勘探前，还应仔细地查阅桥址地区可资利用的地质和水文方面的文字记载和档案，以提高桥址场地和基础水文、地质勘测的深度和广度。

以苏通大桥4号墩（北索塔墩）深水基础施工为例，介绍地质资料准备。

(1) 地层分布

桥位区域地层由全新统（Q_4）、上更新统（Q_3）、中更新统（Q_2）三个时代地质层组成（图2-3），其中全新统（Q_4）上部在桥位区深槽的分布存在差异，主航道北部区侧以①$_1$砂质粉土、①$_3$粉砂及④粉质黏土为主，层底标高-58.5～-61.24，为近期河流冲积形成；上更新统（Q_3）地层分布为⑤$_2$粉细砂、⑤$_1$中粗砂、⑥$_1$中粗砾砂、⑥$_2$粉细砂、⑦粉细砂、⑧$_1$中粗砾砂、⑧$_2$粉细砂，局部夹⑧$_3$粉质黏土，上细下粗特征较为明显，由上而下呈细-粗-细-粗的韵律特征，以河床、河口相为主，局部湖泊相。厚度在80m左右，分别较稳定；中更新统（Q_2）此次未揭穿，上部为⑨、⑪粉质黏土及粉质黏土夹⑩粉细砂，含铁锰质结核，为河湖相，下部为⑫粉细砂。顶板-130.0m左右，分别稳定。上更新统（Q_3）的⑥$_1$、⑧$_1$中混有卵砾石，但其粒径较小，一般为1～3cm，含量有限，对钻孔施工无大的影响，其余均为细颗粒物质，同一层位的土体成分及粒径均匀，大层层位稳定，分层界面无大的突变。

4号墩位处的不良土层主要为液化土层：根据地质钻探勘测和分析，桥位区20m以浅的砂质可液土层将发生液化现象，北主塔墩及辅助墩区域液化现象比南主墩区域更为严重，可发生中等液化到严重液化的程度。

(2) 地形地貌

苏通长江公路大桥所在地属长江冲积平原的新长江三角洲，是大长江三角洲的近前沿地带。两岸陆域河网密布，地势平坦，高程一般在2～5m（85国家高程系统）之间，局部地段有山丘分布。

大桥拟建区段长江属弯曲与分汊混合型河段，平面形态呈S形弯曲；水域宽窄相间，

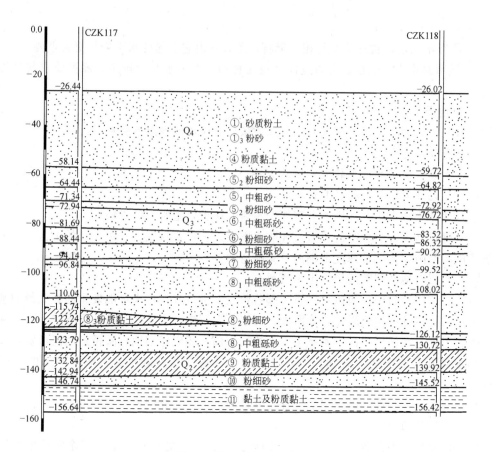

图 2-3 主 4 号墩地层分布图

西段天生港附近宽约 6km，往下展宽，在军山附近宽约 10km，到东方红农场拐角处宽达 14km，再往下突然缩窄，至东段徐六泾附近宽约 6km；江中沙洲发育，槽深滩宽，江心沙洲主要有如皋沙、通州沙和狼山沙、新通海沙、白茆沙等，属心滩地貌；通州沙东水道与新通海沙南水道中有水深近 50m 的深槽区，构成长江主汊，属深槽侵蚀及堆积地貌，其他水道则为支汊，属河道冲蚀及冲击地貌。

二、气象与环境条件

在进行桥梁深水基础施工时，除了要考虑水文与地质条件外，还应该考虑桥位处地气象与环境条件，在某种情况下，气象或环境条件有可能成为控制因素。

1. 气象条件

对于桥梁深水基础，考虑的主要气象条件是风、气温和降水。一般而言地下基础并不承受风荷载，而且由上部结构间接传给基础的风力早已在上部结构的计算得到解决，故陆上桥梁基础在设计中对风荷载一般均不需要重新计算。然而对于桥梁深水基础，考虑到水中基础都有露出水面的高桩承台、管柱基础和多柱基础等会直接受到风荷载作用，加之施工时所用的作业平台、工作船舶、起吊设备以及锚碇靠泊设施等等，无不是直接出于风力作用下，这使得风荷载成为桥梁深水基础施工时的一种控制荷载。

其次气温及结冰后的冰压力也是气象条件中应该考虑的。尤其在计算冰对桥梁基础的侧压时，除需先确定冰的厚度、强度与流动速度外，还应计及现场条件、基础形状以及冰的作用方式等等。

2. 环境影响

对于桥梁深水基础的施工，有时环境条件还会成为控制因素。

首先，在邻近防洪大堤时，采用一般打桩锤打桩时，会因振动和翻砂导致防洪大堤的下沉，甚至造成严重事故，所以在这种条件下，就必须选用新的施工设备。

其次，在吞吐量较大的港口城市中，各种水上交通运输设施密布相连，十分拥挤。尤其一些大型桥梁的深水基础规模很大，施工工期长，不仅要考虑建成后的情况，还有考虑施工期情况。

最后，环境水或地下水对基础的侵蚀性也是深水基础施工所必须考虑的一个问题，例如海水或河流中下水道出口处都可能产生对基础的侵蚀问题，当水中含有硫酸根离子、二氧化碳离子以及氯离子时，必须采用措施确保钢桩和钢板桩不受腐蚀。

第二节 粉细砂河床底冲刷规律

由于水流条件的变化，有时水流夹带的泥砂沉积于河床，有时水流从床面攫取泥砂，从而造成河床的淤积或者冲刷，引起河床变化。泥砂运动在其中扮演着重要角色。因此，泥砂运动规律不但是河流动力学研究的重要内容之一，而且还对桥梁深水基础的施工有直接影响。

一、冲刷原因

苏通长江公路大桥位于长江下游的徐六泾节点段，江面宽约 6km，河床高程 −17.00，桥位区全新统颗粒较细，沉积时间短，工程地质性质较差。河床基岩埋藏深，约在河床面以下 270.0m，覆盖层以砂性土和粉质黏土为主，土壤抗冲刷性能差，河床极易冲刷，对施工临时结构和永久结构均带来不利影响。

河道中设置钻孔平台钢管和桩基钢护筒后，周围的水流情况会发生很大变化。由于阻水，因此在钻孔平台钢管和桩基钢护筒上游不远处水面塞高，至筒体前达到最高，两侧水流收缩集中，动能增加，水面逐渐下降，在筒体后很大范围内水面都很不稳定。当水面附近的高速水流碰到桥墩时，水流方向偏转，使绕筒体水流流线弯曲。近底水流流速因受河床摩阻作用而使纵向流速沿垂线存在流速梯度，因而钻孔平台钢管和桩基钢护筒沿水深上下相邻两个单位面积所受水流的冲击压力也不同，存在一个压差。正是这个压差，使水流由高压区向低压区流动。在最大流速处相邻两点流速相同，冲击压力差为零。在此水位以上，压差的作用使水流折转向上，表层水流形成逆时针漩流；而在此水位以下的水流则折转向下，形成横轴反向漩流，与临底纵向水流汇合后，产生围绕筒体卷绕的马蹄形漩涡。这种漩涡是引起钻孔平台钢管和桩基钢护筒周围局部冲刷的主要原因。

二、局部冲刷计算

由于局部冲刷的形成因素非常复杂，目前只能依靠经验公式计算，常用的钢管桩局部冲刷计算大都是借用桥墩、丁坝等局部冲刷公式。

(1) B.C.Jain 得到的泥砂临界状态下桥墩的最大冲刷深度公式为：

$$\frac{h_j}{b}=1.84\left(\frac{h}{b}\right)^{0.3}Fr_c^{0.25}$$

式中　h_j——冲刷深度；
　　　b——桥墩宽度；
　　　h——水深；
　　　Fr_c——临界傅雷德常数。

(2)《公路桥位勘测设计规范》(JTJ 062—91) 中公式 (65-1) 的修正公式为：

当 $v\leqslant v_c$　　　　　$h_j=K_\varepsilon K_\eta B_1^{0.6}(v-v_c')$

当 $v>v_c$　　　　　$h_j=K_\varepsilon K_\eta B_1^{0.6}(v-v_c')\left(\frac{v-v_c'}{v_c-v_c'}\right)^n$

式中　h_j——冲刷深度；
　　　B_1——桥墩计算宽度，对于圆形桥墩取 $B_1=d$；
　　　v——一般冲刷后墩前行进速度；
　　　v_c——河床泥砂的启动流速；
　　　K_ε——墩形系数，对于圆形桥墩取 1.0；
　　　K_η——河底颗粒的影响系数；
　　　v_c'——墩前始冲流速；
　　　n——指数。

(3) 根据《公路桥位勘测设计规范》(JTJ 062—91)，施工过程中，钢管桩局部冲刷的影响因素主要有以下几个方面：桩的形状、尺寸、河道来水来砂条件、河床地质条件、河床演变等。其计算公式为：

当 $\frac{l_n}{h}\leqslant 1$　　　　　$h_b=1.45\left(\frac{l_n}{h}\right)0.75\left(\frac{v-v_0'}{v_0}\right)hK_\alpha K_m$

当 $\frac{l_n}{h}>1$　　　　　$h_b=2.15\left(\frac{v-v_0'}{v_0}\right)hK_\alpha K_m$

式中　h_b——冲刷深度；
　　　l_n——丁坝在垂直水流方面的投影长度；
　　　h——丁坝头部冲刷前水深；
　　　v——丁坝头部冲刷前垂线平均流速；
　　　K_α——丁坝轴线与水流方向交角影响系数；
　　　v_0——河床泥沙启动流速；
　　　v_0'——坝头始冲流速；
　　　K_m——边坡减冲系数。

各家公式的计算结果差异较大，主要是学者们对局部冲刷机理的认识不同以及各自试验条件不同造成的。计算公式的参数、系数大都是通过室内试验获得，而室内试验研究大多是通过概化试验，在水槽中进行的，河道几何边界、泥砂级配影响很难在试验中完全模拟。试验的参数是常量，而河道中的泥砂条件是复杂多变的，所以这一系列公式应用与桥墩局部冲刷计算的可靠性必须作深入研究。

（4）苏通大桥桥墩冲刷计算值。通过计算模拟，在没有预先防护的情况下，大桥使用期间河床最大局部冲刷深度见表2-3。

大桥使用期最大局部冲刷深度　　　　　　　　　　表2-3

基础位置	基础形式	最大局部冲刷深度(m)	
		20年一遇	5年一遇
北主墩	群桩	14.3	11.8

在施工期间，由于钻孔平台钢管和桩基钢护筒对水流的束狭作用使河道中的水流状况发生变化，从而促使河床也发生冲刷变化。根据泥砂运动原理，其冲刷变化主要可分为一般冲刷和局部冲刷两部分。一般冲刷是指钻孔平台钢管和桩基钢护筒束狭水流、单宽流量增加所引起的河床冲刷；局部冲刷为由于钻孔平台钢管和桩基钢护筒阻水使水流结构变化所引起的桥墩周围的冲刷。根据计算，河床最大局部冲刷深度见表2-4。

大桥施工期最大局部冲刷深度　　　　　　　　　　表2-4

施工阶段	最大冲刷深度(m)	最大冲刷发生区域	冲刷范围(m)
钻孔平台完成	5.7	平台上游	35×40
钢护筒全部完成	21.5	平台前端	182×180

说明：表中所列数据为单向流作用下的冲刷深度，双向流作用下的折减系数为0.8。

三、河床质对障碍物局部冲刷的影响

天然河流中运动的泥砂作为一种随机现象，总是粗细混杂，随机地聚合在一起。河床质的组成通常十分复杂，常有淤泥、黏土、砂石等各层组成，深度也不一致。由于泥砂粒径是影响水流阻力的一个重要因素，在均匀砂情况下，河床粗糙的特征粒径可用均匀砂的粒径 d 来表示，河床砂中值粒径用 d_{50} 来表示，其不均匀性常通过几何均方差 σ_g 来表示。通过试验研究发现：泥砂粒径对冲刷的影响是存在的，清水冲刷时其影响非常显著，在动床冲刷中影响要小的多。

此外，泥砂的级配对冲刷也有着重要影响，试验研究表明：在水流条件及中值粒径不变的前提下，泥砂几何均方差 σ_g 越小，即泥砂级配越均匀，冲刷深度就越大，Raudkivi 通过参数 K_0 来反应泥砂级配对冲刷深度的影响，并根据试验结果给出了 K_0 随 σ_g 变化的公式：

对于粗泥砂颗粒：$d_{50} > 0.7$mm

当 $\sigma_g \leq 1.3$　　　　　　　　$K_0 = 1$

当 $\sigma_g > 1.3$　　　　　　　　$K_0 = e^{-0.6(\sigma_g - 1.3)}$

对于细泥砂颗粒：$d_{50} < 0.7$mm

当 $\sigma_g < 1.6$　　　　　　　　$K_0 = e^{-0.6(1.6 - \sigma_g)}$

当 $\sigma_g \geq 1.6$　　　　　　　　$K_0 = e^{-0.6(\sigma_g - 1.6)}$

四、砂袋护底施工

考虑到泥砂对钻孔管柱桩钢护筒的冲刷影响,所以在进行钢护筒的施打前必须进行抛投砂袋护底施工。

1. 技术要求

(1) 平抛护底,必须在施工区域分区按序进行;

(2) 严格控制抛投高程;

(3) 抛投过程中,必须随时检测抛投高程和范围,对局部欠抛或漏抛的区域进行补抛。

2. 施工流程

(1) 河床地形测量,绘出河床地形图。

(2) 施工布铺设:

① 用钢管将土工布做成卷材,称作铺设块,并在一端连上铁环,铺设块的富裕长度为铺设长度的5%;

② 工作船就位,并在两岸采用全站仪定位;

③ 土工布顺水流方向铺设,各段横向搭接长度不小于1m。施工时,铁环套在定位钢管上,系上砂袋下沉。

(3) 砂袋抛投。

3. 砂袋对施工的影响

根据计算结果,河床防护拟抛一层2.0m厚砂袋,砂袋为塑料编织和无纺土工布两层。在钻孔灌注桩施工时,为防止堵管和加快正式钻孔进度,拟采用2台冲抓钻机,在每个孔开钻前清除护筒内砂袋,同时用3台250型钻机气举反循环先期清除护筒内刃脚2.0m以上土层,并用其他孔浇筑混凝土时排出的泥浆置换其内的清水,为正式钻孔做准备。

第三节 施工测量

在桥梁深水基础施工过程中,由于水深较大、流速快,直接采用专用钢管桩搭设钻孔平台非常困难,所以钻孔施工平台一般以钻孔灌注桩的钢护筒作为施工平台的主要受力结构。在平潮时,打桩船就位,快速打设钢护筒并立即连接以形成整体受力结构。在这种恶劣的施工条件下,采用精确的测量技术以保证钢护筒的定位是至为关键的。

在苏通大桥建设过程中,广泛采用GPSRTK技术和GPS静态测量技术布设控制点,结合全站仪、经纬仪和水准仪进行平面和高程定位,取得了良好效果。

一、工程测量仪器技术发展概述

工程测量仪器可以分为通用仪器和专用仪器。目前,通用仪器中的光学经纬仪和电磁波测距仪以及逐渐被电子全站仪所取代,电子水准仪也进入了实用阶段。全站仪配合丰富的软件,向全能型和智能化方向发展。其中,自动寻的全站仪的出现,可以广泛用于变形监测和施工测量,使得地面测量的自动化成为可能。GPS技术的发展使得GPS已逐渐成为一种通用的精确定位仪器，在工程测量中得到广泛应用。

专用仪器的发展更加活跃，包括机械式、光电式及机电结合式的仪器，主要应用于精密工程测量。主要特点是：高精度、远距离、自动化的持续观测。如用于基准线测量的金属丝引张线、激光准直仪、自准直仪或金属丝准直测量系统；用于精密距离测量的ME5000激光测距仪，中长距离测量精度可达亚毫米级；高程方面的液体静力水准，可以同时获取数百个监测点的高程；此外，各种机械式和电子式测斜仪向着数字显示、自动记录和灵活移动等方向发展。

1. 全站仪

全站仪实际是电子经纬仪和电磁波测距仪的整合，其技术目前已经相当成熟。全站仪的主要功能是同时测角、测距并自动计算、存储、输出。目前新一代的自动寻的全站仪已经部分实现了自动观测。全站仪在不断发展的同时，价格不断下降，使其很快成为常规测量仪器。斜拉桥的施工对全站仪的精度有很高要求，对于苏通大桥这样的特大型桥梁应该使用0.5″级的全站仪。

2. 数字水准仪

数字水准仪目前仍然出于发展阶段，其具有测量速度快、读数客观、精度高、可靠性好、内外业一体化等优点但是其误差来源比光学水准仪复杂，抗干扰能力有待进一步提高。

3. GPS

（1）GPS应用技术概论

GPS是全球性的卫星定位和导航系统，能提供连续的、实时的位置、速度和时间信息。整个系统包括空间卫星、地面监控站和用户接收机三部分。空间部分有24颗卫星，均匀分布在六个倾角为55°的近似圆形的轨道上，每个轨道有四颗卫星。轨道距地面平均高度约为20200km，卫星绕地球一周需要11h 58min。这样，地球上任何地方、任何时刻都能收到至少四颗卫星发射的信号。

GPS定位时把卫星看成是"飞行"的已知控制点。利用测量的距离进行空间后方交会，便得到接收机的位置。卫星的瞬时坐标可以利用卫星的轨道参数计算。GPS定位包括单点定位和相对定位两种方式。单点定位确定点在地心坐标系中的绝对位置。相对定位则利用两台以上的接收机同时观测同一组卫星，然后计算接收机之间的相对位置。定位测量时，许多误对同时观测的测站有相同的影响。因此在计算时，大部分误差相互抵消，从而大大提高了相对定位的精度。

影响GPS定位的精度有两个因素。一个是观测误差，另一个是定位时卫星位置的几何图形，后者称为定位几何因素，用DOP表示。目前，GPS单点定位的精度为几十米，而相对定位精度可达1～0.01ppm。

（2）GPS应用特点

自20世纪80年代起，随着GPS实验卫星和工作卫星先后不断升空，经各国科学家的积极开发研究和各生产厂家的竞相研制，GPS的硬件和软件不断更新，日趋完善，使GPS技术在导航、测绘等领域迅速获得推广应用，通过实践，GPS定位技术的应用特点可归纳如下：

相对于经典的测量学来说，这一新技术的主要特点如下：

① 观测站之间无需通视。既要保持良好的通视条件，又要保障三角网的良好图形，这一直是经典大地测量在实践方面的困难问题之一。GPS 测量不要求观测站之间相互通视，因而不再需要建造规标。这一优点既可大大减少测量工作的经费和时间（一般造标费用约占总经费的 30%～50%），同时也使点位的选择变得甚为灵活。不过也应指出，GPS 测量虽不要求观测站之间相互通视，但必须保持观测站的上空开阔（净空），以使接收 GPS 卫星的信号不受干扰。

② 定位精度高。现已完成的大量实验表明，在小于 50km 的基线上，其相对定位精度可达 $1×10^{-6}$，而在 100～500km 的基线上可达 10^{-6}～10^{-7}。随着观测技术与数据处理方法的改善，在大于 1000km 的距离上，相对定位精度可达到或优于 10^{-8}。

③ 观测时间短，效率高。目前，完成一条基线的精密相对定位所需要的观测时间，根据要求的精度不同一般约为 1～3h。为了进一步缩短观测时间，提高作业速度，对于快速定位方法的应用正受到广泛的重视。近年来发展的短基线（例如不超过 20km）快速相对定位法，其观测时间仅需数分钟。

④ 提供三维坐标。GPS 测量在精确测定观测站平面位置的同时，可以精确测定观测站的大地高程。GPS 测量的这一特点，不仅为研究大地水准面的形状和确定地面点的高程开辟了新途径，同时也为其在航空物上航空摄影以及导航中的应用提供了重要的高程数据。

⑤ 操作简便，自动化程度高。GPS 测量的自动化程度很高，在观测时测量员的主要任务只是安装并开关仪器、量取仪器高和监视仪器的工作状态，而其他观测工作如卫星的捕获、跟踪观测等均由仪器自动完成。

⑥ 成本低、经济效益高。由国内外大地测量资料表明，用 GPS 定位技术建立控制网，要比常规大地测量技术节省 70%～80% 的外业费用，这主要是因为节省了造标的费用和效率高从而使工期大大缩短，随着 GPS 接收机性能和价格比的不断提高，经济效益将更加显著。

⑦ 全天候作业。GPS 观测工作可以在任何地点，任何时间连续地进行，一般不受天气状况的影响。

(3) GPS 平差计算

通常 GPS 定位网是由多个异步网构成的，它们之间往往形成多个异步环闭合条件。所以基线网平差的目的，其一是将各观测时段所确定的基线向量视作观测值，以其方差阵之逆阵为权，进行平差计算，消除环闭合差；其二是建立网的基准（位置基准、方向和尺度基准），求出各 GPS 点在规定坐标系中的坐标值，并评定定位精度。

① 无约束平差

无约束平差属于经典自由网平差，是仅具有必要的起始数据的平差方法，它可以按间接平差的一般程序进行计算。GPS 基线向量本身已经提供了方向基准息和尺度基准信息（由向量坐标可以算出基线方位和基线长度），它们都属于 WGS-84 坐标系。因而无约束平差时只需引入位置基准信息，它不会引起观测值的变形和改正。引入位置基准信息的方法一般是取网中任一点的伪距定位坐标，作为所有 GPS 点坐标的起算数据。整个平差计算是在 WGS-84 坐标系中进行的。无约束平差的重点在于考察 GPS 网本身的内部符合精度、考察基线向量之间有无明显的系统误差和粗差，同时也为 GPS 点提供大地高程数据，以便联合有关的正常高数据求出 GPS 点的正常高。

② 约束平差

约束平差是以国家大地坐标系中某些点的坐标、边长和方位角为约束条件所进行的平差，其平差成果属于国家统一坐标系统。为了将 GPS 基线向量网观测值与约束条件联系起来，应考虑 WGS-84 坐标系与国家大地坐标系之间的系统差，即平差时应设立 GPS 网与地面网之间的转换参数，通过这些参数将 2 个具有不同基准的坐标系统化为一致。

二、工程测量方法发展

目前工程上常用最小二乘法进行测量平差。最小二乘包括了平差、滤波和推估。附有限制条件的平差模型被称为概括平差模型，测量误差理论主要表现在对模型误差的研究上，主要包括：

平差中函数模型误差、随机模型误差的鉴别或诊断，模型误差对参数估计的影响、对参数和残差统计性质的影响、病态方程与控制网及其观测方案设计的关系，由于变形监测网参考点稳定性检验的需要，导致了自由网平差的可区分理论的研究和发展。针对观测值存在误差的客观实际，出现了稳健估计方法，针对法方程系数存在病态的可能，发展了有偏估计。与最小二乘估计相区别，稳健估计和有偏估计被称为非最小二乘估计。方差和协方差分量估计实质上是精化平差的随机模型。目前的通用平差软件包中已经增加了该功能。

三、斜拉桥平面控制测量

1. 精度指标

根据仪器设备和施工条件，精度指标可以分为全桥控制精度指标和局部控制精度指标。对于全桥的控制，以主塔、主梁的轴线定位误差限值±1cm 为精度控制指标；对于局部控制，以斜拉索锚固钢套筒的绝对三维精度为控制依据，控制测量同样采用不显著影响原则。

2. 技术设计

控制网的技术设计方法有解析法和模拟法两种。解析法是基于优化设计理论构造目标函数和约束条件，解得目标函数的最大最小值。除特别的精密控制网可考虑采用解析法外，其他网一般采用模拟法。

对于空间结构复杂的深水特大型桥梁而言，由于工作环境的特殊性，在建设初期一次完成满足施工阶段要求的控制网几乎不可能，同时施工放样从水下基础到上部结构是由粗到精的，空间结构的精密测量可在桥墩出水后通过控制网的改造来实现。分期建网可以保证点位配合和精度配合，后期网可以看作是对前期网进行加密，以保证施工测量的最终精度。

桥梁网分期建立的数据处理应该采用整体平差法方案。这种方法最大的优点是控制网的内部符合精度不受破坏，控制网本身没有强制性的扭曲变形；前后控制点的相对精度可直接获得并且更为真实；由于多余观测数的增加，成果的精度及可靠性会有所提高，精度也会更加均匀；同时可以检查前期网的稳定状况。

四、斜拉桥高程控制测量

高精度跨河高程传递是高程控制测量的关键和独特之处，一般要求不低于二等水准测量的精度，由于长江江面很宽，并且外界影响如大气折光、大气能见度等对测量精度也有着很大影响。

随着全站仪的普及使用，高精度测距三角高程已经很容易实现了，大量的实践证明，如果采取适当的办法，测距三角高程的精度可以达到二等水准甚至一等水准。此外，测距三角高程具有方法简便灵活、作业速度快、效率高、受地形条件限制少等优点，经济指标优于几何水准测量，特别是对于一些几何水准测量难以实现的测量内容优越性更为明显。

进行跨河三角高程测量的应特别注意以下措施：

（1）以自动目标识别作为硬件基础，以保证精度并提高测量速度；

（2）采用严格的同步对向观测以消除大气折光和垂线偏差的影响；

（3）建议采用跨越四边形观测方案，这样可以通过平差求得精度更高的最佳估值。

五、GPS技术在苏通大桥深水基础施工中的应用

钻孔桩平台钢管桩及钢护筒定位采用GPSRTK技术和GPS静态测量技术布设控制点，结合全站仪、经纬仪和水准仪进行平面和高程定位，经纬仪控制垂直度。具体控制方法为：

（1）根据设计图纸计算钢管桩及钢护筒中心坐标。

（2）对于起始平台钢管桩：在定位船上布置两个GPS接受机安放点位。找出这两个GPS点位与定位架中心（钢管桩中心）位置的相对关系，推算出GPS点位的设计坐标。安置两台GPS接收机在定位船上，通过岸上基准站发射的信号进行钢管桩的平面定位，指挥定位船就位。钢管桩的垂直度由布设在试桩平台和主2号墩施工平台上的两台经纬仪进行控制。

（3）对于钢护筒：利用GPS静态测量技术，在起始平台上布设两个较为稳定的测量控制加密点。在加密点上架设全站仪，后视主1号试桩平台加密控制点，对钢护筒导向架龙口定位测量，其测量精度可达到10mm以内。待安钢护筒在平潮时安放到河床底面，利用架设在起始平台和主1号试桩平台或主2号钻孔平台上的J2（2″级）经纬仪，形成近90°角视线，控制钢护筒下沉的垂直度，并检校钢护筒下沉过程中的平面位置。

校核方法：通过GPS静态测量的方法加密控制点于主1号试桩平台上，利用该点采用全站仪极坐标放样方法对定位好的钢管桩（钢护筒）导向架位置进行校核。准确无误后再进行钢管桩（钢护筒）施沉下放。

第三章 施工平台搭设

第一节 施工平台概述

钻孔桩施工在旱地进行非常方便易行,平整场地后,钻机即可就位和开钻作业。但是由于桥梁建设中的钻孔桩施工在水中进行,因此在进行施工前首先要为钻机、搅拌机等提供一个作业场地,以满足钻孔、灌注水下混凝土的需要,并保证人员机具的安全,这就产生了大型桥梁深水基础施工所用的施工平台。

一、深水桩基施工平台的构造分类

目前我国大跨度桥梁的深水基础多采用钻孔灌注桩基础。从施工方面来看,钻孔灌注桩基础的施工有分为先下钢围堰后成桩和先成桩后下钢围堰两种施工方案。由于后者具有施工快,从施工钻孔平台钢管桩、架设平台至开钻时间短;可降低钢围堰高度,节省工期,降低造价;减少双壁钢围堰夹壁混凝土量;避免岩面高低不平时,钢围堰不规律的高低刃脚着岩难度;清除钻渣难度减小;封底混凝土量可减少等优点,而常被用于覆盖层较厚,且覆盖层较软、承载力较小,工期和造价有要求的工程中。

深水基础钻孔桩一般为大直径,施工时受洪水、通航、大流速和冲刷的影响,为排除施工干扰,必须在桩位设置工作施工平台。施工平台是钢护筒下沉定位的导向辅助平台;是桩基础钻孔、水下混凝土灌注的作业平台;是基础施工机具、材料临时堆放的场地;是双壁钢围堰施工拼装、下沉的支承平台。

深水桩基施工平台分为固定施工平台和浮动施工平台两种类型。部分国内深水桩基施工平台实例见表3-1。

固定施工平台按构造形式分为支架施工平台和围堰施工平台。支架施工平台包括木桩施工平台、钢筋混凝土桩施工平台或型钢、钢管桩施工平台等。围堰施工平台包括钢套箱围堰施工平台、钢板桩围堰施工平台、浮运薄壳沉井施工平台。支架施工平台按组成平台的构造可分为型钢平台、桁架平台和型钢与桁架组合平台;按平台的受力方式可分为钢管桩单独受力、钢护筒单独受力、钢管桩与钢护筒同时受力三种类型。固定施工平台的优点为:结构简单,相对固定,在成孔过程中对成孔质量有保证。缺点为:周转材料使用多,周期长,平台构架和定位桩的拆装比较费事;且因其平台构架均在施工水位以上,桩的自由长度较长,刚度较差,有头重脚轻之弊。当平台受到较大水平力,如风力、水流冲击力等或冲刷较大时,平台容易失稳。

浮动施工平台是深水中完成钻孔桩基础施工的一种简便而有效的方法,它是指利用水上设备(民用船舶或工程浮箱)以及军用器材等搭设作业平台进行钻孔桩施工的方法,适用于水流较平稳,波浪小,流速不大,通航压力小的河流中深水钻孔桩基础施工。按构造

国内深水桩基施工平台实例一览表　　　　表 3-1

工程名称	平台形式	平台构造	受力方式
鄂黄长江公路大桥	固定平台	平台基础由钢管直桩和斜桩组成;钢管桩顶端纵横布设由2I56b组成的承重钢主梁;在承重钢主梁上搭设高度为2m的万能杆件桁架;桁架上用5cm厚木板做平台铺装	钢管桩单独受力
佛开高速公路九江大桥	固定平台	钢管桩作为平台支撑;角钢焊制成桁架作为纵、横向连接,贝雷桁架作为承重梁;45号工字钢和5cm木板作为平台铺装	钢管桩单独受力
岳阳洞庭湖大桥	固定平台	用钢管桩作为支撑基础;管内灌满黄砂增加强度;其上放置工字钢、贝雷架、工字钢轨道;钢管桩之间用[22槽钢作剪刀撑和横向连接整体	钢管桩单独受力
利津黄河公路大桥	固定平台	φ80cm混凝土钻孔灌注桩作为平台基础;其上布置I55型钢作为纵横连接及分配梁	钻孔桩单独受力
尖山跨海大桥	固定平台	在钢护筒顶部加工一个井字槽钢架;在井字架的槽上加焊限位钢板,使其准确就位	钢护筒单独受力
蚌埠朝阳淮河公路大桥	固定平台	钢管桩作定位、支撑系统;钢护筒顶端加焊牛腿;用16号槽钢加固纵、横向连接及平台钢管桩与桩护筒间相互连接,保证平台的稳定和抗扭	钢管桩与钢护筒共同受力
黄石长江公路大桥	固定平台	以双壁钢围堰作为平台基础;用N型万能杆件组拼成桁架结构;上弦连接I56工字钢;设16个支座与钢围堰焊接	双壁钢围堰
泰和赣江特大桥	浮动平台	浮箱平台用海军锚定并准确定位,再打φ325mm钢管桩锚定	—
隆沪铁路濑溪河铁路桥	浮动平台	钻探船设计采用桶筏积木式,用若干个油桶组成;对钻探船进行平面锚固定位和垂直升降定位	—
女姑山特大桥	浮动平台	浮动平台采用中-60浮箱、箱形钢梁、标准梁节组拼;将定位桩打入淤泥黏土中一定深度,使浮动平台只能随潮水升降,而平面位置不变	—

形式分为浮船、六七式标准舟节、浮箱等。浮动施工平台的优点为:结构简单、架设较为简单;可充分利用制式器材,方案灵活性大;投入施工快,显著缩短工期;容易改装成套箱拼装下沉用平台,能节省大量时间;受潮汐水位变化的影响小,抗洪能力强。平台可随水位上浮下沉,在涨水时可继续施工,确保施工进度。缺点为:占用较多水上设备和器材;占用较多河道,一定程度上影响通航,在河道通航繁忙、流速较大的河流中实施比较困难;定位需要较庞大的锚碇系统;钻机施工过程晃动大,钻进效率低,且不能适应大扭矩、大功率的回旋钻机。

二、深水桩基施工平台的设计与验算

1. 平台的功能要求

水上施工需考虑河床地貌、地层、汛情、涨落潮、气象、航道等情况,桩基施工平台

作为一种水上"人工地面",在功能上必须满足以下几个要求:
(1) 满足钻机成孔工艺与设备布置的要求。
(2) 必须保证清孔、水下混凝土灌注等成桩工艺与设备布置的要求。
(3) 保证套箱、承台顺利施工。
(4) 保证作业人员良好的工作环境与活动场地。
(5) 平台不受一般汛情、涨落潮和气象的影响,以确保安全施工,不影响施工进度。
(6) 平台的使用期限一般为1~3个月,因此要求平台便于安装、拆卸与迁移,可重复利用。

2. 平台的设计

作为施工的辅助设施,平台的类型选择与设计应力求结构简单、受力明确、施工方便、稳定性好、安全可靠。同时应综合考虑墩位处水文地质、桩基施工及后期双壁钢围堰的拼装、下沉等因素。桩基施工平台由支承桩、主梁及平台面三部分组成。其中平台面为小型钢或木板,平台面位于主梁之上;主梁采用贝雷梁及工字钢按纵横向布置,主梁支承在管桩或钢护筒上;管桩间、管桩与钢护筒间或钢护筒间以钢管和型钢多层水平联接,保证平台的稳定和抗扭。

主要考虑在最不利工况(例如洪水)下,能够保证平台上的施工作业不受影响来确定平台标高;按成孔设备的布置与操作人员的活动场地来确定平台面的宽度;考虑水上平台两端钻孔时,钻机前应留有起下钻具、放倒钻杆的活动场地,且要留有成孔时所需堆放材料和设备的场地来确定平台面的长度;根据平台上荷载的大小和实际地层情况来确定支承桩的入土深度。

3. 平台的验算

根据所设计平台的结构特征、验算采取的计算方法和理论,并结合研究目的和所需得到的结果,可适当简化结构中的次要因素,提出便于计算且合理的基本假定,给验算工作减少不必要的麻烦。如:假定平台上部构造的刚度较大,略去其受力后产生的变形;将上部构造与桩顶、桩与连接杆的节点视为固结,承重梁及工字钢之间视为铰接等等。

在整个平台的设计中,主要考虑施工平台成台之后最不利施工荷载组合作用下基础的承载力、平台纵横梁的承载力是否满足要求以及整个平台的稳定性,同时也针对平台施工过程中插打钢管桩以及下沉钢护筒等工况进行验算。

可视平台具体情况,建立适合于处理方式的弹塑性数学模型及相应的安全判别准则,并用多种相关计算理论分析验算各种工况下平台的承载能力和稳定性。一般常用平面分析计算方法以及有限元空间验算。最后,根据验算结果对平台结构设计作适当的调整。

第二节 施工平台形成工艺

深水区施工平台的施工工艺一般可以分为:①采用打入钢管桩作为支撑搭设平台;②采用打入的钢护筒和辅助钢管桩搭设平台;③两侧设钢结构导管架,中间采用钢围堰搭设平台;④采用钢浮箱浮运定位搭建平台等。其中前三种施工工艺采用的是固定式施工平台,后一种为浮动工施工平台。

不同结构形式的平台施工方法有所不同,一般来说平台搭设的施工过程主要包括:钢管桩或钢护筒施工（包括钢管桩或钢护筒的制作、运输、定位、沉设等）、平台搭设（包括平联施工、平台上部结构搭设、起重机安装、护筒间连接、靠船桩施工等）、平台上使用设施设备安装、平台防撞措施等内容。

根据桥位、桥梁基础以及自然环境的不同，在建的苏通长江公路大桥基础施工平台采用固定式平台，其主要施工平台3号墩和主4号墩平台分别以钢管桩支承、钢护筒与辅助钢管桩共同支承两种方式。本节以3号墩和主4号墩平台为例，对施工平台形成工艺进行详细介绍。

一、苏通大桥3号施工平台的结构特点及形成工艺

1. 3号墩施工平台的结构特点

苏通大桥3号墩施工平台位于主桥3号墩墩位处。施工平台由支撑钢管桩、钢护筒和梁系组成；平台主梁沿垂直水流方向布置，顺水流方向设置两层平联；上层主梁与次梁及面层系组成。平台用40根φ1200×14mm钢管桩支承。3号墩上、下游设1台WQ7040型桅杆吊，由7根φ1200×14mm钢管桩支承。平台主梁采用2HN700×300mm型钢梁，次梁每组采用3排1.5m高组合贝雷架。3号平台桩间顺水流方向设两层φ800×8mm连系撑，垂直水流方向设一层φ800×8mm连系撑，在平台上下游均为φ1000×10mm连系撑。桅杆吊桩基设三层φ800×8mm连系撑。平台面层采用6mm花纹钢板铺设，并在其上设置安全护栏。平台平面布置见图3-1。

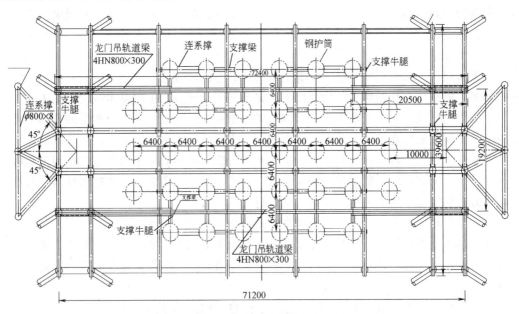

图3-1 3号主墩平台平面布置图

2. 3号墩平台施工工艺流程

3号墩平台施工工艺流程，见图3-2。

二、苏通大桥主4号施工平台结构特点及形成工艺

1. 4号墩施工平台结构特点

苏通大桥4号墩位于长江主泓，距离南、北两岸均为3km左右，施工环境有以下特点：

（1）墩位区水深流急，航运繁忙；桥址位于东南沿海区域，极易受台风的影响，将对工程建设的组织和安全带来不利的因素，增大工程建设施工的难度。

（2）墩位区水深流急，钻孔平台的搭设难度大。

（3）桩基钢护筒参与结构受力，单根长69.2m，重量达120.5t，水深30m，入土深度37m，施沉倾斜度要求达到1/200，施工控制技术难度大。

为减小深水区大波浪条件下平台搭设的难度，降低施工风险，工程上利用大直径、入土深的钢护筒作为平台支承结构，以满足钻孔平台及单桩的稳定性。其主要施工过程为：首先在钻孔平台上游侧建设一个刚度较大的起始平台，利用起始平台及锚固在平台上的悬臂定位导向架导向沉放钢护筒，控制钢护筒下沉过程中的垂直

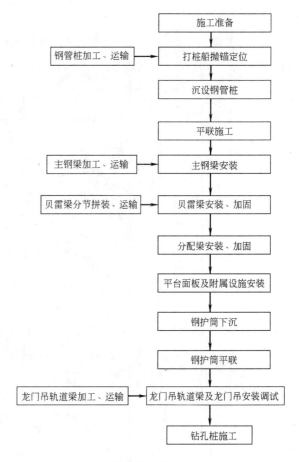

图3-2　3号墩平台施工工艺流程

度及水平偏位；钢护筒自上游向下游逐排下沉到位后，逐排与起始平台及周围的钢护筒连接成整体，逐步形成较大的平台，待所有钢护筒下沉到位后，即形成一个刚度强大的施工平台。利用钢护筒作为钻孔施工平台的主要承力构件，有助于减小平台在水平荷载作用下的位移，提高结构的整体稳定性，且针对北主墩桩密桩距小的特点，较好地解决了辅助桩作为支撑平台的施工方法中辅助桩与钢护筒之间净距较小，而辅助桩直径较小又不满足高潮位、大流速条件下单桩稳定的要求，克服辅助桩直径较大将影响钢护筒下放的空间，无法满足施工要求的弊端，对保证施工的精度和安全性是十分有利的。苏通长江公路大桥主4号墩钻孔平台结构由以下几部分组成，图3-3为其平面结构图。

（1）起始平台

起始平台及下游平台采用$\phi 2540 \times 20$mm钢管桩支撑，桩顶标高+7.0m，上部结构采用双肢HN800×300型钢通过牛腿与钢管桩焊接连接，标高+2.0m处设置$\phi 1000 \times 14$mm钢管作为下层平联。所有构件之间的连接均采用焊接方式。

（2）护筒区平台

护筒区平台利用$\phi 2850 \times 25$mm永久钢护筒作为支撑结构，护筒顶标高+7.0m，单根钢护筒下沉到位后，标高+2.0处的$\phi 1000 \times 10$mm的连接钢管及顶面处2HN588×300mm型钢与周围的钢护筒和钢管桩刚性连接起来，护筒区钢护筒全部下沉到位后，即

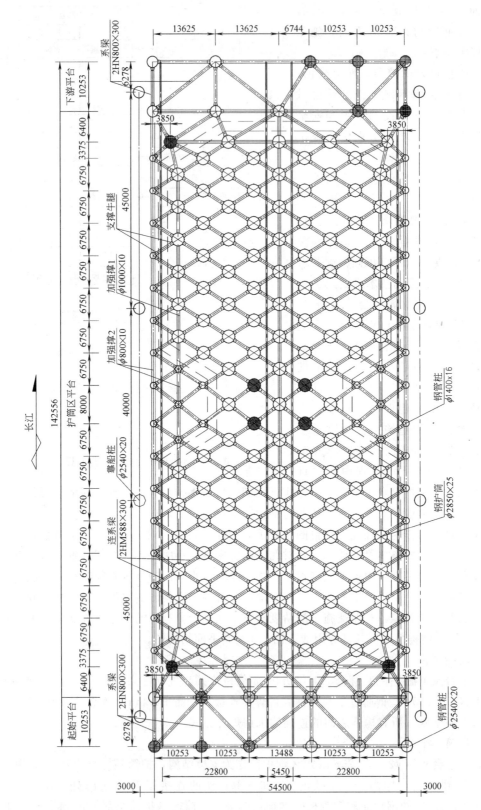

图 3-3 主 4 号墩平面结构图

形成刚度强大的护筒区施工平台。

（3）下游平台

下游平台结构与上游起始平台相同。利用已经形成护筒区施工平台完成下游平台的搭设。

2．主4号墩平台施工工艺流程

主4号墩平台施工工艺流程，见图3-4。

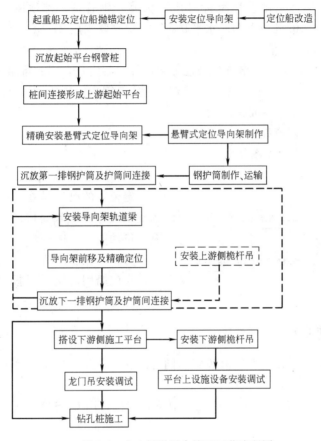

图3-4　主4号墩平台施工工艺流程图

第三节　钢管桩平台的搭设

苏通长江公路大桥北主墩（主4号墩）位于长江主深泓处，所处位置为感潮河段。墩位处河床泥面标高为－28.0m，水深32.0m左右；洪水期落潮流速大，波浪高，因此主4号墩施工平台搭设难度大，技术要求较高，其搭设过程有很强的典型性，对其他工程来说有重要的参考价值。本节及下节墩以主4号墩平台为例，详细介绍钻孔施工平台搭设的施工过程。

与苏通大桥3号墩施工平台以钢管桩为支承结构不同，主4号墩利用大直径入土深的钢护筒与钢管桩一起作为平台支承结构，以满足深水大波浪条件下平台及单桩的稳定性。主4号墩平台搭设包括钢管桩平台搭设（起始平台和下游侧平台）和护筒区平台搭设。在钢管桩平台的搭设过程中，钢管桩的定位及沉放是整个平台搭设的重要环节，是整个平台搭设施工顺利进行的前提。

一、起始平台的搭设

起始平台位于钻孔平台上游侧，其主要作用是为沉放钢护筒，安装悬臂式定位导向架，提供具有足够刚度的起始工作平台。平台设计顶标高＋7.5m，平台面板为工具式钢面板，用型钢作分配梁，基础设计为ϕ2540mm大直径钢管桩，桩顶标高＋7.0m，桩长55.0m，在桩顶和＋2.0m处设置两层水平联系，上层平联采用2HN800×300型钢，下层平联采用ϕ1000×14mm钢管。

起始平台钢管桩施沉利用安装在定位船船艏的导向架定位，用起重船吊振动锤振动下沉，受水深水流条件、管桩设计长度、下沉定位方式等因素的制约，为提高作业效率和沉桩质量，55m长的钢管桩整根沉放。

1. 起始平台施工工艺流程

起始平台施工工艺流程见图3-5。

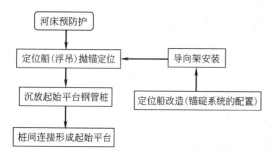

图3-5 起始平台施工工艺流程

2. 定位船改造及定位

定位船的改造是在普通驳船上面安装锚碇系统等措施来完成的，以使其能够具有定位功能。

（1）定位船选型

定位船用海宏号甲板驳船改造，船长90m，船宽16m，型深2.5m，吃水深度1.80m。

（2）锚碇系统

定位锚设置5个5t铁锚，2个3t铁锚，同时配置4台8t锚机，2台10t锚机。

（3）抛锚定位

定位船锚碇系统完善后，将定位船拖至墩位处定位，用GPS定位测量系统测量进行初步定位，通过调整锚定系统，将定位船船艏导向架精确定位在桩位上。精确定位后要求导向架底口轴线与设计桩轴线平面偏差不大于±10cm，导向架的倾斜度不大于1‰，船体与水流方向基本顺直，如图3-6所示。

3. 钢管桩的施沉

（1）钢管导向架的设计加工

1) 导向架的设计要求

① 满足钢管桩在最大水流力、风荷载和下沉激振力等作用下的强度和刚度；

② 满足钢管桩一次下沉到位后顶标高为＋7.00m左右；

③ 满足钢管桩倾斜度不大于1/100；

④ 满足导向架的底层平台在水面上能够操作。

2) 导向架设计图

导向架采用型钢焊制，结构图如图3-7（三视图）。

3) 导向架的安装

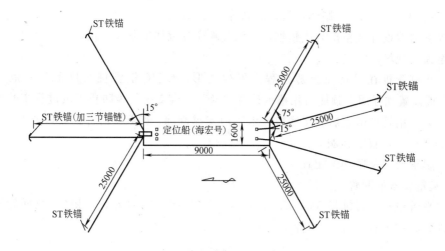

图 3-6 定位船抛锚定位示意图

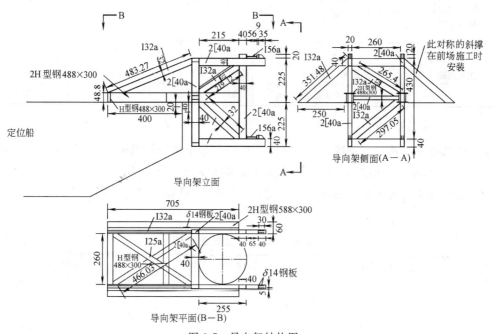

图 3-7 导向架结构图

导向架在后场加工成型,运至前场安装。

导向架安装在定位船前端。钢管桩沉放利用安装在定位船上的上下两层导向定位,两层导向之间的间距为 4.5m,当定位船抛锚定位结束后,将船体调平,在船体中轴线两侧同一水平面上各对称安装 2 根双肢 H488×300 型钢,作为上层导向架安装底座和下层导向的横梁,已安装 H 型钢顶面要求水平,精度误差不大于±5mm。导向架安装要求导向架上下口中轴线与 2 根 H 型钢顶平面垂直,倾斜度误差不大于 1‰,确保船体调平后定位导向架上层导向投影与安装在 H 型钢上的下层导向基本重合。

(2) 钢管桩制作及运输

钻孔平台辅助钢管桩(包括桅杆吊基础、水平联系钢管、龙门吊基础和靠船桩)均用

Q235钢板在专业工厂加工制作，设计焊缝等级为二级。

钢管桩均按设计规格拼装成整桩，按沉放顺序分批加工制作，出厂检验合格后，用驳船运输至施工现场。

为防止钢管桩在吊运及沉放过程中发生变形，ϕ2540钢管桩底口100cm范围内用12mm钢板设置加强圈，顶底口用槽钢设置"米"形内支撑，为防止下沉过程中管桩底口变形或拉裂，钢管桩吊直后应将底口"米"内支撑割除。ϕ1400钢管桩底口各80cm范围内用10mm钢板设置加强圈。

(3) 起重设备及振动锤配置

1) 起重设备的配置

起始平台单根钢管桩长55.0m，重68.4t，采用起重能力为3000kN的全回旋转起重船"苏连海起重8号"，性能指标见表3-2。

苏连海起重船性能表　　　　　　　　　　　　　　　　　　表3-2

船体尺寸及机组性能	船体尺度(m)			重载吃水(m)	排水量(t)	输出功率(kW)
	总长 58.86	型宽 27	型深 4.8	2.32	2888	820
起重性能	吊幅(m)			10	20	28	35	40
	最大起重量(t)			2×150	150	100	50	15
	起升高度(钩头至水面)(m)			68	62	53	40	31

2) 振动锤的配置

一般情况下，选择振动锤需满足两个条件：一是振动锤的激振力F_R应大于土的动摩阻力F_u；二是振动锤的激振力F_R应大于振动系统结构重量W的1.20～1.40倍。同时还必须考虑振动系统可产生的振幅A。选用2台美国产APE400型振动锤，其单台性能参数如表3-3。

单台APE400振动锤性能表　　　　　　　　　　　　　　　表3-3

基本参数	振动锤外形尺寸(mm)			动力柜外形尺寸(mm)			重量(kg)		
	长	宽	高	长	宽	高	振动锤	动力柜	液压头
	3607	660	2515	4724	2083	2440	16363	11000	1700
机械性能	偏心力矩 150kg·m		最大激振力 3203kN		最大上拔力 16363N		系统振幅 2.1mm		功率 990HP/2100RPM

(4) 钢管桩的起吊工索具的选择

起始平台施工的ϕ2540×20mm钢管桩长55m，重68.4t，考虑两头受力起吊，经计算其最大变形为56mm，同时根据3000kN浮吊的性能，起吊采用三点吊。

吊耳的设置：在钢管桩上口对称割两个吊装孔作为吊耳（要求在出厂前加工完成，并要求对其进行打磨），吊耳具体布置及尺寸见图3-8。

吊索的选择：吊索采用65t软索。

卸扣的选择：采用弓形S（6）型63t卸扣8个。

(5) 钢管桩沉放

起始平台钢管桩沉放顺序及单根钢管桩的下沉工艺流程如图3-9、图3-10所示。

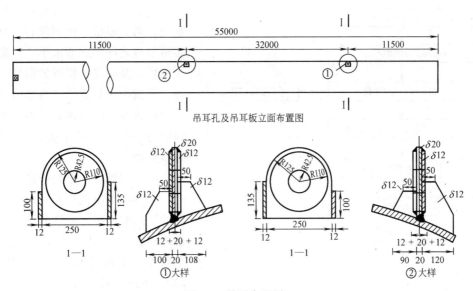

图 3-8 吊耳布置图

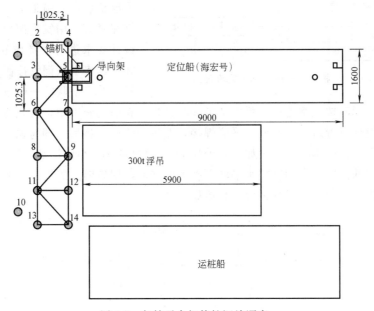

图 3-9 起始平台钢管桩沉放顺序

钢管桩的定位采用 GPS 全站仪定位，同时用架设在已完成施工的 1 号试桩平台、2 号墩上的两台经纬仪进行校核。定位船在测量的指挥下移至桩位位置，运桩船停靠浮吊。钢管桩起吊由 300t 浮吊的两个 150t 吊钩完成。当钢管桩起吊竖直后，将钢管桩送进导向架内，卡好限位装置，并通过限位装置调整钢管桩的倾斜度在 1‰ 以内，慢慢下放至泥面（此时软索受力，不让钢管桩在自重下下沉），再由测量调整钢管桩的平面位置及倾斜度，当平面位置偏差在 10cm 以内、倾斜度 1‰ 以内，下放钢管桩，300t 浮吊脱钩，起吊双联 APE400 型液压振动锤就位，测量再次复核钢管桩的平面位置及倾斜度，合乎施工要求后，振动下沉到位，下沉以顶标高控制为主。

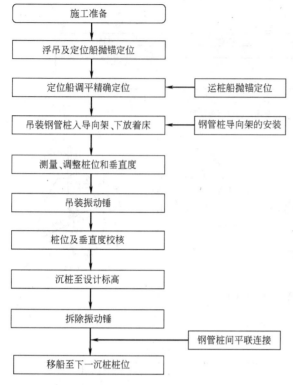

图 3-10 单根钢管桩的下沉工艺流程图

下沉到位后，定位船移至下一根桩位。第二根桩下沉到位后，及时连接两根桩之间的钢管水平联。第三桩沉完后，及时将三根桩的钢管水平连接，形成一个稳定的三角形桁架。以后的钢管桩下沉到位后，钢管水平连接时与三角形桁架连接，边沉边连，逐步推进。

(6) 钢管桩水平联连接

钢管桩下沉就位后（2 根以后），开始平联的连接。平联的设置：钢管桩之间在+2.0 和桩顶处设置两层水平联系，上层平联采用 2HN800×300，下层平联采用 $\phi1000\times14$ 钢管，单桩沉放结束后，立即将其与已沉桩连成整体，先施工下层平联，防止单桩在潮流作用发生偏位，连接方式按设计要求进行，具体施工方法如下：在后场将平联钢管按照图纸的尺寸下料，并将平联的一端按钢管桩的弧度要求下好料，同时按照钢管桩的弧度准备好哈扶板，在前场施工中，首先将下好料的一端与钢管桩按设计位置对好位并调平平联焊接，然后用哈扶板将另一端与钢管桩焊接，如图 3-11。平联的吊装具体施工方法如下：使用 300t 浮吊的 15t 小钩吊装，用三个 2t 的手拉葫芦调整平联的位置。在钢管桩水平联系施工的同时，用砂船上的皮带运输机向已沉放好的部分钢管桩内灌砂，以提高平台的整体稳定性。

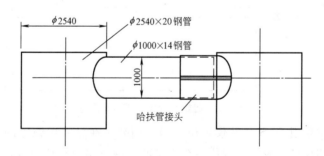

图 3-11 平联的连接示意图

4. 起始平台施工技术要求及检验标准

(1) 钢管桩加工制作质量要求：

1) 焊接质量按二级焊缝标准检验控制。

2) 钢管桩加工质量应满足《港口工程桩基规范（JTJ 254—98)》的要求，即管节外形尺寸允许偏差，见表 3-4；管桩成品外形尺寸允许偏差，见表 3-5。

管节外形尺寸允许偏差　　　　表 3-4

偏差名称	允许偏差	说　明
钢管外周长	±1%周长,且不大于15mm	测量外周长
管端椭圆度	±0.5%d,且不大于10mm	两相互垂直的直径之差
管端平整度	2mm	
管端平面倾斜	±0.5%d,且不大于5mm	

管桩成品外形尺寸允许偏差　　　　表 3-5

偏　差　名　称	允　许　偏　差
桩长偏差	+200mm,-100mm
纵轴线弯曲矢高	不大于桩长的0.3%,并不得大于50mm

(2) 钢管桩施沉要求:

平面偏差: ±30cm; 倾斜度: ≤1%。

(3) 平联焊接要求:

焊接质量按三级焊缝标准检验控制,同时满足设计要求。

5. 施工要点及注意事项

(1) 起始作业平台打桩施工应选择在北主墩位河床防护后小潮汛期间进行。

(2) 施工准备包括定位船及导向架加工、钢管桩制作运输、桩位 GPS 坐标的解算校核等工作。

(3) 钢管桩吊装入导向架的时机应选择在平潮时段进行。

(4) 钢管桩起振前定位精度要求如下:

1) 平面位置偏差不大于±10cm,通过调整锚缆实现。

2) 垂直度控制在1%以内,通过船体调平实现。

(5) 定位船精确定位后应尽量使船体与水流方向一致,以提高钢管桩的定位精度。

(6) 振动锤安装应有足够的精度,防止过大的偏心振动造成定位船偏位,影响沉桩质量和施工安全。

(7) 由于定位船船体较宽,沉放钢管桩时应防止定位船挤靠已沉钢管桩。

(8) 已沉放好的桩应按设计要求及时连接,尽量缩短单桩抗流时间。

(9) 应密切注意和及时调整作业船舶锚缆,防止出现作业船舶碰撞和锚缆挂靠钢管桩。

二、下游侧平台的搭设及靠船桩施工

1. 下游侧工作平台搭设

下游侧工作平台采用与初始工作平台相似的结构形式。平台辅助桩仍用悬臂式定位导向架导向振动下沉,第一排钢管桩

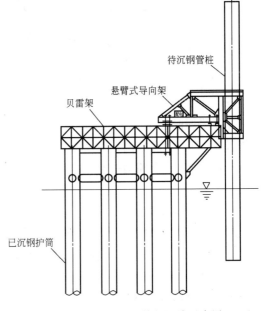

图 3-12　最后一排钢管桩沉放示意图

沉放方法与钢护筒沉放方法完全一致，第二排钢管桩由于与第一排桩距离较大，用贝雷梁搭设悬臂支架，将导向架安装在支架上导向振动下沉，如图 3-12 所示。

2. 靠船桩施工

平台左右两侧各设置有 4 根 φ2540mm 钢管桩作为靠船桩，靠船桩顶口与钻孔平台之间用弹性铰支座连接，外侧安装橡胶护舷及系船环。

在部分钢护筒沉放结束，上层水平联系施工完成后（便于横向安装导向架），用悬臂式定位导向架按如图 3-13 所示的方法施打。

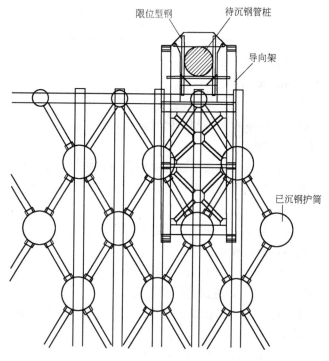

图 3-13　靠船桩沉放方法示意图

第四节　护筒区平台的搭设

主 4 号墩钻孔平台承台范围内直接利用工程桩 φ2850 钢护筒作为钻孔平台支撑桩，钢护筒长 69.20m，底标高 −62.20m，顶口标高 +7.0m。平台南北两侧按 6.75m 的间距各布置一排 φ1400mm 辅助桩与钢护筒连成整体，承受龙门吊轨道梁传递的荷载。

一、钢护筒结构

钢护筒的长度为 +7.0−(−62.2)=69.2m，内径为 2.80m，壁厚为 25mm，为了避免钢护筒沉放时，钢护筒底口应力集中而导致局部屈曲，在其底口增设 1.0m 长、厚 14mm 的加强箍。

钢护筒重约 1205kN，为保证钢护筒主体结构受力需要，根据 3000kN 起重船性能及运输施工条件，护筒分为两节：第一节为 Q345C 钢板加工的设计要求护筒，长 58.645m；

第二节为 Q235A 钢板加工的施工用护筒，长 10.555m。

二、钢护筒制作、运输

1. 材料

钢护筒采用厚 25mm 的钢板卷制拼焊而成，钢材材质在设计护筒及嵌入承台范围内的结构钢护筒为 Q345C，在设计标高以上部分的施工钢护筒钢材材质采用 Q235A，即标高－3.555m 以上部分均采用 Q235A 厚 25mm 钢板卷制拼焊而成。主 4 号墩结构钢护筒手工焊焊条采用 J506 焊条，埋弧自动焊焊丝采用 H08MnA，焊剂采用 HJ431。钢材和焊接材料均应有质量保证书和出厂材质证明。

2. 护筒制作及运输

钢护筒在钢结构公司厂内加工，分上、下两节制作。首先在车间内制成 10m 长的标准节段，用拖车运至该公司江边码头，进行分段接长，然后装船运至施工现场。加工图见图 3-14。

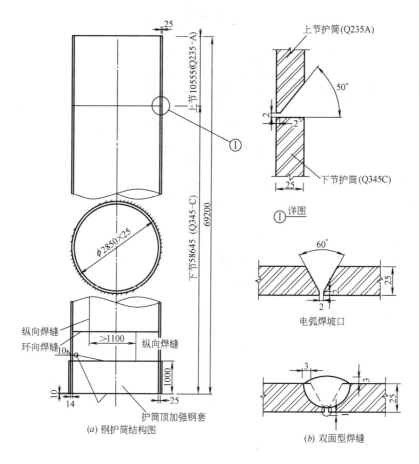

图 3-14 钢护筒结构图

3. 钢护筒制作加工质量要求

（1）满足设计文件要求；

（2）钢护筒焊缝应采用对接焊缝（单面焊双面成型工艺），并尽量采用平焊；

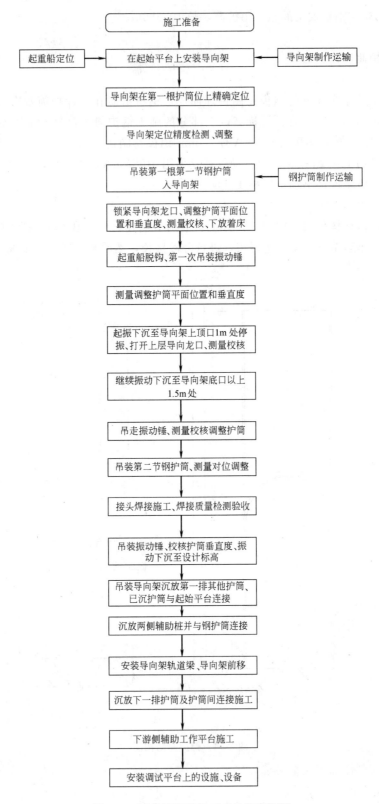

图 3-15 钢护筒沉放施工工艺流程框图

(3) 焊缝外观要求：焊缝金属紧密，焊道均匀，焊缝金属与母材过渡平顺，不得有任何裂缝、未熔合未焊透等缺陷；

(4) 焊缝质量应符合《钢结构工程施工质量验收规范》（GB 50205—2001）中二级标准；

(5) 现场接桩构造形式应符合《港口工程桩基规范》（JTJ 254—98）6.2.9 要求；

(6) 钢护筒的制作、拼装质量及外形允许偏差应符合《钢结构工程施工质量验收规范》（GB 50205—2001）、《公路工程质量检验评定标准》（JTJ 071—98）、《公路桥涵施工技术规范》（JTJ 041—2000）及《港口工程桩基规范》（JTJ 254—98）的有关规定。

三、钢护筒沉放

1. 施工工艺流程

$\phi2850mm$ 钢护筒从起始平台前沿第一排开始沉放，逐渐从上游往下游推进，钢护筒采用悬臂式定位导向架定位导向，用"苏连海起重8号"起重船作为吊装设备，2台并联 APE400 型振动锤振动下沉。施工工艺流程如图 3-15、图 3-16 所示。

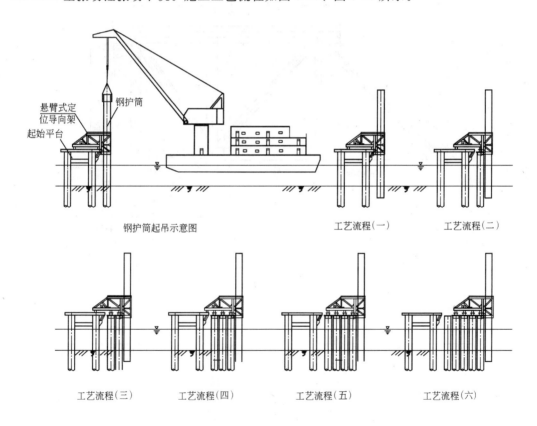

图 3-16 钢护筒沉放施工工艺流程示意图

2. 振动锤选择

按激振力 P＞土的动摩阻力 R 减去护筒和振动锤自重 G 进行选择。

激振力公式： $P > R - G = \sum K_1 \times L_1 \times U \times \tau_1 - G$

式中 L_1——护筒在不同土层中的入土深度，$L_1 = 34.2m$；

U——护筒周边长度，$U=17.6\mathrm{m}$；

K_1——土层液化系数，$K_1=0.25$；

τ_1——不同土层的单位摩阻力，$\tau_1=45\mathrm{kPa}$；

G——护筒和振动锤自重，$G=1200+600=1800\mathrm{kN}$；

经查相关资料计算得：

$$P>R-G=5072\mathrm{kN}$$

护筒振动下沉到位时（$-62.2\mathrm{m}$），$P=5072\mathrm{kN}$，通过计算，选用两台美国生产的APE400型液压振动锤并联使用。APE400型液压振动锤的技术参数见表3-3。

3. 悬臂式定位导向架

悬臂式定位导向架为钢桁架结构，其长度为16.125m、宽6m，用起重船吊装移位，并锚固在已完成的起始平台或已沉放的钢护筒顶口上，在导向架前端设置2层层距10.0m的上、下导向装置，导向装置内设置有供钢护筒定位、施沉过程中纠偏、调整的液压千斤顶和锁定装置。悬臂式定位导向架结构形式如图3-17所示。

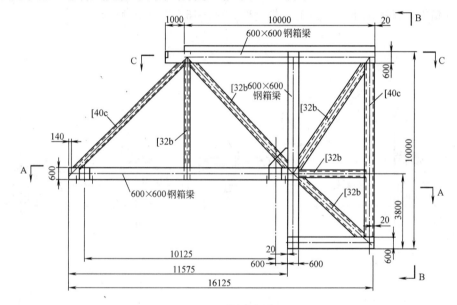

(a) 导向架立面

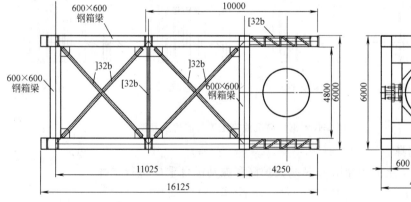

A—A

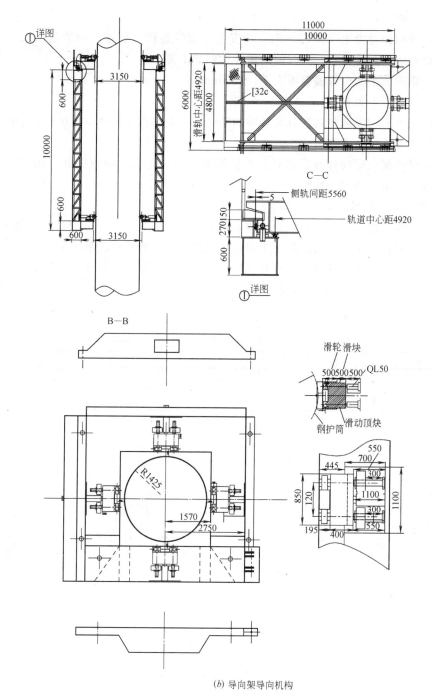

(b) 导向架导向机构

图 3-17 悬臂式定位导向架结构形式

导向架设计、安装要求如下:

(1) 导向架上下层导向之间的间距不小于 8.0m,具有足够的刚度,能够满足水流流速 1.5m/s,7 级风力作用时沉放钢护筒的使用要求。

(2) 导向架安装精度:

平面位置:±50mm

倾斜度：2‰

（3）导向架设置上下两层导向，均安装平面位置调整装置，调节范围±150mm，确保钢护筒着床后开始振动，下沉前的精度达到如下要求：

钢护筒平面位置偏差不大于：±50mm
倾斜度不大于：5‰

导向架平面位置调整装置具有足够的刚度，下沉过程（振动停止状态）中可对钢护筒顶口平面位置进行适当调整。

（4）导向架上导向打开后可让振动锤顺利通过，下层导向顶面低于钢护筒设计顶标高，确保护筒下沉过程中始终有一层导向。

4. 钢护筒的起吊工索具的选择

钢护筒施工的 $\phi 2845 \times 20$ 钢护筒单根长度达 58.645m，重 102.14t，根据 3000kN 浮吊的性能，起吊采用三点吊。起吊工索具采用起始平台钢管桩起吊用工索具。

吊耳的设置：在钢管桩上口对称割两个吊装孔作为吊耳（要求在出厂前加工完成，并要求对其进行打磨），具体布置及尺寸见图 3-18。

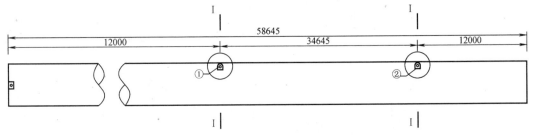

吊耳孔及吊耳板立面布置图

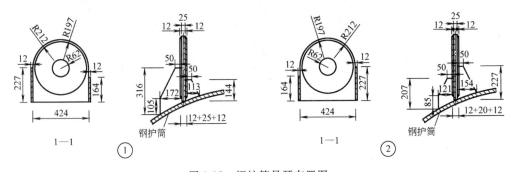

图 3-18 钢护筒吊耳布置图

5. 钢护筒下沉

钢护筒下沉定位采用全站仪定位，同时用架设在已施工完成的苏通大桥 1 号试桩平台起始平台或 2 号墩上的两台经纬仪进行校核。

（1）第一排钢护筒下沉

起始平台梁系连接完成后，在钢管桩上焊接牛腿支撑并找平，然后吊装前、后锚固梁，并固结在钢管桩牛腿上；吊装悬臂式导向架，进行初步定位及精确定位，并将悬臂式导向架固结在锚固梁上。

1）起重船将第一节 58.645m 长钢护筒吊入定位导向架的导向装置内，锁定上下龙口。

2)利用龙口的调节装置,调整钢护筒的平面位置及垂直度,使平面位置偏差≤±30mm,倾斜度≤2/1000。起重船落钩,钢护筒沿导向架下至河底并入土,起重船脱钩。

3)起重船吊安振动锤至钢护筒顶口,并再次校正钢护筒及振动锤的位置。

4)起动振动锤,振护筒下沉。同时,起重船移至另一位置进行下沉护筒有关工作。

5)当振动锤至上导向装置1.0m时停止振动,移走上层导向龙口,使振动锤能继续振动下沉护筒至下层导向龙口顶面约1.5m处,停止振动下沉。此时,钢护筒入土深度20m以上,可以保证下沉钢护筒的自身稳定。将振动锤吊开,用起重船吊装对接第二节护筒。现场对接如图3-19。

6)护筒对接完成且上层导向精确就位后,第二次安装振动锤,振动下沉护筒,当振动至上层导向龙口顶面1.0m时停止振动,又打开上层导向龙口,移走上层导向,继续振动下沉护筒至设计标高。护筒下沉完毕的平面偏位≤±50mm,倾斜度≤5‰。

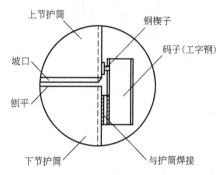

图3-19 护筒对接方法示意图

7)吊走振动锤,拆除导向架与锚固梁间的连接,将导向架移至另一护筒位定位,并重复以上工序。

8)单根护筒下沉到位后,及时与起始平台及相邻钢护筒连接。下层平联采用$\phi1000\times10$钢管连接,上层连系梁采用$2HM588\times300$组合梁通过牛腿连接到钢护筒上。

9)该排护筒沉设完成后,前移进行下一排护筒沉放。

(2)第二排钢护筒沉放

测量第一排钢护筒的位置,对焊接在钢护筒上的牛腿找平,将前锚固梁搁置至第一排钢护筒上,并与钢护筒上的牛腿焊接,将导向架整体吊装并锚固在前后锚固梁上;重复上述步骤下沉完本排钢护筒。

(3)第三、四排钢护筒沉放

重复步骤(2)完成第三、四排钢护筒的沉放。

(4)第五排钢护筒沉放

测量第四排钢护筒的位置,对焊接在钢护筒上的牛腿找平,将前锚固梁搁置在第四排钢护筒上,并与钢护筒上的牛腿焊接,将后锚固梁焊接在第一排钢护筒牛腿上;将导向架整体吊装并锚固在前后锚固梁上,重复上述步骤下沉完本排钢护筒。经过本步骤后,导向架已经完全进入护筒区,每次前进的距离均为固定值3.375m,则以后导向架前进的方式及护筒下放的方式完全相同。

(5)第五排以后钢护筒下放方式

测量上一排钢护筒的位置,对焊接在钢护筒上的牛腿找平,将前锚固梁搁置在上一排钢护筒上,并与护筒上的牛腿锚固,将后锚固梁焊接在相应钢护筒的牛腿上;将导向架整体吊装并锚固在前后锚固梁上,重复上述步骤下沉完本排钢护筒。

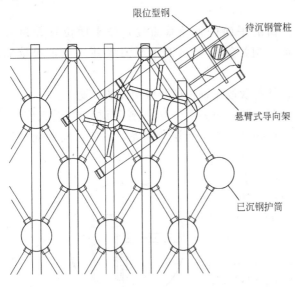

图 3-20 平台两侧辅助钢管桩定位方式

重复本步骤,完成所有钢护筒的下沉。

(6) 每排钢护筒沉放结束后,利用悬臂式定位导向架沉放对应两侧的 2 根辅助钢管桩,如图 3-20 所示。

6. 护筒间连接施工

钢护筒之间用型钢(龙门吊轨道梁底部承重梁用钢箱梁)在＋2.0 和＋7.0m 处设置两层水平联系,上层平联采用 2HM588×300 组合梁,下层平联采用 $\phi 1000 \times 10$ 钢管,单根护筒沉放结束后,立即按设计要求连接平台底下层平联,将其与已沉护筒(起始平台)连成整体,防止单根护筒在潮流作用发生偏位。

在护筒上焊接钢牛腿,然后在钢牛腿上焊接顶层水平联系。并对下层平联的施工质量进行检验,确保所有的连接质量均达到设计要求。

四、施工中需注意的问题

1. 第一节钢护筒吊装入导向架的时机应选择在平潮时段,水流流速小于 1.5m/s,风力小于 7 级的情况下进行。

2. 已沉放好的钢护筒应按设计要求与起始平台或已沉钢护筒及时连接,在未连接前钢护筒不得脱离导向架,以防止发生偏位。

3. 振动锤安装要求有足够的精度,底座基本水平,误差不得大于 2mm,防止出现过大的偏心振动,开始振动时应先点振,待护筒进入土层一定深度且完全起振后,方可连续振动下沉,振动下沉过程中应对护筒垂直度进行监测,并利用安装在导向架上下龙口上的调整装置及时进行纠偏。

4. 施工过程中应严防铁件、钢丝绳等杂物坠落,已沉放好的钢护筒顶口要及时封盖。

第五节 钢护筒垂直度控制措施

在平台搭设过程中,保证钢护筒的垂直度不仅对于提高整个钻孔施工平台稳定性,而且对于承台施工中钢吊箱的顺利就位和下放均有重要意义。因此在平台施工中,应采取有效措施来控制钢护筒的垂直度。

平台施工中可以采取下列技术措施来控制钢护筒的垂直度:
(1) 对钢护筒的最下一节的底口进行外包边,防止钢护筒的底口变形;
(2) 在钢护筒的施工过程中(包括测量放样,定位安装导向架,钢护筒的吊装就位以及钢护筒的沉放），采取措施防止船只碰撞、扰动平台；

（3）在安装导向架时，应在平台上测定出桩位中心点和导向架中心，使得两者中心重合，定位完成后将导向架固定牢固。

（4）沉放每节护筒前，均应测量和校正中心和垂直度。钢护筒吊装焊接时应在相互垂直的两个方向吊线调整其垂直度，以保证钢护筒连接的垂直度，钢护筒连接要牢固可靠。

（5）第一节钢护筒应在平潮时入土，并复测其中心和垂直度，保证其垂直入土。

（6）钢护筒沉放完成后，应复测其中心和垂直度，确定误差。对于误差较大的应采取有效措施来纠正，使其在允许偏差范围内。

第六节　施工平台防撞措施

钻孔平台形成后为确保施工安全，应按相关法律法规要求及时设置安全警示标志，并在平台四周设置防护栏杆和布设救生圈、灭火器等安全设施。苏通大桥主4号墩采取的主要措施如下：

（1）根据施工作业要求，确定施工占用水域，依据相关程序上报，及时要求航道管理

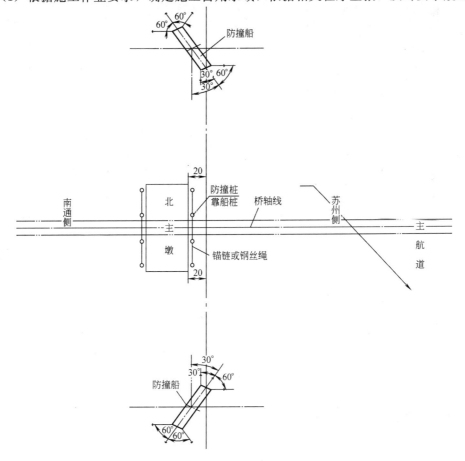

图 3-21　主4号墩钻孔平台防撞措施示意图

部门发布航行通报，设置航标灯。

（2）依据相关规定在作业船舶和平台上设置障碍物夜间警示灯。

（3）在平台两侧设置防撞桩。

（4）在平台上下游各用一条驳船抛锚定位，设置警示标志，配备高频对讲机，派专人值班，配合港监部门对过往船舶进行监督，如图 3-21。

（5）在部分钢护筒分成桩后，然后将钻孔平台与已经成桩的部分钢护筒连接，保证钻孔平台稳定性。

（6）在起始平台和两侧辅助桩、防撞桩内填充密实的砂土，增大桩的刚性和防撞能力。

第四章 钻孔灌注桩施工

近年来，钻孔灌注桩以其明显的优越性在桩基工程中起着越来越大的作用，尤其是在桥梁深水高桩承台中基础中。能在复杂地质条件、不利环境条件下成桩，这是其他类型桩基所无法替代的。灌注桩的技术在国内外工程界日益受到重视和发展。

第一节 准备工作

钻孔灌注桩是一项质量要求高，施工工序多，并需在一个短时间内连续完成的地下隐蔽工程。要保证施工有秩序、快节奏地进行，就必须在开工前认真地做好施工设计编审；施工场地的清理规划；孔口护筒的制作和埋设；泥浆配置和循环设施的安设；工序施工管理制度，岗位责任制，交接班制，质量检查验收制、设备机具的检修保养制等。

一、施工设计与施工流程

施工设计是施工过程各项工作的指南，也是组织施工的依据。在编写施工设计时，要掌握如下技术资料和情况：

（1）场地工程地质勘察报告与地层剖面图；

（2）场地水位地质资料；水域施工时，场地的水深、水位变化、水的流速、涨落潮规律、浪高等水文气象资料；

（3）钻孔桩设计文件，包括桩位平面布置图、桩身结构图，钢筋笼设计图、混凝土强度等级、单桩设计容许承载力及其他设计要求；

（4）场地地下埋设物和其他障碍物情况；

（5）供水供电和污水废浆、钻渣清运等施工条件；

（6）工期和工程费用。

施工设计的内容主要包括：

（1）工程概况和设计要求。如工程类型、地理位置、桩的规格、数量（其中分为成孔工作量和混凝土灌注量）、单桩设计荷载、水文、工程地质情况、持力层状况、质量和工期要求等。

（2）工艺方法和设备的选型配套。依据工程概况和设计要求，合理选择工艺方法；制定施工组织方案；规划工程进度和施工顺序；安排施工路线；编制工程进度表。在此基础上，选择配备施工机械设备，并使机具设备配套，满足施工需要。

（3）工艺技术设计。包括设备安装调试；钻头设计加工；护筒制作埋设；冲洗液的配置和净化；施工公害的处理对策；成孔施工的技术参数；成孔质量管理对策；混凝土材料的质量检测；混凝土配合比和配置程序；水下混凝土灌注工艺；灌注质量检查、混凝土取样、养护和送检的技术规定，以及钢筋笼制作的技术要求和下入位置控制等。

(4) 全面质量管理措施和工程施工质量保证体系。
(5) 安全生产措施。
(6) 桩的质量检验方法、验桩目的、数量、要求、有关的设备材料计划。
(7) 对施工中可能遇到的技术问题,拟定解决的技术路线。

根据施工设计,合理安排施工流程,编制详细的工序流程图,用以指导现场施工。施工中必须严格遵守工序流程图的规定,每一道工序完毕均须及时进行检验,坚持上道工序质量不符合要求,不得进入下一道工序施工,以免存在质量隐患。

二、场地准备

施工场地在设备进场前要进行平整;接通水、电、铺设施工车辆进出道路;按成孔、灌注、制作钢筋笼,堆置混凝土材料,废水废渣临时存放,材料工具存放,及搭建工地临时设施等多方面的需求进行规划布置。如果作业场地狭小,应考虑在作业场地附近寻找混凝土材料堆置场地和搭建临时设施。

施工场地的平整要根据地形、地下水位或江河湖海的水位、桩顶标高等进行。若场地为旱地,则清除地面杂物,换除软土,填平低洼,夯打密实,以免施工设备坐落在不坚实填土上而引起下陷。在水域施工时,浅水时适宜围堰筑岛方法,修筑作业场地。在深水域时,可搭设工作平台,或利用船只作施工平台。工作平台的高度应比最高水位高出1.5~2.0m。

对于一些地下埋设物或地下构筑物,在施工前应认真调查是否妨碍施工。如妨碍施工,则需进一步探查了解这些地下埋设物或地下构筑物的类型、形状、几何尺寸、位置、埋设时间和所属管理单位等情况,并与设计单位协商清除或拆移。对某些无法拆移的地下管道,与设计部门协商变更桩位,以避开地下管道。对不便拆移又需要保护的重要管道,其近旁的钻孔灌注桩在施工前,要采取专门措施对管道予以保护。

地上障碍物一般为空中架设的各种电线电缆,紧贴作业场地的屋墙房檐,以及架设在场地上空的其他物体。这些障碍物影响吊车作业和钻架(塔)的安装移位,一般应予以拆移拆除。

场地平整完毕,依据设计桩位平面图及场地有关测量资料、校测场地基准线和基准点;测量桩位线,测定桩的位置、桩位地面标高。根据需要,可以适当补充测量控制点。在测定的桩位点,打入铁质标志桩,露出地面60~100mm。水域场地桩位的测量,通常采用极坐标法或前方交会法,测量桩孔的中心位置偏差不大于5mm。

三、护筒制作和埋设

1. 护筒的制作

孔口护筒起导正钻具;控制桩位;保护孔口;隔离地表水渗漏;防止地表杂填土探讨;保持筒内水头高度及固定钢筋笼等作用。护筒内径一般比设计桩孔直径大100~150mm;采用冲击、冲抓成孔方法,则比桩孔直径大150~300mm。

护筒是要反复回收使用的设施,在材料的选用和结构设计上要求有一定的强度和刚度,不易损坏变形,便于运输、安装、埋设和起拔拆卸。常用的护筒多为钢板护筒,有时也使用混凝土护筒。

(1) 钢板护筒

钢板护筒一般用 4~25mm 的钢板卷制而成，具有材料少；重量轻；密封性好；能多次重复使用，在旱地、岸滩和水域均可使用等优点。钢板护筒一般分成多节，连接方式有焊接、法兰连接等。钢护筒手工焊焊条一般采用 J506 焊条，埋弧自动焊焊丝采用 H08MnA，焊剂采用 HJ431。钢材和焊接材料均应有质量保证书和出厂材质证明。对于直径大于 1.0m 的护筒，为了增加护筒的制作，防止变形，在护筒上下端和中部的外侧各加焊一道加强箍。钢板护筒在埋设时，根据孔段土层和地下水位情况确定每个护筒的使用长度。

护筒的加工制作要求：连接对焊平直，并在护筒上口外侧对称加焊起吊环，并在埋设前穿上钢绳。当起拔护筒阻力很大时，可以同时提拉护筒上下端。板厚 25mm 钢护筒体卷圆后，应用样板进行检查，在任何 20°圆弧内，钢护筒的局部允许偏差为板厚的 10%，最大偏差不得超过厚度的 12%。

钢护筒直径允许偏差如下：

$$OD_{\max} - OD_{\min} \leqslant 0.3\% \text{ of } D_{\text{nom}}$$

$$OD_{\max} - OD_{\min} \leqslant 20\text{mm}$$

式中 OD——任意位置处的外直径；

D_{nom}——nominal diameter，公称直径。

钢护筒体端面的倾斜度最大允许偏差为 $\Delta f = 3\text{mm}$。

钢护筒纵轴线弯曲失高不大于护筒长的 0.1%，并不得大于 3cm。

(2) 钢筋混凝土护筒

钢筋混凝土护筒多用在水域钻孔桩施工，壁厚 100~150mm，长度一般在 1.5m 左右，不宜过长。钢筋混凝土护筒埋入土中，待桩孔灌注混凝土后，即与桩身固结为一整体，成为桩的一部分。

钢筋混凝土护筒的制作，要求强度不低于 C30，混凝土结构密实，管壁厚度均匀，内外壁光滑。一般都在现场用钢模或木模制作。浇筑混凝土时，使用差式振动器辅以人工插捣进行捣实。护筒钢筋的配置根据吊装的重量和下沉埋设加压方法计算确定。

2. 护筒的埋设

护筒埋设的好坏，对成孔和成桩质量的有很大影响。护筒埋设位置不正，护筒中心轴线与桩位点偏差过大，埋设不当使护筒发生倾斜，都会使实际桩孔位置偏离桩位或产生孔斜。此外，护筒底口漏失，造成冲洗液顺护筒外壁上冒或向孔壁松土层渗漏，引起孔内水头高度跌落，底口处孔壁跨塌。护筒埋设过浅，则不能有效隔离地表水和填土层；埋设过深则给拔起造成困难，甚至无法拔起，造成损失。所以，认真埋设好护筒，是钻孔灌注桩施工的重要环节。在旱地、岸滩和水域埋设护筒的方法上有些不同：

(1) 在旱地或岸滩埋设护筒，多采用挖坑埋设。基坑的深度要比埋设的护筒长度深 400~500mm，坑径比护筒外径大 800~1000mm。护筒放入坑内前，在坑内填筑 400~500mm 厚的黏土层，然后放入护筒，对正位置，使护筒底口埋入黏土层，在护筒外侧填入黏土，分层夯实。在杂填土层中下护筒，一般要求深挖换土，使护筒底口坐实。

在松散砂层中下护筒,由于挖坑不易成型,可采用沉井作业法,护筒下沉的同时,在筒外四周跟进黏土。遇有地下障碍物时,应先行迁移清除,用土回填平整后再填设护筒。

(2)水下护筒的埋设方法大致和陆地施工基本相同,但是要注意河床表层沉积物多为松散无泥质的砂卵砾石层,欲要抬高孔内水头,必须防止反窜。常用的办法是适当延深护筒并在下入护筒时,在护筒外壁同步填入黏土,使护筒外有较好的密实性。施工场地为各类船式工作平台或支架式工作平台,可采用钢制或钢筋混凝土护筒。下入护筒前应调查水流速度,当流速较大时可能将护筒冲歪,应在工作平台的孔口部位,架设护筒导向架。导向架主要作用:保证钢护筒在自重作用下及在连续施振时能够垂直入土下沉。全程导向架外貌类似钢筋笼,一般用型钢6~8根做骨架等距离排成一圈,其外用钢筋或扁钢弯制成的圆箍,从上至下以1m为间距焊接牢固,形成圆笼状。其长度以水深、入土深度和水面到工作台底面的距离而定。导向架的形式有多种。导向架平面呈"开口式",平台与上下两层导向架之间用焊接连接,以便于装拆。导向架结构见图4-1。

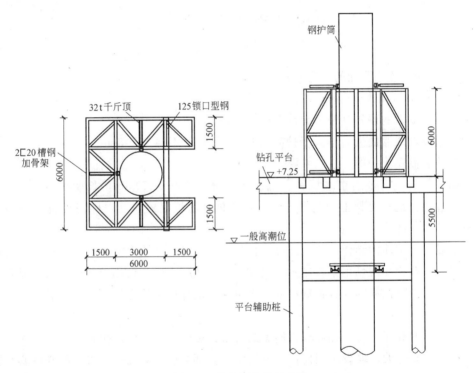

图4-1 导向架结构示意图

水下护筒的埋设步骤和方法如下:

① 钢护筒施工起吊

钢护筒在工厂加工好后,水运至现场,用浮吊作起重设备起吊,导向振动下沉。

② 振动锤选择

按激振力 P>土的动摩阻力 R 减去护筒和振动锤自重 G 进行选择。选用合适的振动锤。

③ 导向架就位

测量放出导向架的平面位置，平台上可移动导向架用吊机起吊就位，导向架与平台焊接固定。下层导向架测量在下平联上放出护筒中心方向点，根据方向点找出护筒中心点，用型钢焊接在平台下层平联上。

④ 钢护筒起吊、就位、临时固定

用适当起重量的起重船抬吊起钢护筒，使钢护筒垂直，浮吊脱钩，把钢护筒送入导向架，在测量的观测控制下，用千斤顶调整护筒的平面位置和垂直度，在上、中、下三层分别各用四个限位挡板把护筒固定在导向架内，选择在平潮或流速较小时将钢护筒缓慢下放，直至入泥稳定，待钢护筒下沉稳定后才能脱钩。

⑤ 振动锤安装及振动下沉

安放振动锤时，将液压钳对位后（检查与钢护筒同心），夹住护筒，缓慢松钩，测量垂直度，进行点振。在入土前10m，吊机带力下沉，测量观察护筒垂直度和平面位置，满足要求后，施振至导向架顶口。移走上层导向架，再施振至设计标高。在施振的过程中随时观测护筒的垂直度和护筒的限位挡板，如发现垂直度有偏差或限位挡板焊缝脱落，要及时纠偏和补焊。

钢护筒下沉精度要求主要有：

a. 平面中心位置允许偏差：±5cm；

b. 倾斜度：≯5‰。

四、泥浆配置与循环设施

泥浆是桩孔施工的冲洗液，主要作用是清洗孔底，携带钻渣，平衡地层压力，以及护壁防塌，润滑和冷却钻头等。护壁泥浆在钻孔中非常重要，尤其是对大直径深孔，土层为砂层土层时，造浆性能差，泥浆控制显得尤为重要。为保证钻孔桩成孔施工的顺利进行，在正式开钻之前进行泥浆配比试验，选用不同产地的膨润土和不同比例的水、膨润土、碱、PHP等进行试配，选择泥浆各项指标最优的泥浆配比，在试桩施工中得以检验和调整后用于正式钻孔桩施工中。

1. 泥浆配置

泥浆由黏土、清水和泥浆化学处理剂按一定的配比搅拌制成的，也有利用地层黏土自然造浆而成。造浆黏土选用水化性能好，造浆率高，含砂量少的膨润土粉或当地黏土，要求造浆胶体率不低于95%，含砂率不大于4%，造浆率不小于$8m^3/t$。根据地层天骄条件和孔壁稳定情况，可在当地黏土中，掺入一定量的膨润土粉，以改善泥浆性能。当地黏土一般可选塑性指数大于25，黏土颗粒小于$0.5\times10^{-2}mm$，且含量达70%以上，手搓无明显砂粒感觉的黏土。泥浆化学处理可以根据需要加以选用。

泥浆的制备在平台泥浆制备区进行，同时拟准备泥浆船以增加整个泥浆的制备速度。钻孔施工前首先在泥浆制备区或泥浆船上采用泵射流搅拌膨润土泥浆，然后利用泥浆泵泵送至护筒内，当护筒内泥浆性能指标满足施工要求后开孔钻进。

泥浆的性能指标，按不同的成孔方法和地层条件，要通过配方试验选择确定。施工中根据孔壁稳定、孔底沉渣和泵组工作情况，对泥浆性能进行维护调整。常用的泥浆性能测定仪器有马氏漏斗黏度计、含砂率测定瓶、胶体率量测筒及pH试纸等。各施工过程中性能指标要求见表4-1。

泥浆性能指标一览表　　　　　表 4-1

性　质	阶　段			试验方法
	新制泥浆	循环再生泥浆	清孔泥浆	
密度(g/cm³)	≤1.08	≤1.25	≤1.1	1006型泥浆比重秤
黏度(s)	22～25	20～25	19～21	黏度计
失水量(ml/30min)	≤17	≤20	≤20	失水量仪
泥皮厚(mm)	≤1.5	≤2	≤1.5	钢尺
胶体率(%)	99	≥96	≥98	量筒
含砂量(%)	≤0.5	≤3.0	≤1.0	含砂量测定仪
pH值	8～10	8～10	8～10	试纸

2. 泥浆循环系统

泥浆循环系统通常包括泥浆池、沉淀池、贮浆池或搅拌池、循环槽等,根据场地条件、桩位布置、桩孔容积、地层情况、工艺方法、钻渣废浆的清除外运等因素综合考虑布设。为简化循环系统,可在现场设集中的泥浆供应站和大型废浆池。

泥浆池的容积一般为单桩孔容积的 1～1.2 倍,以用砖块砌筑为好。沉淀池的容积一般为 6～20m³,以工艺方法和桩孔直径不同酌情选定,其数量以场地大小设置 2～3 个,以轮换使用。循环槽根据不同的工艺方法布设。反循环因泵量大,循环槽需有较大的断面,以保证回流桩孔的冲洗液量满足回灌要求,其规格通常为 500mm×300mm(宽×高)。正循环法因泵量较小,可设小断面循环槽,其规格可选用 300mm×250mm(宽×高),循环槽的坡度为 1/100～1/150。具体布置方式、尺寸大小应根据工艺方法、场地条件、废泥浆处理方式确定。

水域泥浆循环系统稍有不同。泥浆一般经泥浆净化器使直径较大的土颗粒筛分到储渣筒内,处理后的泥浆通过钢护筒之间的连通管流入钻孔孔内。钻渣转运至运渣船,水运至码头,输送至弃土场。泥浆循环系统见图 4-2。

五、施工公害的治理对策

施工公害是指施工过程中产生的水质污染、环境污染、地下管线的损坏、噪声、振动及地面沉降等。这些公害不但影响施工,而且会酿成一些社会问题,如地下水管、气管或通讯电缆损坏造成的停水、漏气及中断通信。所以必须充分考虑施工可能造成的公害,正确拟定治理对策。

1. 废浆钻渣的处理

由于采用泥浆作业,特别是在易于自然造浆的黏土层钻进,往往会产生大量的高黏度比重废泥浆,加上排出的大量钻渣,处理不当是很容易造成城区环境污染,下水道淤积,在某些情况下还会造成附近的水质污染。近些年来,国内外有关科研和施工部门致力于研究废浆钻渣的处理,取得了很大进展,能够比较有效地处理这些施工废弃物,控制其对环境的污染,目前常用的处理方法有如下几种:

(1) 机械处理:即使用专门的泥水分离设备对废浆钻渣进行分离处理。这类泥水分离设备有机械振动筛、旋流除砂器、真空式过滤机械、滚筒或带式碾压机及大型沉淀箱等。

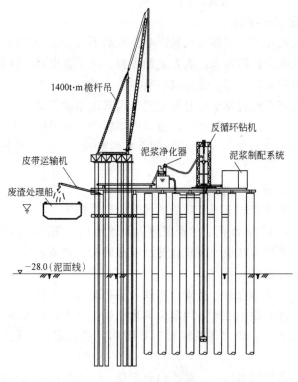

图 4-2 泥浆循环系统

使用时，通常将上述机械集中联合组成一套废浆钻渣处理系统，进行泥水分离联合出来，形成含水量一般不超过50%的湿土和符合排放标准的污水，最后湿土装车外运，污水从下水道排走。这类处理方法的主要不足是占用的场地比较大，动力消耗增加，处理量一般不超过 $15m^3/h$，不能适应大量废浆的即时处理。

（2）化学处理：即使用化学絮凝剂进行絮凝沉淀，使泥水分离，然后清出沉淀的泥渣。由于这类絮凝剂的价格较高，而使用量又比较大，所以使处理费用比较大。此外，为了防止有害元素对地下水、邻近地面水或土壤的污染，对使用化学絮凝剂也作了比较严格的限制，故在施工中单独使用化学方法对废泥浆的处理也比较少。

（3）机械化学联合处理：这种方法国外采用较多。一般是首先用振动筛将废浆中的大颗粒钻渣筛出，再加入高效的高分子化学絮凝剂对细小钻渣进行化学絮凝聚沉。然后送到压滤机或真空过滤机，进行泥水分离，最后将分离出的湿土和污水分别清出排走。

（4）重力沉淀处理：这种方法比较简单，主要根据场地条件设置数个沉淀池，泥浆中的钻渣靠自身重力沉淀，形成含水比较大的浓稠状废浆，装入罐车运走。在以砂层为主的地层钻进，这种处理方法简便易行，处理效果可满足施工要求。

因此在施工准备阶段，还要制订周密的废浆钻渣清运计划，其内容包括：

a. 浆钻渣的日产出量和处理方式；

b. 按每日需运出的废浆钻渣量调度运输车辆；

c. 施工场地的运输道路和市区的运输路线、运输时间；

d. 废浆钻渣的废置场地；

e. 运输过程中防止泄漏的措施。

2. 噪声和振动危害的控制

利用钻机进行成孔作用，其各种机械声响一般都不会超出噪声控制标准。采用振动冲击方法成孔，产生的噪声往往很大，需要进行控制。除了在夜间、休假日停止作业外，在振打机械上安装隔声罩或消声器，也是减轻噪声的有效方法。

振动危害主要表现在振打作业时对周围建筑及其地基的不良影响，在城市密集区，可沿振打场地四周挖掘一定深度和宽度的沟槽，内填粗砂，起隔振作用。还可先打入钢板桩将场地四周地下围住，以减缓施工时对四周地基的振动，也能防止振打造成附近地面的隆起。

3. 水域钻孔灌注桩施工中的其他环保措施

（1）钻机反循环钻进所产生的带钻渣的泥浆，经过施工平台上的泥浆净化器，将粒径大于 0.075mm 的钻渣截取，净化后的泥浆流入泥浆池循环使用。钻渣装入驳船上，废弃泥浆泵送至驳船，严禁排入江中。废浆和钻渣运至码头，钻渣转运至指定的位置存放，废浆泵送到岸上沉淀池进行沉淀处理。

（2）水泥、膨润土等掺合料，应安全堆放，妥善遮盖，不得掉入江中。

（3）混凝土水上拌合站的废水，须集中装运至岸上基地，经沉砂处理后排放。

（4）在施工平台上，设置"环保厕所"（干厕），粪便定期收集运至岸上生活区化粪池，统一处理。

（5）禁止使用一次性塑料餐具，防止白色污染。交通船舶、施工机械产生的废油料及润滑油等，必须集中收集运至岸上处理。

（6）生产用油料必须严格保管，防止泄漏，污染江水。

（7）所有 50t 以上的施工作业和运输船舶，设置油水分离器，船舶舱底水含油量 ≤15mg/L 时，方可排放。

（8）水上施工人员的生活污水，用固定容器收集，定期由驳船运至岸上。

（9）在水上施工平台设置若干个垃圾桶，集中贮放生活垃圾，定期由驳船运至岸上垃圾场深埋。

（10）施工过程中的废弃物、边角料、包装袋等及时收集、清理，运至垃圾场掩埋。

（11）船舶上的生活垃圾，亦须袋（桶）装，集中运至岸上垃圾场处理。

六、设备安装就位与材料运送

1. 设备的安装就位

重型桩孔钻机架设钢轨上比较可靠，其行走轨道及其枕木的铺设，要进行水平校正。要求钢轨的对称中线与过桩孔中心点的桩位线吻合，轨道面上任意两点的高度差不大于 10mm。钻机上轨后，轨基不会下陷，保证钻机等设备轨道上行走移动时，对中就位后，钻机上轨或调轨移线可借助起重机械，实现整体吊装转移，也可将钻机安装在带有活动导向轨，可在轨道上移行就位后，调整钻机回转器的水平，保持钻塔（架）天车滑轮槽缘、回转器中心和桩孔中心三者在同一铅垂线上。水泵一般安装在固定位置上。

混凝土搅拌设备根据灌注作业方式进行就位安装。入采用在孔口直接搅拌灌注的作业方式，混凝土搅拌机可安装在孔口近旁的灌注平台上，搅拌好的混凝土，由搅拌机直接倾吐入孔。如设立搅拌站，搅拌机的安装要便于连续上料和出料，便于混凝土的运送。采用泵送混凝土作业时，力求有最短的输送距离，便于配管、拆管和清洗。

2. 材料运输进场

施工现场一般不可能储放全部材料，因而要根据施工进度合理安排材料运输进场，混凝土材料实行定期运送。狭小的施工场地，要缜密地计划进料和存放，对保证施工现场有足够的回旋余地，防止挤占场地，影响施工操作和废浆钻渣的外运，避免现场备料不足而停工待料都有重要意义。运进场的材料应分门别类按要求存放，石料、砂和水泥要远离泥浆污水，避免污染。

第二节　试　　桩

一、试桩目的

试验的主要目的是确定或检验设计桩深、施工工艺和设备。通过试桩得到和检验各地层的承载能力，校核并最终确定设计参数，并通过对比试验确认注浆效果，通过试桩确定钻孔桩泥浆配比和钻头选型、钻进速度、钻压等工艺参数。主要体现在以下几个方面：

（1）检验进尺大直径钻孔桩施工钻机的适应性，如钻机的扭矩、提升能力、钻头的适应性、钻杆传递扭矩和接头性能等；

（2）确定不同土层钻进速度、配重、钻压、转速等参数；

（3）优化泥浆配比，确定泥浆指标控制参数；

（4）清孔后泥浆含砂率指标，确保清孔满足设计要求；

（5）验证钢筋笼接长下放工艺、声测管预埋工艺的适宜性；

（6）导管试压、下放工艺；

（7）验证混凝土浇注系统的效率和可靠性，并进一步完善水下混凝土浇注工艺；

（8）测定单根桩施工周期，以便最终确定需要的钻孔设备数量；

（9）经过施工实践，可以了解和熟悉现场具体的地质情况和气象、水文条件；

（10）确定桩底压浆工艺，验证其是否达到预期效果。

二、试桩的准备工作

1. 试桩施工平台搭设

试桩采用搭设钻孔平台进行施工。试桩完成后，试桩施工平台暂不拆除，与已经完成试验工作的试桩连接成整体，作为主墩和辅助墩、过渡墩施工时的防撞设施发挥作用，并可作为施工船舶系缆、靠船的设施。

2. 试桩施工设备进场

为确保工程质量及施工技术达到世界先进水平，根据施工区域内水文、气象条件及施工工期要求，调用适应于宽阔水域、深水及大流速条件下的大型工程船机设备进行本合同段基础工程的施工，主要的大型船机设备如下：

（1）钻机

为使钻孔桩工艺性试验具有代表性，以便对钻孔桩施工具有指导意义，可以采用1台

BD-1215钻机，作为本标段钻孔灌注桩施工时使用的典型钻机。钢筋笼接长所用临时护筒内扫孔可用一台 GPS-150 型钻机，利用护筒上焊接牛腿搭平台安装钻机，达到清除孔内砂、泥等，以便于钢筋笼接长，缩短桩基钢筋笼接长时间。钻机性能见表 4-2。

钻 机 性 能 表　　　　　　　　　表 4-2

钻 机 型 号	BD-1215	钻 机 型 号	BD-1215
投入数量	1	配备钻杆(mm)	325
最大钻孔口径(m)	3.0	循环方式	气举反循环
最大钻孔深度(m)	300	总功率(kW)	273
最大输出扭矩(kN·m)	150	钻机工作方式	全液压动力头
最大提升能力(t)	120		

（2）起重船

2500kN 起重船和航工起船，用于振沉钢护筒并进行设备和钢筋笼吊装。

（3）混凝土搅拌船

（4）泥浆船、运渣船

（5）发电机

发电机 400kW 一台、200kW 两台。

3. 试桩方案的细化

工艺性试验方案的细化要在业主、设计、监理和施工单位的密切配合下完成的。在深入研究和已掌握陆域试桩所得出的结果，制定详细的、可操作的工艺试验实施细则，并上报业主、设计、监理批准。在工艺试验实施细则中，对于需要进行不断优化的工艺参数，事先设计出各类表格并在工艺试验过程中准确填写。如钻进速度、配重、钻压、转速和不同的泥浆配比等，采用优选法和正交试验法进行科学组合。

三、钻孔桩工艺试验的主要环节

各环节（工序）的试验内容：

（1）振沉钢护筒：检验起重船、振动锤性能，导向架效果和护筒垂直度的控制措施。

（2）泥浆制备、循环：检验泥浆船和泥浆净化器性能，并不断调整优化泥浆配比，检验泥浆各指标，测定泥皮厚度；

（3）钻进成孔：检验钻机性能，确定在不同地层配重、钻压、转速，确定减压系数和钻进速度；

（4）终孔验收：检验孔壁的垂直度和孔径是否满足要求；

（5）安放钢筋笼：检验钢筋笼吊装、连接、下放的全过程；

（6）导管拼接、试压：导管的水密试验和拉力试验，导管拼接方法是否快捷；

（7）灌注混凝土：混凝土及混凝土搅拌船的工作性能；

（8）桩底后压浆：检验压浆工艺和压浆效果。

第三节　钻　机

钻孔机是钻孔灌注桩、钻孔深入预制桩和地下连续墙（或挡土帷幕）的成孔设备，具有造价低、无噪声、无冲击、无振动、无污染等优点，近年来国内外都发展较快，桥梁工程施工亦趋广泛采用。根据地质条件的不同，采用的钻机和钻头也不同。用于钻孔灌注桩施工的钻孔机械，有螺旋钻机、正、反循环钻机、冲击钻机、冲击反循环钻机、贝诺塔钻机及土钻法钻机等。另外用于水文水井钻孔的立轴、转盘式水井钻机也常用来进行灌注桩的钻进成孔施工。各种成孔设备适用范围见表4-3。

各种成孔设备（方法）适用范围　　　　　　表4-3

序号	成孔设备(方法)	适用范围			
		土层	孔径(mm)	孔深(m)	泥浆作用
1	机动推钻	黏质土、砂土、砾石粒径小于10cm，含量少于30%的碎石土	60～160	30～40	护壁
2	正循环回转钻机	黏性土、砂土、砾、卵石粒径小于2cm，含量小于20%的碎石土、软岩	80～200	30～100	浮悬钻渣并护壁
3	反循环回转钻机	黏性土、砂土、砾、卵石粒径小于钻杆内径2/3，含量小于20%的碎石土、软岩	80～250	泵吸<40 气举100	护壁
4	正循环潜水钻机	淤泥、黏性土、砂土、砾卵石粒径小于10cm，含量小于20%的碎石土	60～150	50	浮悬钻渣并护壁
5	反循环潜水钻机	黏性土、砂土、砾、卵石粒径小于钻杆内径2/3，含量小于20%的碎石土、软岩	60～150	泵吸<40 气举100	护壁
6	全护筒冲抓和冲击钻机	各类土层	80～200	30～40	不需泥浆
7	冲抓锥	淤泥、黏性土、砂土、砾石、卵石	60～150	20～40	护壁
8	冲击实心锥	各类土层	80～200	50	浮悬钻渣并护壁
9	冲击管锥	黏性土、砂土、砾石、松散卵石	60～150	50	浮悬钻渣并护壁
10	冲击振动沉管	软土、黏性土、砂土、砾石、松散卵石	25～50	20	不需泥浆

一、螺旋钻机

螺旋钻机按螺旋长短可分为长螺旋钻机和短螺旋钻机两种；按配套桩架可分为步履式、轨道式、履带式、汽车式等多种；按驱动动力可分为电机驱动、内燃机驱动和液压驱动三种；按钻孔方式可以分为单根螺旋钻机和多轴式螺旋钻机两种。

其中长螺旋钻孔机适用于钻孔灌注桩，对于穿透砂层比锤击法沉桩性能好，比振动沉桩损坏设备轻，并可有效避免沉桩对地基挤压而危及临近建筑物的不良影响。短螺旋钻孔机是一种干法成孔钻机，除具有长螺旋钻机的某些特点外，还具有不用接钻杆、效率高等特点。

螺旋钻机在国外达到相当高的水平，钻孔直径可达2.5m、钻深可达40～60m，并采用积木组合式设计，实现一机多功能要求。国内开发螺旋钻机始于1970年左右，现已系列化，并引进国外先进技术，提高了国产螺旋钻机的水平。

图 4-3 为 TS-22 型长螺旋钻机，其主要技术参数如下：

许用拔桩力：300kN；

最大钻孔深度：22m；

钻孔直径：φ400mm、φ600mm；

行走速度：4.5m/min；

步履行程：1.4m；

工作地面许用最大坡度：2°；

回转速度：0.36r/min；

工作尺寸：11.6m×5.2m×26.0m；

运输尺寸：14.1m×3.2m×3.4m。

动力头技术参数：

功率：45kW×2、45kW×2、45kW×2；

输出转速：31r/min、21r/min、21r/min；

输出最大扭矩：27kN·m、40kN·m、33kN·m；

输浆管通径：φ125mm。

图 4-3　TS-22 型长螺旋钻机

二、环回转钻机

回转钻机是采用沉入孔中的钻头旋转切土的方式成孔的施工机械。它的适用范围广，适应能力强。回转钻机按其钻孔装置，可分为钻杆钻机和无钻杆钻机（潜水钻机）两种。按排渣方式也可分为正循环回转钻机和反循环回转钻机。

1. 正循环钻机

正循环钻机，就是钻机钻头在进行旋转钻进时在钻杆中注入循环水，使钻渣在钻孔中随泥浆的上升自浮排渣或用活底取渣筒取渣的一种施工工艺。由于钻渣在钻进中越钻越多，浓度也越大，钻渣不易排出而重复碾磨，效率不高。但这一工艺有不易产生塌孔的优点。

2. 反循环钻机

反循环工艺和正循环工艺的流程相反，钻渣随循环水由钻杆中吸出，在钻孔中进行补水或补泥浆以保证钻孔中的水位和钻孔孔壁的稳定。它可使钻进效率提高。但反循环回转钻机的主要不见大部分和正循环钻机相同，仅一般不需要泥浆泵。按吸升泥浆和钻渣混合物方法的不同，另配置泥石泵（吸泥泵）与真空泵，或空气吸泥机（又称气举法），水力吸泥机（又称水力喷射法）等。有的钻机还采用真空泵、泥石泵又配合气举等多种更能实现反循环回转钻进。

近年来，国内为满足不同地质条件的多重需要已生产很多正、反循环回转两用钻机和正反循环加冲击钻进三用钻机。

三、潜水钻机

潜水钻机是无钻杆钻机,它一般由主钻机(潜水钻头)、电缆卷筒、空吸泵三大部分组成。新形主钻机以潜水电机作动力,带动多个齿轮钻头顺时针自转,齿轮钻头所产生的反向扭矩系由钻机的旋转轴带动差速齿轮,使公转部分按逆时针方向旋转来平衡。齿轮钻头刃尖的轨迹是由自转和公转合成的螺旋曲线,这种曲线使钻头均匀地切削孔低的全断面。切削下来的钻渣由空吸泵通过反循环吸入口集中,连续地吸上来。

潜水钻孔机是湿法成孔钻机。适用于黏土、砂层、淤泥、风化岩及软土地区钻孔,具有耗能少、效率高、适用性强等特点。

四、冲抓钻机

桥梁深水钻孔桩基础采用冲抓钻机时,应配套使用套管护壁。所以,进口冲抓钻机多配有全套管护壁。其成孔过程是依靠钻机配置的液压驱动的抱管、晃管、压入(拔出)装置,将套管边晃边压,进入土中,并使用重锤式抓斗在套管内除土。成孔后,在灌注水下混凝土的同时逐节拔出套管,最后将全部套管拔出。

第四节 PHP 高性能泥浆

一、概述

护壁泥浆在钻孔中非常重要,尤其是对大直径深孔,土层为砂层,造浆性能差,泥浆控制显得尤为重要。苏通大桥钻孔灌注桩成孔施工采用不分散、低固相、高黏度的 PHP 泥浆。

为保证钻孔桩成孔施工的顺利进行,在正式开钻之前进行泥浆配比试验,选用不同产地的膨润土和不同比例的水、膨润土、碱、PHP 等进行试配,选择泥浆各项指标最优的泥浆配比,在试桩施工中得以检验和调整后用于正式钻孔桩施工中。

二、特点

PHP 泥浆,全称聚丙烯酰胺不分散低固相泥浆。它配制在泥浆里能使钻渣处于不分散的絮凝状态,易于清除,从而保持泥浆的不分散低固相、低密度、高黏度的性能,泥浆的主要特点是:

(1) 能提高钻进速度,使泥浆的相对密度下降到 1.03~1.08。

(2) 延长机械寿命。

(3) 孔径顺直:泥浆钻孔由于它固相含量低,泥浆渗量少,有利孔壁的稳定,使孔壁顺直,扩孔率小。

(4) 有效防止孔漏和堵漏,泥浆密度低,低失水,所以在整个钻机过程中遇有渗漏性失水地层亦能充分发挥防漏堵漏的作用。

三、性能要求

根据三期试桩 SZ1、SZ2 钻孔及混凝土浇筑前泥浆性能指标比较好的情况下,对主 4

号墩泥浆各施工过程中性能指标要求见表 4-1，同时泥浆净化设备主要性能见表 4-4。

泥浆净化设备主要性能表　　　　　　　　　　　表 4-4

名　　称	泥浆净化器	名　　称	泥浆净化器
型号	ZX-250	总功率(kW)	45
处理能力(m^3/h)	250	经处理后泥浆含砂率(%)	≤1
分率程度(μm)	≥74	重量(kg)	6750

四、泥浆制备

1．制浆材料

所用主要原材料如下：

（1）膨润土：采用国产Ⅱ级钙土，选用湖南鄞县、江苏大港、浙江临安产的膨润土进行比选；

（2）水：采用江水（落潮时抽取的淡水）；

（3）分散剂：采用工业碳酸纳（Na_2CO_3），其指标符合 GB 210—92 的Ⅲ类合格品的标准。其功能是提供 Na^+，对钙土进行改性处理。

（4）降失水增粘剂：选用中黏度羧甲基纤维素（CMC），其作用为降低泥浆失水量，提高泥浆黏度和泥皮能力，改善浆液的流变性能和悬浮岩屑的能力。

（5）聚丙烯酰氨：为高分子聚合物，分子量 1500～1800 万，既可单独拌制泥浆，又可作为膨润土泥浆中的掺加剂和絮凝剂，提高泥浆的黏度，降低含量。

2．浆液配比及性能指标

拟用泥浆配比及性能指标见表 4-5、表 4-6。

新制泥浆配比（$1m^3$ 浆液）　　　　　　　　　表 4-5

膨润土名称	材料用量(kg)				
	水	膨润土	CMC	Na_2CO_3	PHP
钙土（Ⅱ级）	1000	60	0～0.6	2.5	适量

泥浆性能指标控制标准　　　　　　　　　　　表 4-6

性　　质	阶　　段			试验方法
	新制泥浆	循环再生泥浆	清孔泥浆	
密度(g/m^3)	≤1.05	≤1.15	≤1.1	泥浆比重秤
黏度(s)	25～30	18～28	18～25	马式漏斗

续表

性　质	阶　段			试验方法
	新制泥浆	循环再生泥浆	清孔泥浆	
失水量(mL/30min)	≤20	≤40	≤40	失水量仪
泥皮厚(mm)	1.5	≤3	≤1.5	
pH 值	≤10.5	9.5～11	8～10	试纸
含量(%)	≤4	≤4	≤1	含量测定仪

通过泥浆试验选用泥浆指标最优配比。

3. 泥浆拌制要求

泥浆的制备将在泥浆船上进行。钻孔施工前首先在泥浆船上采用泥浆搅拌机搅拌膨润土泥浆，泥浆纯搅拌时间不得少于3min，新制泥浆经膨化24h后方可使用。达到使用要求的泥浆利用3PNL泵泵送至钢护筒内，当钢护筒内泥浆性能指标满足施工要求后即可开孔钻进。

五、泥浆循环

采用泥浆净化器进行除处理后的泥浆，满足指标要求的进行重复利用，经多次重复使用，如果泥浆指标降低，应采取措施进行调整，严重超标的应废弃更换。进行泥浆消耗量的统计，测试出单根桩和每立方成孔工程量的泥浆消耗量，以便较为准确的为正式钻孔桩施工备料。

钻孔泥浆循环利用一个泥浆池和一个专用钢护筒作为沉渣池，过滤器组成。泥浆循环过程为：

钻孔中 ── 振动筛 ── 沉渣池 ── 护筒 ── 钻孔中
　　　　　　　　　　旋流分离器

每个钻孔的泥浆经检验指标后如果各项指标合格可重复使用，每次钻孔仅需补充流失的泥浆即可。

第五节　成　桩　施　工

一、成桩工艺流程概述

灌注桩施工是一项质量要求高，须在一个短时间内连续完成多道工序的地下隐蔽工程，施工必须要认真按照程序进行（程序框图如图4-4所示）。

二、钻孔桩施工组织设计

1. 工程概述

在建的苏通大桥C1标段主4号墩采用131根 $D2.8m/D2.5m$ 钻孔灌注桩基础（钢护

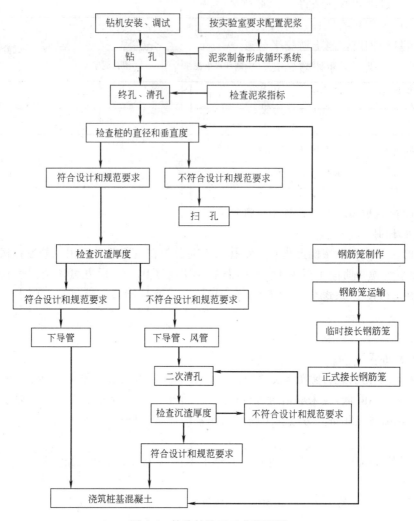

图 4-4 钻孔桩施工工艺流程图

筒内径 2.8m),梅花型布置。桩长为 117.4m,设计桩底标高为 −124m,桩顶标高为 −6.6m;每根桩需浇筑 C35 水下混凝土 654.7m³;结构钢护筒底标高为 −62.2m,顶标高 −3.555m,长 58.645m,为 Q345C、δ25mm 钢板卷制,其上为施工用钢护筒,长 10.555m,为 Q235、δ25mm 钢板卷制。在钢护筒范围以下,桩身直径为 2.5m。桩身钢筋采用两根一束、径向放置的直径为 40mm 的Ⅲ级(HR400φ40)钢筋为主筋,两根主筋分别位于定位筋的内、外侧,螺旋筋为直径 12mm 的Ⅲ级(HRB400φ12)钢筋。每根桩设置 4 根声测管,8 根 4 回路压浆管。4 号墩钻孔桩桩位设计及钻孔平台设计施工图如图 4-5 所示。

(1)编制依据

1)《苏通大桥主 1~4 号墩基础及墩身施工图设计》(中交公路规划设计院、江苏省交通规划设计院、同济大学建筑设计研究院,2003 年 6 月);

2)《苏通大桥施工图设计阶段工程地质勘查设计总报告第 1~5 册》(交通部第二航务工程勘测设计院,2003 年 7 月);

3)《苏通长江公路大桥各农历月各代表墩数模流速模拟计算及分析统计成果使用说明》

(河海大学水资源开发利用国家专业实验室,2003年6月);

4)《苏通长江公路大桥施工设计阶段桥位潮流月季变化分析研究成果报告》(送审稿)(河海大学,2003年5月);

5)《苏通大桥主桥基础工程C1标招投标文件》;

6)国家和交通部现行有关标准、规范、规则、规程、办法等,主要有:

① 《公路桥涵施工技术规范》(JTJ 041—2000);

② 《公路工程质量检验评定标准》(JTJ 071—98);

③ 《公路工程施工安全技术规程》(JTJ 076—95);

④ 《镦粗直螺纹钢筋接头》(JG/T 3057—1999);

⑤ 《混凝土结构工程施工质量验收规范》(GB 50204—2002);

⑥ 《港口工程桩基规范》(JTJ 254—98);

⑦ 《公路全球定位系统(GPS)测量规范》(JTJ/T 066—98);

⑧ 《工程测量规范》(GB 50026—93)。

7)项目相关单位批准的有关文件等。

(2)地质

苏通长江公路大桥地处长江三角洲冲积平原,第四纪地层厚度大,分布较稳定,基岩埋深在270~280m之间。桥位区全新统颗粒较细,沉积时间短,工程地质性质较差;上更新统以砂土为主,性质较好,其中⑥、⑧$_1$层岩性以含砾中粗砂为主,厚度大,分布较稳定;中更新统分布稳定,性质好。地质分布特征如下:

④$_3$ 粉细砂(Q_4):灰色~灰黄色,一般松散~中密,表层土松散~稍密,分选性较好,含云母碎片,见于整个分区,层底标高-57.71~-60.32m,平均层厚29.4m。

⑤$_2$ 粉细砂(Q_3):灰色,饱和,中密,含云母,以密实为主,分布较稳定,层底标

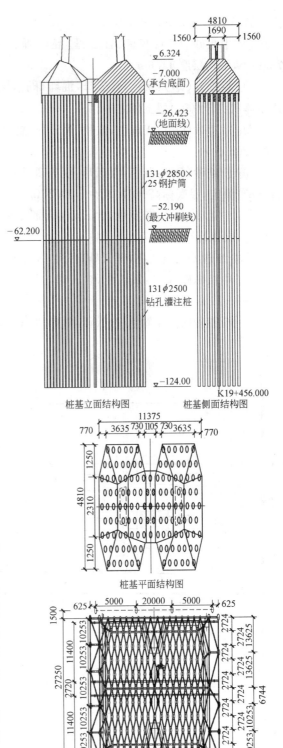

图4-5 桩基桩位设计及钻孔平台设计施工图

高－57.71～－65.8m,平均层厚 6.79m。

⑤₁ 中粗砂（Q_3）：灰色、含云母,混卵砾石,密实,分布稳定,层底标高－62.31～－73.92m,平均层厚 11.6m。

⑤₂ 粉细砂（Q_3）：灰色,含云母,混卵砾石,层底标高－66.77～－78.02m,平均层厚以透镜体状夹于（⑥₁）层土体之中。

⑥₁ 中粗砂（Q_3）：灰黄色,饱和,含云母,混卵砾石,密实,分布稳定,层顶标高－72.94～－86.26m。

⑥₂ 粉细砂（Q_3）：灰色,含云母,混卵砾石,夹薄层粉质黏土,密实,级配不良,含少量砾石,分布稳定,层底标高－81.21～－90.26m。

⑥₁ 中粗砂（Q_3）：灰黄色,含云母,局部夹少许粉质黏土,混卵砾石,密实,级配良好,分布稳定,层顶标高－84.71～－94.14m。

⑦ 粉细砂（Q_3）：灰色,含云母,密实,级配不良,局部夹粗粒。

⑧₁ 中粗砾砂（Q_3）：灰黄色,含云母,局部夹少许粉质黏土,有砾石,密实,层顶标高－94.82～－112.31m。

⑧₂ 粉细砂（Q_3）：黄色,含云母,混卵砾石,密实,含少量黏性土,分布稳定,层底标高－

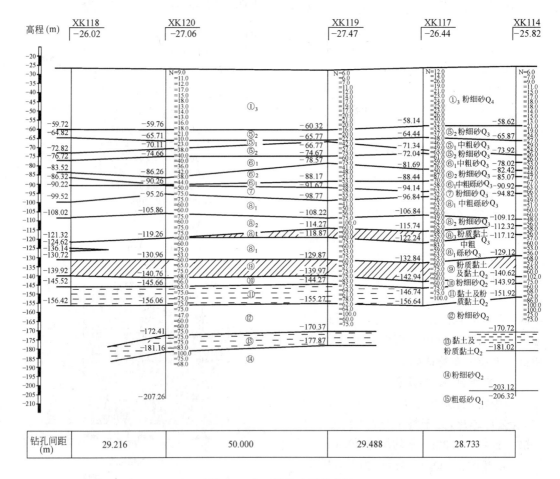

图 4-6 主 4 号墩地层分布图

105.86～−119.26m。

⑧$_3$ 粉质黏土（Q_3）：黄色，饱和，可塑，含砾石，分布不稳定，层底标高−112.32～−122.24m。

⑧$_1$ 中粗砾砂（Q_3）：灰黄色，含云母，有砾石，密实，层顶标高−117.12～−132.84m。桩尖持力层落在⑧$_1$ 中粗砾砂层上。

主4号墩地层布置见图4-6。

（3）水文

苏通长江公路大桥所在河段为弯曲与分叉混合型中等强度的潮汐河段，水文条件复杂，江宽、流急、浪大，涨落潮流速流向多变。实测垂线最大流速达3.86m/s，点流速4.47m/s。

桥位河段主要受径流、潮流水流动力因素的影响，以雨洪径流为主，每年的5～10月为汛期，11月～翌年4月为枯水期，洪峰多出现在6～8月，1月或2月水位最低。高潮位主要受风暴潮影响，在汛期当台风和天文大潮遭遇时，长江河口会出现很高的潮位，造成严重灾害。根据天生港、徐六泾站1953～1997年资料统计，其潮汐特征值如表4-7。

天生港、徐六泾站实测潮位特征值（黄海基面）　　表4-7

项　目		天生港	徐六泾	备　注
潮位(m)	平均高潮位	1.94	1.82	
	平均低潮位	0.05	−0.18	
	最高潮位	5.16	4.83	1997.8.19
	最低潮位	−1.50	−1.56	1956.2.29
潮差(m)	平均潮差	1.93	2.07	
	最大潮差	4.01	4.01	1997.8.19
	最小潮差	0	0.18	
历时(h:min)	平均涨潮历时	3:30	4:14	
	平均落潮历时	8:55	8:10	

潮流在一日内亦有两个变化周期，每个周期历时一般为12h25min，流息（即涨、落潮流速为0的时刻）发生在最高或最低潮位20～40min之后。潮位和潮流的日变化周期及相关关系见图4-7。

潮汐天文分期在一个农历月中的周期变化称为潮汐月周期变化。在一般情况下，大潮期时，潮高、潮差、潮流都较大；反之，小潮期时均较小。在一年中，农历八月中秋大潮（天文潮）为最大。

潮位和潮流月周期变化见图4-8。

（4）工程主要特点

苏通长江公路大桥C1标段的北主墩处于长江主泓，距离南、北两岸均为3km左右。墩位区水深流急，航运繁忙；桥址位于东南沿海区域，极易受风浪的影响，将对工程建设的组织和安全带来不利的因素，增大工程建设施工的难度。

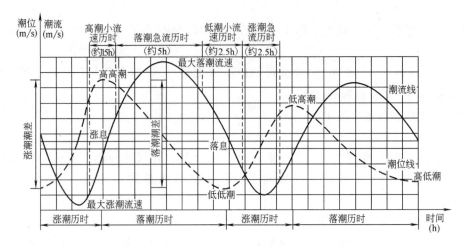

图 4-7 潮位和潮流日变化周期及相关关系图

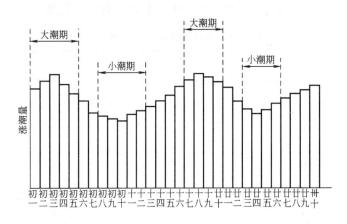

图 4-8 潮位和潮流月变化周期及关系示意图

主4号墩钻孔桩工程特点如下：

① 钢护筒施沉难。钢护筒长度长、重量重，分节最大长度达58.645m，重量达102t；且钢护筒施沉精度要求高，其倾斜度要求小于1/200，平面偏位不大于5cm。

② 钻孔灌注桩成孔难。桩径达2.5~2.8m，孔深达132m；且土层为粉砂、细砂、中粗砂及砂砾层，钻进成孔时易塌孔。

③ 钢筋笼下放难。为确保施工速度，设计要求长120.4m、重72.2t的钢筋笼分段不超过4段。

④ 成桩速度要求快。钻孔灌注桩要求从钻孔出护筒底到浇筑水下混凝土到护筒底口的施工作业时间不宜大于72h，即要求从-62.2~-124.0m土层中钻进、清孔、移钻机、下放钢筋笼和导管、浇筑混凝土至护筒底口的时间不宜大于72h。

⑤ 混凝土浇筑难：每根桩混凝土方量大，且混凝土强度等级高，相应造成混凝土黏度大浇筑难。

2. 钻孔灌注桩施工总体设计

根据钢护筒施打及连接情况，当钢护筒从上游往下游施打完7排即39根后，第一、二台钻机开始上平台施工；其余钻机根据钢护筒施打情况以及钻机不碍钢护筒施打用导向架平面位置、早上早调试早施工的原则上平台施工；拟共上 8 台钻机；所有桩内先用钻头带钢丝刷的小钻机钻孔至护筒底口 2m 即－60m 左右，再用所选型号钻机钻孔至终孔；为加快成桩速度，缩短从出护筒底口到成桩时间，钢筋笼在钻孔终孔前需要接长，拟采用未施钻钢护筒作钢筋笼临时接长用；同时，灌注混凝土用导管在钢筋笼施工完成前先进行短节接长，当钢筋笼连接、固定完成后，再进行长节接长；所浇筑混凝土均用搅拌船生产、泵送至安置在需浇混凝土孔旁的大集料斗中，再通过溜槽、小料斗、导管进行水下混凝土浇筑；待桩基检测完后，通过安装、固定在钢筋笼上的压浆管进行桩底后压浆。

在钢护筒施沉完 39 根，钻孔工序开展前后的船舶机械摆放如图 4-9：

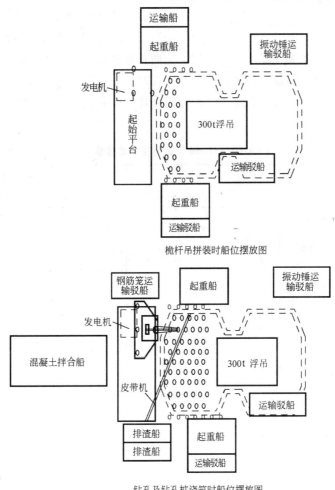

图 4-9 钢护筒施沉完 39 根，钻孔工序开展前后船舶摆放图

4 号墩钻孔拟从 2003 年 12 月底开始施钻，2004 年 2 月底之前 8 台钻机陆续上完，2004 年 9 月底全部钻孔完成。

在钻孔平台施工完成后，在组织钻孔灌注桩施工过程中的同时，组织河床永久性防护的级配碎石及块石的抛填交叉作业，抛填时采用机械吊抛及人工手推车相结合的方法进行。

3. 钻孔灌注桩成孔

(1) 钻机选型

主 4 号墩桩基主要穿过砂层、黏土层等地层，桩径大、深度深，成孔难度大。为保证成孔要求，钻孔选用气举反循环工艺进行施工，根据第二、三期试桩钻孔的经验，拟选用 ZSD300、ZSD350 型等钻机，使用直径 $\phi 2.50m$ 的刮刀钻头钻进成孔。钻机图片如图 4-10 所示，钻机主要性能参数见表 4-8。

图 4-10 ZSD300 钻机

由于河床防护抛了一层 2.0m 厚砂袋，砂袋为塑料编织和无纺土工布两层，为防止堵管和加快正式钻孔进度，拟采用 2 台冲抓钻机，在每个孔开钻前清除护筒内砂袋，同时用 3 台 250 型钻机气举反循环先期清除护筒内刃脚 2.0m 以上土层，并用其他孔浇筑混凝土时排出的泥浆置换其内的清水，为正式钻孔做准备。

ZSD300/ZSD350 型钻机主要性能参数表　　　　表 4-8

名　　称			单　位	规　　格	
				ZSD300	ZSD350
机架	钻径		m	$\phi 1.5\sim 3.0$	$\phi 1.2\sim 3.5$
	钻深	标准	m	60	—
		最大	m	140	200
	最大提升力		t	150	200
	钻杆吊机		t	1.5	2.0
动力头	动力头行程		mm	3600	3600
	转速		r/min	0～16	0～24
	扭距		t·m	0～21	0～20
钻杆	长度		mm	3000	3000
	重量		kg	900	1200
电源				3 相 380V50Hz	3 相 380V50Hz
总功率			kW	210	220
整机尺寸			m	6.3×5.8×10	8.6×5.0×10.5
整机重量（不含钻具、压重）			t	45	45
排渣方式	反循环			气举或泵吸	

(2) 钻孔编号和顺序

由于平台大、桩位多、交叉钻孔作业，为便于记录和施工管理，对桩统一进行编号。编号顺序从北到南、从上游到下游进行，见图 4-11。

根据工序、进度和水文条件，主 4 号墩平台采用先打上游起始平台，再从上游往下游成排施打钢护筒，当上游侧平台形成一定平面后，钻机可以上平台钻孔，由于相临孔中心间距为 7.375m 或 10.9m，都不宜邻孔作业，故采用隔排隔孔施钻。

（3）供气设备及布置

为了给钻机供气的压力和气量稳定，由气压罐直接为钻机供气。主 4 号墩设置 4 个空压站，上下游各 2 台，分别配备 2 台 20m³/min 空压机共 8 台为其供气，同时另备 2 台作为备用。给钻机供气的管道布设于下层平台，并在一定距离设置排气阀，供钻机接用。管道布设见图 4-12。

（4）泥浆制备及泥浆循环

1）泥浆制备及性能指标

泥浆的制备在平台泥浆制备区进行，同时拟准备泥浆船以增加整个泥浆的制备速度。钻孔施工前首先在泥浆制备区或泥浆船上采用 3PN 泵射流搅拌膨润土泥浆，然后利用泥浆泵泵送至钢护筒内，当钢护筒内泥浆性能指标满足施工要求后开孔钻进。

根据三期试桩 SZ1、SZ2 钻孔及混凝土浇注前泥浆性能指标比较好的情况下，对主 4 号墩泥浆各施工过程中性能指标要求见表 4-4。

2）泥浆循环系统

泥浆经泥浆净化器（宜昌黑旋风工程

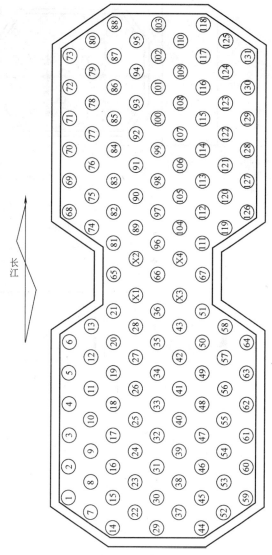

图 4-11 钻孔孔位编号图

有限公司生产的泥浆净化器，其技术参数见表 4-5），使直径在 0.074mm 以上的土颗粒筛分到储渣筒内，处理后的泥浆通过钢护筒之间的连通管流入钻孔孔内。钻渣转运至运渣船，水运至码头，输送至弃土场。泥浆循环系统如图 4-2 所示。

3）排渣、排浆系统

从各个孔内钻出来的钻渣必须经运输船运到指定位置处理，由于每个孔平均钻速为 1.3m/h，且钻渣多为砂，渣子不易从振动筛和旋砂器溜到船仓中，故在离所钻孔处设一皮带运输机，改大溜槽坡度，可使钻渣直接溜到皮带机上，再通过皮带机传送到专用排渣船仓中，当到一定负荷时，运输到后场处理；为减少船舶数量，皮带机分两级传送，即把相临在钻孔用小皮带机传送到一大皮带机上，再传送到船上，见图 4-13。皮带机置于平台下，利用钢护筒间连撑作为支点。

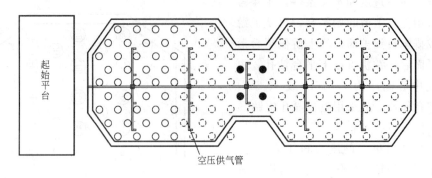

图 4-12 供气管道布置图

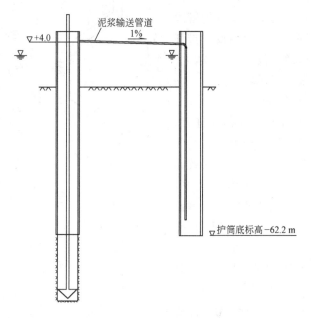

图 4-13 排浆示意图

浇筑混凝土时，孔内由混凝土置换出来的泥浆一部分经连通管流入其他待钻钢护筒回收利用（图 4-14），一部分经护筒间连通管流入泥浆船中。对于混凝土浇至桩顶以上部分含有水泥浆的废浆不能通过连通管在护筒内流动，用砂石泵抽至舱驳内，运至排渣码头，用泥浆泵通过布设的输送管道，将废浆排放到泥浆处理场内。

(5) 钻机安装、调试及移位

根据平台上的桩位，钻机通过桅杆吊、龙门吊、浮吊吊装就位。钻机就位时，测量检查，底盘须水平，钻塔与底盘保持垂直状态，并将钻机与平台进行限位，保证钻机在钻进过程中不产生位移。同时在钻进的过程中及结束对底盘四角点不间断进行校核，如发现钻机有倾斜迹象或怀疑钻机有歪斜时均要进行基座检测并及时调平，且钻机顶部的中心、转盘中心、桩孔中心基本在同一铅垂线上。

利用浮吊或桅杆吊将刮刀钻头、风包钻杆及配重拼装在一起，在钻机就位后使钻塔倾斜或移动上层底盘，将本组件吊入孔内固定。检查钻杆，清洗密封圈，并接长钻杆，将钻

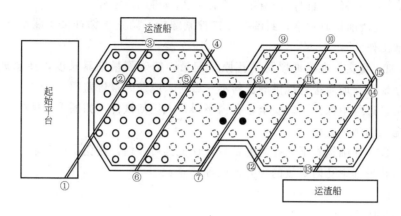

图 4-14 排渣系统布置示意图

头下到离孔底泥面约 30cm 处，接通供风及泥浆循环管路，开动空压机，开启供风阀供风，在护筒内用气举法使泥浆开始循环，观察钻杆、供风管路、循环管路、水笼头等有无漏气、漏水现象，并开动钻机空转，如持续 5min 无故障时，即可开始钻进。对于下入孔内的钻具，须记录钻头、配重、风包钻杆及钻杆的编号和实际长度。

（6）钻进成孔

1）根据第二、三期的成孔工艺和主 4 号墩位处的地质状况，使用气举反循环，采用低压、慢速钻进参数。其不同地层钻进参数见表 4-9。

不同地层钻进参数　　　　　表 4-9

地 层	钻压(kN)	转数(r/min)	进尺速度(m/h)
护筒底口地层	≤150	5～10	1.0～1.5
黏土、粉质黏土	≤150	5～10	1.0～1.5
粉、细砂	150～200	10～15	1.5～2.5
中、粗砂砾层	200～250	10～15	1.5～2.0

2）正常钻进施工中，在黏性土层钻进时，控制进尺，每钻进一个回次的单根钻杆要及时进行扫孔，以保证钻孔直径满足要求。

3）在不同地层的钻进施工中，循环泥浆密度在 1.08～1.25g/cm^3、黏度 20.0～28.0s、泥皮厚度不大于 2mm/30min、含砂率不大于 3%，每拌制 100m^3 泥浆检测一次原浆，循环泥浆主要参数指标每一地层抽检密度、黏度、含砂率及 pH 值不少于一次，全面掌握孔内泥浆性能的变化情况是否在设计试验的泥浆指标范围内，以便及时调整，同时通过泥浆面观察孔壁的稳定情况，保证孔壁的安全。

4）在正常施工过程中，为保证钻孔的垂直度，采用减压钻进，始终让加在孔底的钻压小于钻具总重（扣除泥浆浮力）的 80%。

5）钻进及提升拆除钻杆的过程中始终维持护筒内外的水头差不小于 2.0m，以保证孔壁稳定。

6）升降钻具平稳，尤其是当钻头处于护筒底口位置时，防止钻头钩挂护筒的现象。

7）加接钻杆时，先停止钻进，将钻具提离孔底 8～10cm，维持泥浆循环 5min 以上，以清除孔底沉渣并将管道内的钻渣携出排净，然后再加接钻杆。

8）钻杆连接前认真检查密封圈后，再拧紧螺栓，防止了钻杆接头漏水漏气，保证反循环的正常工作。

9）详细、真实、准确地填写钻孔原始记录，精确测量钻具长度，注意地层的变化，若出现实际地层与地质报告提供的资料不一致时，应及时报告监理。

10）钻进过程中保证孔口安全，孔内不得掉入任何铁件（如扳手、螺栓）等物品，以保证钻孔施工的顺利进行。

11）认真、仔细检查下入孔内的钻具，保证其可靠性，避免了掉钻事故的发生。

（7）钻孔过程中孔内事故的预防及处理

1）斜孔

① 产生的原因

a. 地质原因：相邻两种地层的硬度相差较大，钻头在软层一边进尺速度较快，在硬岩层一边进尺速度较慢，从而在钻头底部形成进尺速度差，导致钻头趋向软地层方向。

b. 设备因素：如提吊中心、转盘中心、孔中心不在同一铅垂直线上，钻杆刚性差，钻进过程中钻机发生平面位移或不均匀沉降等。

c. 操作不当，钻进参数不合理。

② 预防措施

a. 必须使钻进设备安装符合质量要求。

b. 根据准确的地质柱状图选择钻进工艺参数。

c. 通过软硬不均地层时采用轻压慢转。

d. 钻进砂层时要特别注意控制泥浆性能及钻头转数。

③ 处理措施

将扫孔纠斜钻头下到偏斜值超过规定的孔深部位的上部，慢速回转钻具，并上下反复串动钻具。下放钻具时，要严格控制钻头下放速度，借钻头重锤作用纠正孔斜。

2）掉钻及孔内遗落钢件

① 产生原因

a. 由于孔斜或地层极度软硬不均造成剧烈跳钻，致使钻杆螺栓或刀齿脱落。

b. 钻杆扭断。

c. 由于施工人员操作不当将施工工具遗落孔内。

② 预防措施

a. 避免孔斜。

b. 根据钻进情况定时提钻检查，重点检查加重杆管壁及钻杆上下法兰。

c. 维护孔壁的稳定及保持孔底清洁是处理孔内事故的必要前提，因此保持泥浆性能是关键。同时，做好孔口的防护工作，避免向孔内掉入钢件。

d. 准确记录孔内钻具的各部位部件。

③ 处理措施

a. 首先准确判断掉钻部位，并据此制定正确的打捞方案，一般采用偏心钩、三翼滑块打捞器打捞的方法进行打捞。

b. 在打捞过程中，杜绝强拔强扭，以避免扩大事故。

c. 打捞上来后，要妥善固定在孔口安全部位，方能松脱打捞工具。

d. 对于孔内遗落的钢件，采用LMC-120电磁打捞器打捞（其水中吸重达5t）。

e. 分析事故产生原因，避免以后再出现类似事件。

3）扩孔

① 产生原因

a. 砂层钻进泥浆性能差（如黏度太小、含砂量大等），不能起到护壁作用。

b. 孔斜、地层软硬不均等原因造成扩孔。

c. 在某一孔段进尺速度极不均衡或重复钻进。

d. 在非稳定层段（如砂层）钻进过程中反复抽吸造成孔壁局部失稳。

e. 孔壁失稳坍塌。

② 预防措施

a. 保证泥浆的性能及水头压力以满足护壁要求。

b. 采取合理的钻进工艺，反对片面追求进尺而盲目钻进。

③ 处理措施

a. 小扩孔暂不做处理。

b. 大扩孔采用黏土回填。

4）缩孔

① 产生原因

a. 砂层及黏性土层中钻进泥浆性能差（如黏度太小、含砂量大等），不能起到护壁作用。

b. 在淤泥及黏性土层中钻进进尺速度过快。

c. 孔壁失稳坍塌

② 预防措施

a. 保证泥浆的性能及水头压力以满足护壁要求。

b. 采取合理的钻进工艺，反对片面追求进尺而盲目钻进。

c. 在黏性土层中钻进每钻进一个钻杆回次重复进行扫孔。

③ 处理措施

保证钻头直径重新下钻扫孔。

(8) 清孔

终孔后，及时进行清孔，为保证清孔效果，清孔前先清理掉泥浆沉淀池内钻渣。清孔时将钻具提离孔底约30～50cm，缓慢旋转钻具，补充优质泥浆，进行反循环清孔，同时保持孔内水头，防止塌孔。当经检测孔底沉渣厚度满足设计要求，清孔后孔内泥浆指标符合表4-10要求后，及时停机拆除钻杆、钻头，待检孔合格后移走钻机，进行下道工序施工。清孔过程中，不得采用加深钻孔深度的方法来代替沉渣厚度。

清孔后孔内泥浆指标参数　　　　　　表4-10

项目名称	pH值	密度(g/cm³)	黏度(s)	胶体率(%)	失水率(mL/30min)	含砂率(%)
指标	8～10	≤1.1	19～21	98%以上	20	0.5

钢筋笼安装完成混凝土浇筑前,若孔底沉渣厚度大于20cm,则须进行二次清孔。二次清孔采用在混凝土导管内下内风管的方法进行,二次清孔泥浆指标符合表4-12要求且孔底沉渣厚度小于20cm后,即可进行下道工序施工。

4. 成桩施工

(1) 钢筋笼制作安装

1) 概述

主4号墩每根桩基钢筋笼共重73.5t,钢筋笼主筋为HRB400ϕ40,钢筋笼全长120.42m。钢筋笼主筋上部采用内外双层布置,在内外层之间每间隔2m设加劲箍一道。螺旋筋为HRB400ϕ12。

钢筋笼采取在后场分节同槽制作,通过汽车运输至码头,经驳船运输至施工平台处,用起重船、桅杆吊提至掏渣后的护筒内分四长节接长,在钻孔完成经检测完毕后,再分段吊入桩孔接长下放、定位。

2) 钢筋笼制作

① 钢筋笼制作

钢筋笼加工制作在钢筋加工场内进行。加工场设3条台座,台座由混凝土与型钢支撑为主筋定位半圆钢板架构成,在支架安装固定过程中用经纬仪及水准仪进行轴线控制和找平。为保证钢筋笼上、下及断面齐平并防止钢筋笼在制作过程中发生纵向变形,在底胎模一端头设10mm钢板挡板,并用I16支撑稳固。钢筋笼制作时,先在制作好的加劲箍内加焊"十"支撑(支撑采用HRB 335级钢筋ϕ32),然后在底胎模上按设计间距进行布置。在钢筋笼制作完成后,进行绕箍。在每节钢筋两端接头断面错开的1.5m范围之内,为方便钢筋连接,螺旋钢筋盘绕收拢预留在两端头接头断面外,暂不绑扎固定,待现场主筋连接好后,再下放绑扎到位。在螺旋钢筋绑扎时,扎丝头子不伸出钢筋笼外。螺旋箍绑扎完成后进行塑料垫块的安装,垫块每间隔2m呈梅花形布置。垫块强度和密实性不低于钻孔桩混凝土强度(C35)。另设定位吊架钢筋笼一节,长11m,由16根HRB400ϕ40与钢筋笼同槽制作。钢筋笼后场制作加工,如图4-15所示。

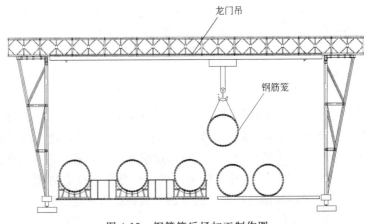

图4-15 钢筋笼后场加工制作图

② 钢筋笼焊接及管道安装

钢筋笼主筋的接长采用直螺纹连接,每个断面的接头数量不大于50%,相邻断面间距不小于 1.5m，因钢筋笼主筋 N1、N2、N3 长短不一，在钢筋减少断面处，上、下各 1.5m 范围内避免出现接头。

为保证在钢筋笼接长时主筋、声测管的对位准确，先在台座上按通长钢筋笼进行主筋的接长和制作，在形成通长钢筋笼并完善各种支撑后，按约 12m 拆卸相邻段的主筋直螺纹接头，并在相邻段相互连接的同一根主筋上作上标记，以便在分段接长时以此根主筋为基准进行钢筋笼的对齐，并用塑料套头对主筋裸露丝头进行保护。

声测管（兼作注浆管）的安装在钢筋笼制作过程中同时同槽制作（含定位吊架钢筋笼内声测管），形成方式与钢筋笼相同，在钢筋笼上的固定必须牢固，12m 一节，接头位置设在钢筋各节接头位置处，便于接长时操作。管道的接长采用承插式焊接接头。接头管在后场先与管道的一端焊接好，在前场对接好后再与相连接的管道焊接。接头管长 10cm，相连接的管道各占 5cm。焊接材料采用 J422ϕ2.5mm 焊条。焊接时采用小电流施焊，防止管道烧穿。接头管与管道的焊缝结实、可靠，且无夹渣、孔洞现象。加劲箍的焊接采用手工搭接焊，焊条型号为 J502 焊条，单面施焊，焊缝长度 40cm。

③ 钢筋笼分段、分节和标识

整根钢筋笼在台座上加工完成后，钢筋笼分 4 段 10 节。另定位吊架钢筋笼一节，长 11m，由 16 根 HRB400ϕ40。钢筋笼分段、分节完成后，在每节钢筋笼的两端头用铁丝挂牌，作好分节、分段及上、下端标识。标识完成后，用吊车将钢筋笼从支架上吊出，进行螺旋钢筋的盘绕及吊耳的焊接施工。钢筋笼分段见表 4-11。

钢筋笼分段表　　　　　　　　　　　　　表 4-11

段节	第四段			第三段			第二段			第一段	定位段
编号	10	9	8	7	6	5	4	3	2	1	11
长度	11.97	11.97	11.97	11.97	11.97	11.97	11.97	11.97	11.97	12.7	11

注：每个节头均因墩粗长度减少 3cm 计算。

④ 吊耳（环）设置及使用

a. 后场及码头上起吊

后场及码头上起吊采用捆绑式兜吊，不另设吊耳。吊点设置在钢筋笼两端头第 2 道加劲箍处（距两端头约 3.5m）。兜吊时用两根钢筋绳将钢筋笼兜起，系上卡环。为防止钢筋笼在起吊过程中转动，造成"十"字支撑倾斜，卡环尽量靠下，然后两端再分别用单根钢筋绳起吊。

b. 前场起吊

为了满足钢筋笼起吊和换钩的要求，每节钢筋笼设 8 个吊耳，8 个吊耳均匀设在最顶端加劲箍上。最顶上一节设置吊耳位置加劲箍采用双加劲箍，并进行支撑加强。为加快钢筋笼在长节接长时的速度，在护筒口均布设置 4 个活动式吊耳。在设置吊耳位置的加劲箍进行加强。

吊耳与主筋间的焊接材料采用 J502 焊条，焊缝长度及厚度见附图要求。钢筋吊环 ϕ28 需进行热弯、自然冷却处理。

3）钢筋笼的运输

钢筋笼运输按先底节，后顶节的顺序进行。钢筋笼最后一节和定位吊架钢筋笼不进行短节接长,在运抵施工平台处暂时置于平台之上,在钻孔完成后直接吊入孔内。钢筋笼在后场用吊车吊至运输卡车之上,四周塞垫稳固,两侧用6个花篮螺丝或2t手拉葫芦锁死。钢筋笼运输至码头上,用20t桅杆吊转运至驳船上。钢筋笼在驳船上单层堆放以防止钢筋笼变形,并且堆放时要求钢筋笼内的十字型支撑保持一根水平,一根垂直向下受力,严禁在十字型支撑斜置的情况下进行堆放。钢筋笼之间应保持一定的距离,以便于起吊时人工穿索。钢筋笼运输工序,见图4-16。

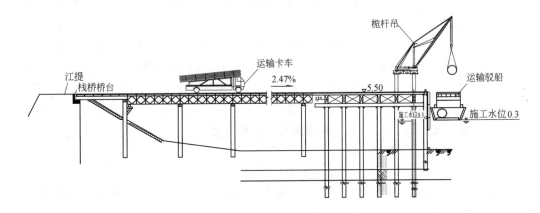

图4-16 钢筋笼运输工序图

4)钢筋笼的接长、下放

钢筋笼接长前应将管钳、氧气、乙炔、接长的螺旋钢筋、扎丝、电焊机、焊条、5t手拉葫芦等工具准备到现场,并将起重用的各种型号的卡环、钢丝绳备妥。

为加快钢筋笼在成孔后的接长进度,先在所施打护筒中钻三根以上至-55m,再在护筒内将钢筋笼接长为三段。

在各种工作准备就绪后,开始进行钢筋笼的接长。钢筋笼接长分短节接长和长节接长两部分。

① 短节接长

为了提高14000kN·m桅杆吊的利用率,钢筋笼采用桅杆吊及井字形吊架相配合进行短节接长。

钢筋笼接长时按照每节钢筋笼两端的标识从下至上依次进行。其中最下面一节钢筋笼单独成节置于平台或未钻护筒内。

钢筋笼运输驳船靠平台停放,桅杆吊两点起吊钢筋笼。吊点设在上、下第二个加劲箍处。起吊前,派人敲打钢筋笼内管道,并灌水冲洗,以除去管道内的锈皮,避免堵管。桅杆吊将短节钢筋笼吊至井字形吊架内,用卡环及吊索将钢筋笼的上口悬挂于吊架顶端的大钩上,桅杆吊下放钢筋笼的下口端,直至钢筋笼竖直。控制设于井字架上的卷扬机升降钢筋笼进行短节接长。

钢筋笼短节接长工序图见图4-17。

② 正式护筒内接长

钢筋笼在正式护筒内接长用起重船、桅杆吊、龙门吊作为起吊设备,按分段顺序吊起长节钢筋笼,缓慢下放钢筋笼并通过人工转动钢筋笼使之与桩内钢筋笼主筋对齐,然后进

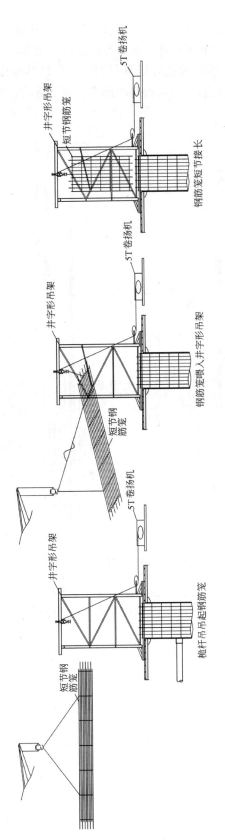

图 4-17 钢筋笼短节接长工序图

行直螺纹接头连接。连接完成后进行下放。在下放过程中，割除钢筋笼内的各种支撑，在每节钢筋笼最上端的米字形支撑暂不割除，在下节钢筋连接完成后，再行割除。在割除支撑时，要求用直径为4cm的白综绳绑扎好后再行割除，严禁掉入孔中。割除的支撑，经运回后场，周转使用。连接完成后，略为提起钢筋笼，取下活动式吊耳，进行下放。钢筋笼长节接长示意，见图4-18。

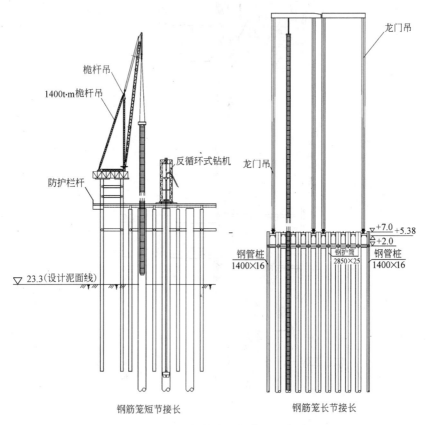

图 4-18 钢筋笼长节接长工序图

最后一长节钢筋笼下放后，由于钢筋笼顶距平台面约11m，钢筋笼无法下放到位并予以固定，加工一由16根HRB400ϕ40的钢筋笼作为定位吊架，16根钢筋两两一组焊一吊耳均匀分布在加劲箍四周，当钢筋笼下放到位后，在护筒顶对应吊耳位置割ϕ15cm的孔，便于20t卡环穿过孔与吊耳连接固定钢筋笼在护筒上，同时，声测管沿钢筋笼顺接出护筒口，便于在平台拆除前检桩和桩底注浆。在浇筑混凝土初凝后，割掉吊耳，取回卡环。

(2) 水下混凝土灌注

水下混凝土浇筑是钻孔灌注桩施工的主要工序，也是影响桩身质量的关键。灌注前须仔细测量沉渣，若混凝土灌注前沉渣超过设计要求，须进行第二次清孔，满足设计要求经现场监理工程师认可后，才能灌注水下混凝土。

1) 混凝土配合比设计

桩身混凝土强度为C35，混凝土配合比设计通过试配确定，混凝土除满足强度要求外，还应符合下列要求：

① 粗骨料采用级配良好的石灰岩或花岗岩碎石，粒径 5～25mm。
② 细骨料宜采用级配良好的中砂，细度模数应控制在 2.3～2.8。
③ 胶凝材料宜不小于 380kg/m³，改善混凝土的和易性、流动性。
④ 混凝土初凝时间大于 18h，终凝时间小于 30h。
⑤ 混凝土的坍落度控制在 20～22cm，3h 以后不小于 16cm，流动度不小于 50cm。
⑥ 混凝土具有良好的和易性、流动性、泵送性，可掺入适量的粉煤灰及外加剂。
⑦ 水泥中含碱量小于 0.6%，骨料要求做碱骨料反应试验。

2) 混凝土浇筑前的准备工作

① 导管水密性试验

本工程水下混凝土浇筑导管选用壁厚 $\delta=12\text{mm}$，$\phi_{外}=325\text{mm}$ 的无缝钢管，连接为 T 形螺纹的快速接头。导管须径水密试验不漏水，其允许最大内压力必须大于 P_{max}。本工程导管可能承受的最大内压力计算式如下：

$$P_{max}=1.3(\gamma_c \times h_{xmax}-\gamma_w H_w)$$

式中 P_{max}——导管可能承受到的最大内压力（kPa）；
γ_c——混凝土重度（kN/m³），取 24.0kN/m³；
h_{xmax}——导管内混凝土柱最大高度（m），取 132.0m；
γ_w——孔内泥浆的重度（kN/m³），取 11.0kN/m³；
H_w——孔内泥浆的深度（m），取 128.0m，$(4-(-124.0))=128.0\text{m}$；

$$P_{max}=1.3\times(24\times132.0-11.0\times128.0)=2288\text{kPa}，取 2300\text{kPa}$$

水密性试验方法是把拼装好的导管先灌满水，两端封闭，一端焊接出水管接头，另一端焊接进水管接头，并与压水泵出水管相接，启动压水泵给导管注入压力水，当压水泵的压力表压力达到导管须承受的计算压力时，稳压 10min 后接头及接缝处不渗漏即为合格。

② 首批混凝土数量

按《公路桥涵施工技术规范》（JTJ 041—2000）规定，首盘混凝土的方量应满足导管初次埋深≥1.5m 和填充导管底部间隙的需要，设导管下口离孔底 40cm，则参照《公路桥涵施工技术规范》（JTJ 041—2000）中的 6.5.4 式进行计算：

$$V \geqslant (\pi d^2/4)h_1+(\pi D^2/4)(H_1+H_2)$$
$$=(\pi\times 0.30^2/4)\times 57.8+(\pi\times 2.6^2/4)\times(1.5+0.40)$$
$$=14.2\text{m}^3，取 15\text{m}^3$$

式中 V——首批混凝土所需数量（m³）；
h_1——桩孔内混凝土面高度达到埋置深度 H_2 时，导管内混凝土柱平衡导管外（或泥浆）压力所需的高度 h_1（m），即 $h_1=H_w\gamma_w/\gamma_C=126.1\times 11.0/24.0=57.8\text{m}$
H_w——孔内泥浆的深度（m），取 126.1m，$[4.0-(-124.0)-0.4-1.5]=126.1\text{m}$；
H_1——桩底至导管底的间距，一般取 0.40m；
H_2——导管初次埋置深度，一般不小于 1.5m；

D——桩孔直径（考虑 10cm 扩孔，m）；

d——导管内径（m）。

即加工集料斗容积为 $15m^3$，另加工一个 $1.0m^3$ 的小漏斗，预制两只堵头（一只备用），以及其他相关设备、工具。

3）混凝土浇筑

每根钻孔桩的混凝土方量 $645.7m^3$，预计 10h 左右浇筑完成。因此混凝土拌制采用一艘水上搅拌船布置 2 台 $80m^3/h$ 搅拌站，2 台 TB60 型拖泵经 2 台布料杆输送混凝土至平台集料斗，通过料门为漏斗放料灌注，同时备用一艘 $100m^3/h$ 搅拌船。$160m^3/h$ 搅拌船上能储备 $1250m^3$ 混凝土的原材料。

混凝土封底灌注采用拨球法，即在漏斗底部用黄油和塑料薄膜密封，再用塞子在导管口压住塑料薄膜。塞子通过钢丝绳挂在起重设备吊钩上，漏斗也通过另一套钢丝绳挂在起重设备吊钩上，两根钢丝绳长度不同，导管封底时可提升塞子一定高度而小料斗不受影响，当混凝土堵塞导管时可提升漏斗从而提高导管悬空，增大压差便于混凝土下落。当集料斗内混凝土方量达到 $15m^3$（经计算，首批混凝土的灌注量为 $14.2m^3$）后，开启集料斗料门通过溜槽给漏斗供料，当漏斗内灌满混凝土后立即吊出塞子，使混凝土沿导管下落，同时保持集料斗的储料不间断地通过漏斗和导管灌注至水下，从而完成首批混凝土的灌注。封底成功后，随即转入正常灌注阶段。混凝土经泵送，不断地通过集料斗、浇筑料斗及导管灌注至水下，直至完成整根桩的浇筑。正常灌注阶段导管埋深根据一、二、三期试桩试验控制在 4~10m，且每 20~30min 测量一次混凝土面标高，测点不少于 2 个，当测点出现较大的高差时，应及时调整导管埋深，同时混凝土在护筒刃脚以下时须保持护筒内泥浆面高于水位 1.5m。灌注至扩大截面处时，导管提升至扩大截面下约 2m，稍加大混凝土灌注速度和混凝土的坍落度。当混凝土面高于扩大截面处 3m 后，将导管提升至扩大截面处上 1m，继续灌注至桩顶。当混凝土灌注临近结束时，核对混凝土的灌入数量，以确定所测混凝土的高度是否准确。当确定混凝土的顶面标高到位后，停止灌注，及时拆除灌注导管。灌注完成时，混凝土面应不小于设计桩顶标高 0.5~0.8m，以保证桩头混凝土质量。

在灌注过程中，孔内排出的泥浆经排浆管引流至排渣驳上，定点排放处理（见项目部上报的钻渣泥浆排放处理施工方案）。

桩基混凝土灌注应注意的问题

① 混凝土灌注前必须准备到场合格的砂、石料、水泥、外加剂为设计方量的 1.5 倍；设备必须维修保养、调试运转，并备足够的易损件；漏斗、集料斗每次灌注混凝土前均应涂上一薄层黄油，检查阀门是否灵活，漏斗涂油后在底口铺上一层塑料布再压上球塞。

② 灌注时让混凝土从漏斗一侧进入导管，以免高压气体顶托混凝土造成堵管事故。若因气囊造成堵管，可用吊车提升漏斗，混凝土开始下落迅速回原位或在漏斗的导管上端开一排气孔。

③ 严格控制进入储料斗内混凝土的坍落度。坍落度太小，混凝土流动性差，易造成堵管；坍落度太大，混凝土容易泌水离析，也会造成堵管。发现混凝土有异常应停止灌注，同时查明原因处理后才能继续施工。

④ 导管连接时，接头须清洗干净、涂上黄油，并加上密封圈，以防漏水。使用前须

做水密、承压、接头抗拉试验和孔深长度导管垂直度的检查。每次混凝土浇筑拆管后应及时清洗导管,以免水泥砂浆附着凝固后下次浇筑时造成堵管。

⑤ 必须落实每罐混凝土外加剂的添加数量,以免混凝土提前初凝造成堵管。

⑥ 在灌注过程中,应不时地上下缓慢提升导管,以免导管埋置太深混凝土初凝后提不动或混凝土假凝而堵管。

⑦ 认真监测混凝土柱上升高度、导管埋深,并和已灌入的混凝土数量校核,以便确定扩孔率或混凝土面上升是否正常。

⑧ 应配备足够的泵送管,以便泵管堵塞或破裂时及时更换。

第六节 高强度水下混凝土的配置

一、概述

水下混凝土浇筑是钻孔灌注桩施工的主要工序,也是影响桩身质量的关键。灌注前须仔细测量沉渣,若混凝土灌注前沉渣超过设计要求,须进行第二次清孔。同时高强度水下混凝土的质量对桩身质量也是至关重要。混凝土配合比设计必须通过试配确定,并经过监理审批和验证才能浇灌水下混凝土。

二、配合比设计

水下混凝土的配合比设计比一般的混凝土要求更为严格。必须经过试验反复试配确定。苏通大桥主3号墩的钻孔灌注桩施工中,桩身混凝土强度等级为C35,混凝土配合比设计通过试配确定,混凝土除满足强度要求外,还应符合下列要求:

(1) 粗骨料采用级配良好的石灰岩或花岗岩碎石,粒径5～25mm。

(2) 细骨料宜采用级配良好的中砂,细度模数应控制在2.3～2.8。

(3) 胶凝材料宜不小于380kg/m³,改善混凝土的和易性、流动性。

(4) 混凝土初凝时间大于18h,终凝时间小于30h。

(5) 混凝土的坍落度控制在20～22cm,3h以后不小于16cm,流动度不小于50cm。

(6) 混凝土具有良好的和易性、流动性、泵送性,可掺入适量的粉煤灰及外加剂。

(7) 水泥中含碱量小于0.6%,骨料要求做碱骨料反应试验。

三、水下混凝土配置要求

(1) 混凝土施工配合比已经过监理审批和验证:

配合比采用(水泥+粉煤灰):砂:碎石:水:外加剂(NAF2)=(0.713+0.287):1.570:2.000:0.395:0.012,普硅水泥用量335kg/m³,初凝时间不小于24h。

(2) 保证用于拌制混凝土的砂、碎石、水泥、外加剂、粉煤灰等材料符合质量要求,并经过监理批准才使用。

(3) 每根桩混凝土灌注前组织充足的原材料:

水泥:200t

砂:440t

碎石：555t

外加剂：3.5t

粉煤灰：80t

水：110t

(4) 水泥、砂石料、外加剂、粉煤灰、水等材料必须备料充分，并且确保运输船能随时进场，保证桩基混凝土能顺利浇筑完成。

(5) 混凝土性能指标

1) 混凝土配料：混凝土配料必须准确（粗骨料小于 2.65cm、细骨料为中砂），将混凝土配料偏差严格控制在规范允许范围之内。配料的准确与否，直接影响到混凝土的坍落度和和易性。混凝土生产自始至终必须有试验人员在场把关。

2) 拌合：拌合时间不小于 60s，保证混凝土搅拌均匀，和易性良好，混凝土的坍落度控制在 18～22cm。

3) 混凝土性能要求：初凝时间 18h 以上；终凝时间 30h 以内；坍落度 3h 内损失小于 2cm；7 天强度达到 28 天强度 80% 以上。

(6) 配置数量的要求

单根钻孔桩的混凝土方量近 650m³，混凝土浇筑工艺采用一艘水上搅拌船。搅拌船设 2 台 80m³/h 的搅拌站，每台搅拌站配一台 60m³/h 混凝土输送泵。经计算首批混凝土浇筑量为 14.1m³，配备 15m³ 集料斗，1m³ 的小集料斗。混凝土浇筑能力为 100m³/h，10h 能浇筑完成。主 3 号墩每根桩设计混凝土方量为 535.9m³，考虑扩孔系数等因素，每根桩混凝土平均按 590m³ 准备。

第七节 灌注桩桩底注浆

一、概述

泥浆护壁混凝土灌注桩，具有适用土层范围广（软土、黏性土、粉土、砂土砂砾、风化岩等），桩径、桩长变幅大、承载力高以及无噪声和振动等优点，已成为我国建筑、交通领域的主要承载桩型，其混凝土体积占总体积 70% 以上。但由于桩底沉渣难于清理彻底，削弱桩端阻力，增大桩基的沉降量。同时由于桩侧泥皮过厚，而且厚薄不均，致使桩侧摩阻力明显降低。由于沉渣和泥皮的削弱影响，可使桩基承载力下降 10%～30%，严重者可下降 50%。而基础桩底承载力对于控制基础沉降有着非常重要的意义。影响桩底承载力有以下几点因素：

(1) 覆盖土层清除后引起的直接下层土的应力削弱；

(2) 钻孔过程中对桩底土壤的扰动；

(3) 桩底沉渣。

为了寻求解决灌注桩存在的严重问题，针对以上因素，经过研究采用桩底后注浆法可以改善地层受力性能，提高基桩承载能力和基础的整体刚度。这项技术构造简单，便于操作，附加费低，承载力增幅大，注浆时间不受限制等优点得到了广泛的采用，其技术，经济效益显著，极具推广使用价值。后注浆技术的主要优点是：

（1）前置的注浆阀构造简单，安装方便，成本低，可靠性高，适用不同钻具成孔的锥形和平底型底孔；

（2）注浆作业可在成桩后30天甚至更长时间内实施，不与成桩作业交叉，不破坏桩身混凝土；

（3）注浆模式、注浆量可根据土层性质、承载力增幅的要求进行调整，可达到预期承载力增幅的目标，使基桩承载力提高60%～120%；

（4）用于注浆的钢管可与桩身完整性超声波检测管综合使用，钢管注浆后可取代等截面的钢筋，降低后注浆的附加费用。

后注浆技术的特点主要有以下几点：

（1）将无污染水泥浆液渗透到桩端的沉淀间隙和桩底土体中，与之混合形成强度较高的胶结体，既增强了桩端混凝土强度，又使孔底沉渣消失，桩沉降量明显降低，消除了孔底沉渣对沉降量的负面影响；

（2）随着注浆压力和注浆量的增加，水泥浆液不断地向持力层中劈裂、渗透、填充，在桩端一定范围内形成不规则块状、球体状或梨状胶结体的扩大头，增大了桩端的承压面积，有利于承载力的提高；

（3）由于注浆压力的挤密作用以及水泥浆液的胶结固化作用，使桩端持力层的摩阻力成倍增加，大幅度提高桩端土体的承载力。

现以桩端后注浆为例，钻孔灌注桩后注浆技术的施工操作要求为：

（1）注浆管接头部位需连接紧密，并做注水试验，以防漏水；

（2）注浆管与灌注桩钢筋笼需可靠连接，且注浆器与注浆管下端牢固连接，并超出引导注浆管钢筋笼底端一定长度，保证注浆器进入桩端持力层；

（3）每根桩需控制水泥用量和浆液水灰比，并且加适量外加剂；

（4）钻孔灌注桩成桩5～7天后进行注浆，注浆前先用清水开环，待注浆器全部开环后方可进行注浆，同时根据地层情况对水泥浆液进行细化处理。

（5）注浆过程中，要严格控制单位时间内水泥浆液注入量及注浆压力。

二、工作机理

钻孔灌注桩后注浆技术主要有桩端后注浆和桩周后注浆两类。所谓后注浆，就是在钻孔灌注桩成桩后，通过预埋于桩端或桩侧的注浆器向桩端或桩侧高压注入特殊配方的水泥浆液，在软土地基条件下，改善钻孔灌注桩成桩工艺，以提高桩的承载力、减少工程沉降量。其主要工作机理如下：

（1）高压注入的浆液在桩周土中渗透至一定程度后，剩余浆液沿桩周孔壁上返，从而弥补、填充成桩中留下的缺陷，以提高桩身质量。

（2）后注浆液可改善和根除循环介质形成的桩与桩周土间的泥皮和孔底沉渣，密实桩周土体，恢复被扰动和软化的松散土体强度和内聚力，这是后注浆技术提高钻孔灌注桩效能最主要的机理。因后注浆可使浆液颗粒填充至土颗粒间孔隙中，从而改变桩间土的孔隙度和饱和度，增强土的物理性能。且浆液的渗入可使土颗粒间的胶结力明显增强，加强了土体的粒状骨架，使土体具备更坚实的结构，并且桩端可形成一定的扩大头，可改善桩的工作状态，提高钻孔灌注桩的承载力，降低沉降量。

后注浆技术除可提高桩基承载能力、降低工程沉降外，在普通钻孔灌注桩试桩结果达不到要求时，后注浆可作为一项行之有效的补救措施。如预埋注浆管于桩内，当灌注桩试成孔或试桩结果不理想时，可再注浆以提高桩的承载力。又如当已完工的灌注桩试桩结果不能满足设计要求时，可于成桩侧打入注浆管进行注浆，以提高承载力。

三、后注浆工艺流程

1. 工艺流程体系

钻孔灌注桩后注浆采用端压工艺，工艺流程通常可分为三个体系。

（1）桩土体系：采用桩身混凝土浇筑前把注浆管分别绑扎于钢筋内侧，随钢筋笼下放，抵达桩端钢筋笼上10cm。注浆器连接于注浆管底部，置于桩底。注浆管设置是注浆准备工作中的关键步骤。

（2）泵压体系：桩身混凝土浇筑达到一定强度后，连接注浆管与注浆泵，用清水将注浆器上的橡胶密封套冲破，最后再通过注浆泵把配制浆液压入桩端土层内，实现桩端和部分桩侧注浆目的。

（3）浆液体系：浆液是发挥注浆作用的主体，本次注浆采用水泥为主剂，辅以各种外加剂，以达到改性的目的。

2. 注浆工艺流程图

注浆工艺流程，如图4-19所示。

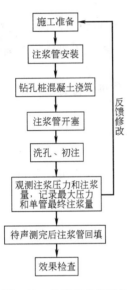

图4-19 注浆工艺流程图

四、后注浆施工

1. 注浆管布置

（1）每根桩布置4组双回路注浆管，沿桩周均匀布置无缝钢管作为注浆管，注浆管道由注浆器和同径钢管组成。注浆器的密封要可靠，即要保证不发生渗漏，又要保证能在混凝土浇筑初凝后，在1~2MPa泵压下顺利冲开橡胶皮。在注浆器橡胶皮密封处要防止钢筋笼下放时被损坏，严禁泥浆和水泥浆进入注浆管。注浆管头部高出钢筋笼0.2~0.3m，如图4-20所示。

（2）4组双回路注浆管注浆管分别绑扎于钢筋笼内侧，按900划分平面位置。注浆管随钢筋笼下放，逐根焊接。钢管接头采用专用接箍，以保证接头牢靠。在下放过程中注入清水，进行密封性试验。若出现漏水应将其提出，重新连接补焊，确保注浆管路密封。

（3）注浆管严格按照指定的位置固定在下设的钢筋笼上，随钢筋笼一起下设到指定位置。在下放钢筋笼的过程中，要认真、严谨，严禁猛提快放或野蛮操作。超声波检测完成后，改作注浆用管。开橡胶皮的注浆管，在未注浆前，应每天用清水检查一次，防止注浆管堵塞。

2. 注浆浆液

在润扬长江公路大桥北锚碇基础地下连续墙墙下帷幕灌浆施工中，采用了0.7：1的稳定浆液进行基岩裂隙灌浆，灌浆效果非常好，开挖过程中基坑渗水量远低于设计要求，

图 4-20 注浆管布置示意图

说明该浆液可灌性好,性能稳定。在桩底后注浆工艺中拟采用由水泥、膨润土、减水剂及水组成的稳定浆液。鉴于工程重要性在试桩试验中亦可对稳定浆液与分级别普通水泥浆进行对比,以期取得最好效果。

(1) 注浆材料

1) 水泥

采用 P.O42.5 强度等级的普通硅酸盐水泥,细度要求通过 0.08mm 方孔筛后的筛余量不超过 5%,比表面积大于 $2700cm^2/g$。其他性能应满足《硅酸盐水泥、普通硅酸盐水泥》(GB 175—1999) 的有关要求。

2) 膨润土

采用性能好的膨润土,小于 0.08mm 的颗粒含量应大于 90%,液限应大于 400%,掺量控制在 1%~3%。

3) 减水剂

采用萘系高效减水剂 NF 和 UNF,掺量在 0.5% 以内。

(2) 稳定浆液控制参数

水灰比:0.7:1;

塑性屈服强度:10~20Pa;

动力黏度:浆液漏斗黏度 38~40s;

总析水量:不小于 3%;

7 天结石强度达到 5MPa,14 天强度高于 15MPa。

(3) 浆液检测

1) 浆液的成分

首先按照以上所述的拌合比例进行试验性的拌制。试验性拌制的浆液分成两个样本,每个样本都按照规定进行密度和黏度的检测。每个样本分成三个 $100mm^3$ 进行测试,并进行 7 天、14 天强度的测定。

浆液拌制试验的结果按要求在正式进行后注浆工作前提交给现场的(监理)工程师,经批准后先用于试桩,经现场情况进行调整直至满足主体施工要求。

2) 取样和测试

取样和测试将遵从规范要求,制定一个检验和测试计划,并经与现场(监理)工程师讨论,经同意后,进行正式的后注浆工作。

至少要在每一个班次开始后的第一批浆液中进行取样,并被分成两个试样。浆液的漏斗黏度和泥浆密度的测试和记录频率为每十批次进行一回。

3. 注浆量及压力控制

注浆量的大小与桩体的承载力有密切关系,应按照桩的设计承载力合理确定,将在试桩试验中对注浆量的大小进一步研究,为每根注浆管设定注浆量。注浆施工的压力控制应以压水试验的稳定压力作为初始注浆压力,根据注浆量的进展逐渐增大浆液浓度,加大注浆压力,直至注浆量满足设计要求。招标文件确定的注浆量及控制原则为:

(1) 每根桩压注水泥量不少于 5.5t;
(2) 注浆量控制为主,注浆压力≥4MPa。

4. 钻孔灌注桩施工阶段

在正式的钻孔灌注桩施工阶段,还要增加其他一些相关的检测,这些检测包括以下部分:

(1) 注浆用套管的方向是不是朝向钻孔灌注桩的底部;
(2) 注浆套管要防止灌注的混凝土进入到套管的内部。

一旦钢筋笼下放到位,混凝土浇筑完成。注浆套管就要被高压注水"破碎",为注浆做准备。注浆孔用橡胶套覆盖,当水通过小孔被注入时,冲破了橡胶套,并流入到周围的土体中。

在"破碎"过程中,水同时破碎了套管和桩底土体之间的混凝土,产生了一个注浆的路径,使浆液能够顺利的通过该路径被顺利地注入。"破碎"要在混凝土浇筑完成后的 24h 内进行。这时的混凝土还未凝固,强度不高。否则,橡胶套被混凝土包裹不能被"破碎"。

注浆用的注浆塞采用柔性膨胀胶囊的单胶囊注浆系统,后接柔性橡胶软管,当注浆塞被下设到指定位置后,将塞子两侧的胶囊膨胀起来,卡在套管的内壁上。浆液或水则有胶囊之间的注浆管流出,并通过注浆套管上的小孔被注入到土体中去。注浆塞示意见图 4-21。

5. 后注浆

在正常施工工程中,注浆的过程是由注浆工程师来完成的,首先将注浆指令传递到计算机上,系统根据这些指令来完成注浆控制过程。

实际的注浆过程与通常的地层注浆加固的过程完全一样。

施工人员将连接有高压注浆胶管的注浆塞插入到注浆套管中,下设的深度听从操作人员的指挥。施工人员根据注浆胶管上的刻度标记来确定深度。一旦注浆塞放置到指定深度,经注浆塞膨胀,并进行注浆作业。

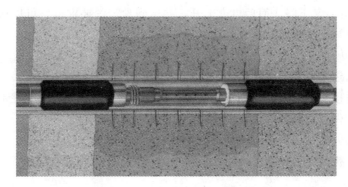

图 4-21 注浆塞结构示意

系统的操作人员开始启动注浆程序，计算机自动控制和记录下整个注浆过程中的注浆参数。一旦达到目标容量或极限压力，计算机系统将自动停止注浆作业。

每一个注浆班次结束后，系统的操作人员将当日注浆的数据下载到磁盘中，向监理工程师报送注浆数据。并汇总当日的注浆数据，这些数据将以图表方式显示出来。以便及时进行分析，提高工程施工工程中地数据反馈，适时调整施工过程中的目标值，达到更好的效果。

6. 注浆管回填

注浆管的填充将由底部开始，自下而上采用填注法，采用水泥浆填充。

7. 注浆注意事项

(1) 串孔现象

由于地层空隙率及持力层缝隙的存在，在 A 桩进行注浆时可能会有水泥浆从邻近 B 桩已开塞但未注浆的管中喷出，造成注浆管堵塞，致使 B 桩今后可能注浆失败。这种串孔扩散现象还可能引起周边土体固结，造成邻近桩机钻进困难。为避免因串孔而造成注浆失败，拟采用分片开塞，分片注浆的施工流水作业。保证成桩 1 天后开塞，3～4 天后注浆，从外围向内分几片完成全场注浆任务。

(2) 注浆管

注浆是通过注浆管来完成的。若注浆管焊接质量不高，则在高压力下，浆液会在接缝处逸出，压力骤变，导致注浆失败。注浆管不宜高出孔身太多，否则影响钻机移位。

(3) 清水

开塞清水不宜过多，压力也不宜过大，以免桩身混凝土强度受到影响。

(4) 注浆压力

1) 压力逐渐上升，但达不到要求的压力，这可能是浆液在泥浆护套中形成脉状劈裂渗透大量渗入砾层，或浆液浓度低、凝胶时间长，或部分浆液逸出。

2) 注浆开始后压力不上升，甚至离开初始压力值呈下降趋势，这可能是浆液外逸。

3) 压力上升后突然下降，可能是浆液从注浆管周围溢走，或注速过大，扰动土层，或遇到空隙薄弱部位。

4) 压力上升很快，而速度上不去，表明土层密实或凝胶时间过短。

5) 压力有规律上升，即使达到容许压力，注浆速度也很正常（变化不大），这表明注浆是成功的。

6) 压力上升后又下降，而后再度上升，并达到预定的要求值，可以认为是第③种情况的空隙部位已被浆液填满，这也是注入成功的例子。

五、保证后注浆质量的技术措施

(1) 注浆管接头必须采用专用接箍套接焊。焊接管内注入清水进行密封性试验，渗漏管道必须返工重做，达到密封性试验要求。

(2) 注浆参数控制主要是：注浆材料及材料配方、水灰比、注浆量、注浆压力、注浆循环间隔时间、扩散半径控制等。因此要用上述参数调控保证每桩注浆量≥5.5t，终压力≥5MPa的要求。

(3) 注浆浆液浓度的控制原则一般为：依据压水试验选择初压浓度。通常先用稀浆（$W/C=0.7$），随后渐浓（$W/C=0.55$），最后注入浓浆（$W/C=0.5$）。在可灌的条件下尽量使用中等浓度（$W/C=0.55$）以上浆液，以防浆液作无效扩散。

(4) 注浆量应由桩端土层类别、渗透性能、桩长、桩径、承载力增幅要求、沉渣量等因素有关。注浆量越大，在桩端扩散的半径越大，置换桩侧"泥浆套"越长，对提高桩端承载力作用越大。

(5) 注浆泵压，是桩端接受浆液显示的抵抗力，是控制注浆质量的重要参数之一，是桩底可灌性的直接表现，因此在施工中选择好初始压力、工作压力、终止压力。初始压力控制为1~2MPa，工作压力4MPa，终止压力≥5MPa。

(6) 浆液凝固时间：主3号墩桩端土层为细砂、中砂，因此浆液凝固时间控制应大于6h，并且可通过浆液的配量来调节浆液终凝时间。如调节浆液浓度和外加剂掺量。

(7) 注浆工作应在浇筑水下混凝土初凝后，混凝土强度达到设计强度80%以上，所浇筑桩的声测工作结束后才能进行。

(8) 注浆管底密封橡胶皮冲破试验，应在桩混凝土初凝之后，采用BW-150型泵以清水液将注浆管底橡胶皮冲开，确保注浆通道畅通。在注浆工作未开展前，必须每天灌水开泵检查一次，防止注浆管堵塞。

(9) 同一桩，每一次注浆后的间隔应大于6h，必须待已注浆浆液终凝后，才允许对同一桩的其他注浆管进行注浆，严禁连续压注。

(10) 确保注浆设备的完好率，注浆过程中不发生机械事故，同时必须有备用设备。

六、检验

采用计算机自动控制和记录系统，经监理工程师同意，所有验收指标，包括：不同浓度的水泥浆液的注入量和注浆压力输入到计算机系统中，由计算机自动控制完成。无须人工介入注浆过程。同时，整个注浆过程中的全部参数，由计算机系统自动记录下来，以供完工验收和分析利用。

1. 成桩质量检查

成桩质量检查主要包括夯扩体的形成、钢筋笼制作及安放、混凝土的拌制及灌注等工序过程的质量检查。

2. 单桩完整性承载力检测

(1) 单桩完整性、承载力检测的数量及方法应按有关规范执行：安全等级为一级的工程应采取一定数量的钻孔取芯法，检查桩身强度及完整性。单桩完整性检测：桩身强度达设计要求70%后，宜在7天后进行。

（2）单桩竖向承载力检测应视现场场地的地质条件确定，对灵敏度较高的土层，宜在满28天时检测，对灵敏度较低的土层，可在满14天，混凝土试块强度达到设计强度的80%时进行检测。

后注浆技术在能显著提高钻孔灌注桩的承载力，使工程沉降量减少，降低工程造价，且使钻孔灌注桩尽其所能，充分利用资源，应用前景十分光明。但后注浆灌注桩更准确的定量计算以及施工技术的提高尚需进一步研究。

第八节　桩身质量控制及检测技术

一、钻孔灌注桩施工质量控制

由于桩基工程属于地下隐蔽工程，施工工序较多，工艺流程相互衔接紧密，环环相扣，不宜长时间中间停顿；主要工序的施工过程都在水下及地下进行，不便监视；同时影响施工正常进行和施工质量的因素很多，难以全部预见，则不可避免的会出现诸如桩身缩径、夹泥、断桩和沉渣过厚等各种形态的质量缺陷，影响桩身的完整性和单桩的承载能力。因此在施工必须对灌注桩进行严格的质量控制，常见的控制措施有以下几个方面：

1. 防止出现斜孔、扩孔、塌孔措施

（1）钻机底座牢固可靠，钻机不得产生水平位移和沉降，同时钻进的过程中经常性进行钻机基座检测调平。

（2）钻杆直径$\phi 325$mm。

（3）采用大配重减压钻进。施钻时，始终采取重锤导向，减压钻进（钻压小于钻具重量的80%）、中低速钻进，严禁大钻压、高速钻进，保证钻孔垂直度。

（4）钻进过程根据不同的地层控制钻压和钻进速度，尤其在变土层位置采用低压慢转施工。

（5）钻孔的垂直度偏差控制在5‰之内，发现孔斜后及时进行修孔。

（6）选用优质泥浆护壁，钻孔施工中选用不分散、低固相、高黏度的PHP泥浆进行护壁，同时加强泥浆指标的控制，使泥浆指标始终在容许范围内，控制钻进速度，使孔壁泥皮得以牢固形成，以保持孔壁的稳定。

（7）在施工过程中，根据不同的地层情况，选择合理的钻进参数。同时注意观察孔内泥浆液面的变化情况，孔内泥浆液面应始终高于江水面3m左右，并适时往孔内补充新制备泥浆。保证钻孔泥浆的各项指标。

（8）由具有丰富施工经验的技术工人参与施工，强调预防为主的指导思想，避免塌孔事故的发生。

（9）一旦发现塌孔现象，应立即停钻。如果塌孔范围较小时可通过增大泥浆黏度及密度的办法稳定孔壁；如果塌孔较为严重时，可对钻孔采用黏性土回填，待稳定一段时间后再重新钻进成孔。

2. 防止孔缩径的措施

桩孔缩径现象可能出现在软塑状粉质黏土地层中，主墩软塑状粉质黏土底层。在该地层在土层中间，施工时拟采取以下措施：

(1) 使用与钻孔直径相匹配的钻头以气举反循环工艺钻进成孔，采用高黏度、低固相、不分散、低失水率的膨润土泥浆清渣护壁。

(2) 在软塑状亚粘土层采用小钻压、中等转数钻进成孔，并控制进尺。

(3) 根据试桩时钻孔的钻进参数、孔径检测情况，适当调整钻进参数，以期达到设计要求。

(4) 当发现钻孔缩径时，可通过提高泥浆性能指标，降低泥浆的失水率，以稳定孔壁。同时在缩径孔段注意多次扫孔，以确保成孔直径。

3. 防止渗、漏浆措施

钻孔施工时，密切注意泥浆面的变化，一但发现有漏浆现象，分不同情况及时采取控制措施。

(1) 增大泥浆密度和黏度，停止除砂，停钻进行泥浆循环，补浆保证浆面高度，观察浆面不再下降时方可钻进。

(2) 如果漏浆得不到控制，则需在浆液里加锯末，经过循环堵塞孔隙，使渗、漏浆得以控制。

(3) 如果发现在钢护筒底口漏浆，在采用上述措施得不到控制后，将钢护筒接长跟进。

(4) 在采用上述措施后，若漏浆得不到控制，要停机提钻，填充黏土，放置一段时间后，再进行施钻。

4. 防止掉钻措施

掉钻的主要原因是因为钻杆与钻杆或钻杆与钻头之间的连接承受不了扭矩或自重，使接头脱落、断裂或钻杆断裂所至。防止吊钻措施为：加强接头连接质量检查，加强钻杆质量检查，对焊接部位进行超声波检测，每使用一次就全面仔细检查保养一次，避免有裂纹或质量不过关的钻具用于施工中，同时钻进施工时要中低压中低速钻进，严禁大钻压、高速钻进，减小扭矩。

如果不慎发生掉钻事故，根据以往施工经验，采用偏心钩打捞，速度快，成功率高。打捞要及时，不可耽搁，以免孔壁不牢，出现塌孔，故现场需备用好偏心钩，以防万一。

5. 防止沉渣过厚或清孔过深措施

(1) 距孔底标高差50cm左右，钻具不再进尺，先停钻停气，清理沉渣掉池沉渣，以增加沉渣效果；再采用大气量低转速开始清孔循环，泥浆进行全部净化，经过2h后，停机下钻杆探孔深，此时若不到孔底标高，差多少，钻具再下多少，此项工作在钻孔桩工艺试验中要得出钻具距孔底多少距离清孔达到标高的参数。通过以上工艺来保证孔不会超钻，不会清孔过深，导致出现沉渣少的假象。

(2) 防止沉渣超标的一个重要方法是成孔后，孔内泥浆指标要达到规定要求，规范规定含砂率应小于2%，但对于孔深在110多米，经过近30h的静止，泥浆中的砂子将沉淀下来10%~20%，如果钻渣厚度控制在20cm以内，则含砂率要降至1%以下，须采用泥浆净化装置循环去砂，降低含砂率。

6. 防止声测管孔底堵塞、超声波检测不到位的措施声测管在每一节焊接完后，孔内要灌水，由于孔深110多米，如果所灌水含泥量有1%，则经过一个月沉淀，深测管内就有1m多的探头下不到位，故施工时用来灌声测管的水不能直接用江水（尤其汛期江水含泥量高），要经过净化处理后才能用来灌声测管，来达到预防探测管底部堵塞、超声波检测不到位的目的。声测管施工时接头焊接要牢固，不得漏浆，顶、底口封闭严实，声测管与钢筋笼用钢筋箍连接，确保声测管根根能够检测到底。

7. 防止钻孔桩混凝土浇筑时出现堵管、断桩现象的措施

（1）堵管现象主要分为两种，一种是气堵，当混凝土满管下落时，导管内混凝土（或泥浆）面至导管口的空气被压缩，当导管外泥浆压力和混凝土压力处于平衡状态时就出现气堵现象，解决气堵现象的措施有：首批混凝土浇筑时，在泥浆面以上的导管中间要开孔排气，当首批混凝土满管下落时，空气能从孔口排掉，就不会形成堵管。首批过后正常浇筑时，应将丝扣连接的小料斗换成外径小于导管内径的插入式轻型小料斗，使混凝土小于满管下落，不至于形成气堵；另外一种堵管现象为物堵，混凝土施工性能不好，石子较多，或混凝土原材料内有杂物等，在混凝土垂直下落时，石子或杂物在导管内形成拱塞，导致堵管。物堵现象的控制为：由于孔深达110多米，混凝土自由落至孔底时速度较大，易形成拱塞，要求混凝土有较好的流动性、不离析性能和丰富的胶凝材料，同时加强现场物资管理，使混凝土原材料中不含有任何杂物，并在浇筑现场层层把关。确保混凝土浇筑顺利。

（2）断桩主要是导管埋置深度不够，导管拔出了混凝土面（或导管拔断），形成了泥浆隔层。防止措施为：对导管埋深进行记录，同时用搅拌站浇筑方量校核测深锤测得混凝土面标高，始终保持导管埋深在4m以上，同时对导管要每根桩进行试压，并舍弃使用时间长或壁厚较薄的导管，确保导管有一定的强度。

（3）确保搅拌站的生产能力，采用一条搅拌船浇筑，一条备用，同时备好发电机，确保钻孔桩混凝土浇筑连续也是保证不发生断桩的必要条件。

8. 防止钻孔桩出现接桩的措施

按规范要求钻孔桩应超浇0.5～1m左右的混凝土，目的是用来保证桩头混凝土质量，避免导管拔出时出现形成的泥浆芯在桩体内。而实际操作时依靠测深锤来测定桩顶标高，由于泥浆是一种胶体，遇见呈碱性的混凝土后开始凝结成块，故有时操作时易错将泥浆内的凝结面当作混凝土面，使得混凝土少浇，导致桩体要接长。施工时用一自制混凝土取样器在孔内取样，另一方面要将孔壁测试结果和搅拌站浇筑方量来校核最后的混凝土面是否正确。确保桩头质量。

二、钻孔灌注桩的质量检测

灌注桩的大量使用，必然导致灌注桩的检测技术的迅速发展，为建设工程质量的判定提供可靠的技术保证。我国在灌注桩动力检测的软硬件系统及工程实践经验上已经达到或超过了当前国际水平。对灌注桩的桩身质量判定，可分为四类：

优质桩：动测波形规则衰减，无异常杂波，桩身完好，达到设计桩长，波速正常，混凝土强度等级高于设计要求；

合格桩：动测波形有小畸变，桩底反射清晰，桩身有小畸变，如轻微缩径、混凝土局

部轻度离析等，对单桩承载力没有影响。桩身混凝土波速正常，达到混凝土强度等级设计要求；

严重缺陷桩：动测波形出现明显的不规则反射，对应桩身缺陷如裂纹、混凝土离析、缩径1/3桩截面以上，桩身混凝土波速偏低，达不到设计强度等级，对单桩承载力有一定的影响。该类桩要求设计单位复核后提出是否处理的意见。

不合格桩：动测波形严重畸变，对应桩身缺陷如裂缝、混凝土严重离析、夹泥、严重缩径、断裂等。这类桩一般不能使用，需进行工程处理。

国内有些同行还习惯于将上述四种判定类别按Ⅰ类桩、Ⅱ类桩、Ⅲ类桩、Ⅳ类桩划分。但不管怎么样划分，其划分标准基本上一致的。

从全面质量管理的角度来看，质量检测不仅是对施工完成之后的最终检测，也应包括生产全过程的质量检测。而且只有严格进行工序过程的质量监控，才有可能保证桩的最终总体质量。通常施工过程中的质量检测应包括桩位偏差、孔径孔形、孔斜、孔深、沉渣厚度、钢筋焊接强度、混凝土试块强度；以及灌注过程中混凝土面位置等项目。成桩后的检测包括桩的灌注质量、混凝土强度及桩的承载力等。

我国的基桩检测工作，在引进和学习国外技术的基础上，结合我国基桩类型和成孔方法多样的特点，研究和发展了多种具有我国特色的检测方法。工程中当前经常采用的检测法有钻芯检测法、低应变法、高应变法、声波透射法等。实践中应根据不同的检测对象和检测要求可选用一种或两种以上方法进行检测和校核，再综合分析判。

1. 钻芯检测法

钻芯检测法就是利用专用钻机，从混凝土结构中钻取芯样以检测混凝土强度的方法。对于嵌岩桩抽芯验桩还可以检验桩底沉渣厚度和基岩强度。由于它对混凝土结构造成局部损伤，因此是一种半破损的现场检测手段。其基本要求主要有这几点：

(1) 钻芯数量：根据规范关于抽芯试验的要求，以及国内工程实践中常用的抽芯数量选择惯例，可按下属情况确定抽芯数量：

1) 对已进行了基桩试验（主要是动力试验）的工程，应根据工程的重要程度，对该批试桩里有缺陷的基桩进行抽芯试验，抽芯数量应是实验结果中合格和合格以下的试验桩中抽取。抽芯桩若发现有重大质量问题，设计部门又认为有必要，应加倍扩大抽芯数量。

2) 对未进行基桩试验而进行抽芯试验的工程，应根据施工情况和工程结构的特点，选择试验基桩，其具体数量由设计部门确定。具体数量参照相关技术规范，一般是"在同一条件下的试桩数量不宜小于总桩数的1%，且不应小于3根，工程总桩数在50根以内时不应小于2根"。抽芯桩若发现有重大质量问题，设计部门又认为有必要，应加倍扩大抽芯数量。

(2) 开孔位置一般在桩的中心，芯样直径6cm或8cm左右，视桩径大小确定单桩芯孔数量，抽芯深度为桩身全长并深入基岩60cm。

(3) 所选用的抽芯钻应以旋转为住，尽量减少冲击，不得因钻进不当（包括技术上和设备上的原因）而影响芯样质量。国内常用钻机为采用普通液压岩心钻机、金刚石单动双管钻具钻近，一般采用中等压力、较高转速及中等泵量钻进规程，保持钻进参数一致，进行匀速钻进，以观察桩身进尺情况。不能采用硬质合金钻进抽芯。

(4) 抽芯应在混凝土浇灌28天后进行；

(5) 芯样应全部按深度逐段存放于芯样箱。并进行记录、照相。每一桩孔芯样应制作4件试样作抗压强度试验（混凝土试件按钻孔深度的上、中、下三段选取三件，岩样一件）。

(6) 混凝土采取率要大于95％，否则检测结果不能完全令人信服。

(7) 钻孔垂直度要求钻具在到达桩底前不穿出桩身。一般要求垂直偏差<1％。

(8) 对于断桩、夹泥、混凝土稀释层的桩，可以采用压浆补强的方法进行处理。对于基本上无缺陷的桩进行压浆封孔。终孔后，下入钻杆，向钻孔内泵压清水，将孔内岩粉、桩底沉渣冲洗干净，排出孔外；洗孔口用钻杆向孔内泵压配置好的水泥浆（标号为525，水灰比为0.45~0.5），将钻孔内清水压出孔外；孔口返出水泥浆后，逐渐减少孔内钻杆数，继续向孔内压浆至水泥浆充满全孔后起拔套管。

(9) 抽芯报告应提供每根抽芯桩的混凝土柱状图和试验结果。对桩身混凝土质量（包括裂缝数量及宽度、蜂窝、气泡、是否离析、有无杂物等）及基岩性质进行描述并作出评价，典型芯样应附照片。

钻芯检测法作为大口径基桩工程质量检测的一种手段，是一种既简便、又直观的必不可少的验桩方法，它具有如下特点：

(1) 可检查基桩混凝土胶结、密实程度及其实际强度，发现断桩、夹泥及混凝土稀释层等不良状况，检查桩身混凝土灌注质量；

(2) 可测出桩底沉渣厚度并检验桩长，同时直观认定桩端持力层岩性；

(3) 用钻芯桩孔对出现断桩、夹泥或稀释层等缺陷桩进行压浆补强处理。

由于具有以上特点，钻芯检测法广泛应用于大口径基桩的质量检测工作中，它特别适用于大口径大荷载端承桩的质量检测。但它还有一定的局限性：

(1) 钻芯时对结构造成局部损伤，因而对于钻芯位置选择及钻芯数量等均受到一定限制，而且它所代表的区域也是有限的。

(2) 钻芯机及芯样加工配套机具与非破损测试仪器相比，非常笨重，搬运不便，测试成本也高。

(3) 钻芯后的孔洞需要修补，尤其是钻断钢筋时更增加了修补工作的困难。

(4) 取芯时，若碰到钢筋密集的情况，困难较大。

(5) 芯样的端面处理比较麻烦。

(6) 抗压强度与芯样的尺寸关联，规程中规定为100mm。若尺寸较小，如75mm、50mm，则强度值有较的离散性。

(7) 规程中关于抗压强度的统计取值不尽合理，即所取的最小值有时与实际情况有较大差异，可否考虑取平均值。

因此该法不宜作为大面积检测方法，只能用于抽样检查。在实际工程中，可以和其他非破损检测方法综合使用，一方面利用非破损方法可以大量测试而不损伤结构的特点，另一方面又可以利用钻芯法提高非破损测强精度，使二者相辅相成。

2. 低应变反射波法

(1) 工作原理

将速度传感器固定在桩顶上，然后用力敲击桩顶，激发出应力波沿桩身向下传播，当下行的应力波遇到桩身横截面或桩质量发生变化（如断裂、裂缝、缩径、扩径、夹泥和离析等）之处，就会激发出一个上行的反射波传感到桩顶的传感器，把速度记录包括桩底和所在桩身不连续处的反射显示出来，并存入磁盘。根据一维杆振动原理和频谱分析，按桩长及实测波形中的桩底反射，可较为准确地测定应力波沿桩身传播的平均纵波波速值，求出缺陷位置并据反射波幅度推算出其严重程度。低应变反射波法工作原理示意见图 4-22。

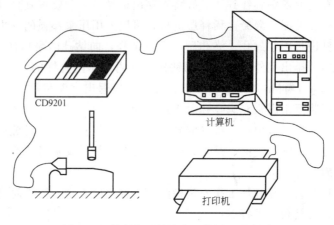

图 4-22　低应变反射波法工作原理示意图

（2）桩身混凝土质量评价标准

桩身混凝土质量的优劣，可根据实测纵波波速与混凝土强度相关关系进行评估。混凝土纵波波速与桩身混凝土强度关系参考，见表 4-12。

混凝土纵波波速与桩身混凝土强度关系参考表　　　表 4-12

波速(m/s)	混凝土强度(MPa)	波速(m/s)	混凝土强度(MPa)
3900～4200	35～40	3000～3500	20～25
3700～4000	30～35	2500～3000	15～20
3500～3800	25～30		

利用表 4-13 波速求得的混凝土强度值作为参考值。根据实测波形特征和衰减规律，如直达波，缺陷反射波，桩底反射三者的"相位"、"振幅"及"频率"间的相互关系及桩身混凝土平均纵波波速进行综合分析判断，可将桩身结构完整性分为四大类，如表 4-13 所示。

反射波检测法桩身完整性判定　　　表 4-13

类别	时域信号、波形特征	桩 身 描 述
Ⅰ	无缺陷反射波，桩底反射波清晰可见，波列规则桩长和波速正常	桩身结构完整，连续混凝土质量好，桩径均匀
Ⅱ	出现轻微缺陷反射波，有桩底反射波，波列基本规则，桩长和波速基本正常	桩身结构完整，可有轻微缺陷，如缩径、蜂窝、小孔洞、离析等
Ⅲ	出现明显缺陷反射波，可见桩底反射，波列不规则裂	桩身结构较差，局部有较明出现明显的缺陷，如明显的缩径、桩底反射，波列不规则裂隙、夹泥、离析、蜂窝、孔洞等
Ⅳ	出现严重缺陷反射波或周期性反射波，无桩底反射波，波列凌乱不规则，桩长严重不够或桩身平均波速偏低	桩身结构完整性差，有严重缺陷，如严重断裂、离析和夹泥等

3. 声波透射法

（1）工作原理

在被测桩内预埋若干根竖向相互平行的声测管作为检测通道，将超声脉冲发射换能器与接收换能器置于声测管中，管中注满清水作为祸合剂，由发射换能器发射超声脉冲，穿过待测的桩体混凝土，并经接收器被仪器所接收，判读出超声波穿过混凝土的声时，接收波首波的波幅以及接收波主频等参数。超声脉冲信号在混凝土的传播过程中因发生绕射、折射、多次反射及不同的吸收衰减，使接收信号携带了各种缺陷情况，完整程度等信息。由仪器的数据处理与判断分析软件对接收信号声参量进行综合分析，即可对混凝土的完整性，内部缺陷性质，位置以及桩身混凝土总体均匀性等做出判断。

（2）质量评判标准

以声速的离异系数 C_v 作为桩身混凝土匀质性的判据：

$C_v \leqslant 0.05$　　　　　　　　A 级

$0.05 \leqslant C_v \leqslant 0.1$　　　　　　　B 级

$0.1 \leqslant C_v \leqslant 0.15$　　　　　　C 级

$C_v \geqslant 0.15$　　　　　　　　D 级

根据桩身混凝土的均匀性，是否存在缺陷及缺陷严重程度，将桩身的质量按四类划分（表 4-14）。

声波透射法桩身完整性判断　　　　　　表 4-14

类别	特　　征
Ⅰ	各检测剖面上每个测点声速,波幅均正常,混凝土均匀为 A 级
Ⅱ	某个检测剖面上个别点声学参数异常,但波幅基本正常。桩身混凝土均匀不低于 B 级
Ⅲ	某个检测剖面上连续多个测点或两个检测剖面在同一深度的测点出现声速异常,且波幅降低。桩身混凝土均匀不低于 C 级
Ⅳ	两个检测剖面连续多个测点或三个检测剖面在同一深度的测点出现声速,波幅严重异常。桩身混凝土均匀为 D 级

低应变动力检测法、声波透射法可以对大量的桩身进行快速检测，在确定平均或正常的信号值后，其他的桩能以此为标准做出对比判断；对缺陷存在可能性的判断，由于曲线判断人员的技术水平所限，实测资料的解释是一项较为困难的工作，应结合一些典型的实测波形和桩身混凝土各声学参数进行综合判定。

在工程实践中，应根据不同的检测对象选用合适的检测方法，参考施工过程中的灌桩原始记录，对已完成的灌注桩质量作出科学、准确的判断。

第五章　河床永久性防护

第一节　河床冲刷计算

桥址河段河势的变化以及其变化对桥墩周围冲刷的影响，桥墩的冲刷坑是否影响河势的变化进而影响桥墩的安全均为桥梁设计中首先要考虑的问题。苏通长江公路大桥所在河段为弯曲与分叉混合型中等强度的潮沙河段，水文条件复杂，江宽、流急、浪大、涨落潮流速流向多变。桥位附近最大水深达 50m，−10m 等深线宽约 2km，−20m 等深线宽约 1.0km，实测垂线最大流速达 3.86m/s，点流速 4.47m/s。

按照《公路桥位勘察设计规范》(JTJ 062—91)，桥下冲刷包括：河槽的天然演变冲刷、桥梁压缩河槽所引起的一般冲刷和桥墩周围局部冲刷。在深水基础施工过程中，为了减小钢护筒下的冲刷作用，通过抛投砂袋进行了临时护底。对于使用周期在百年以上的特大型桥梁，在深水基础施工完毕后，必须根据理论计算出桥下冲刷，并采取合理措施进行河床永久防护。

一、河槽的天然演变冲刷

河床在水力作用及泥砂运动等因素的影响下，自然发育过程造成的冲刷现象，称为河床自然冲刷。如河床的逐年下切、淤积、边滩下移、河湾发展变形、截弯取直、河段深泓线摆动以及一个水文周期内，河床随水位、流量变化而发生的周期性变形等都会引起河床的显著变形。目前关于河床的自然演变冲刷深度尚无成熟的计算方法，一般只能通过调查或利用桥位上游和下游水文站历年实测断面资料统计分析确定。

河槽的天然演变冲刷包括桥址河段的河势变化和桥位断面的历年变化。

苏通长江公路大桥桥址河段河床演变显示出如下演变特征：

(1) 1860 年以来，尽管澄通河段发生多次大的变迁，但徐六泾节点段沿浒浦—徐六泾一线的主流地位始终没有变化。

(2) 1958 年以来，上游河势的变化直接影响着通州沙东、西水道和狼山沙东、西水道在徐六泾节点段的汇流点位置，但汇流点位置的上、下移动，没有影响到浒浦—徐六泾一线的主槽地位。

(3) 由于狼山沙的下移、西偏、后退，导致狼山沙东水道的主流动力轴线向西南偏移，使徐六泾主深槽相应有所偏移，但由于主槽南侧的地质条件和护岸工程存在，其主槽南移的幅度甚小。

(4) 从徐六泾河段深槽位置的平面变化看：桥位上、下游各 2km 的河段平面变化较小，尤其是主槽右侧稳定性较好。

(5) 徐六泾节点段边滩的变化逐步趋缓。新海通沙经历了 1978～1995 年的发展时期后，其右侧明显受制于长江主流逐步趋于稳定，而新海通沙夹槽明显受涨潮流控制，因而北支的涌潮和水砂将对其产生一定的影响。常熟小夹槽的发展得益于白茆沙南水道的长期稳定，而常熟小沙的外沿明显受制于长江主流而长期基本保持稳定。

（6）反复多变的白茆沙水道和日益萎缩的北支对上游河势和徐六泾主槽稳定性基本没有影响。

苏通长江大桥动床河工模型试验结果表明：大桥工程对桥址河段的影响是局部的，不会影响桥址河段河势的变化。影响趋势是桥轴线附近主槽河床略有冲刷，北侧边滩略有淤积。

桥位附近断面虽受上游河势的影响有所变动，但变化幅度较小，从其变化过程看：从1958～1992年呈单向南移趋势，而1992～1999年单向南移趋势消失，冲淤现象交替出现。

二、桥下断面一般冲刷

桥下河床全断面发生的冲刷现象，称为一般冲刷。一般冲刷现象是桥孔压缩了水流过水断面的结果。冲刷会使得桥下河床断面不断扩大，导致流速不断下降，使桥下河床的冲刷现象出现新的平衡，一般冲刷现象至此随之停止。

关于桥下断面一般冲刷深度计算，目前尚无成熟理论，主要按照经验公式计算。常用的公式有（64-1）公式和（64-2）公式和包尔达可夫公式。其中（64-1）公式和（64-2）公式为1964年全国桥渡冲刷计算学术会议推荐试用，1991年《公路桥位勘测设计规范》（JTJ 062—91）正式作为推荐公式。

1. （64-1）公式

（1）非黏性土河槽

$$h_p = \left(\frac{\xi Q_{cp}}{\varepsilon L_j E d^{\frac{1}{6}}}\right)^{\frac{3}{5}} \left(\frac{h_{max}}{h}\right)$$

式中　Q_{cp}——桥下河槽部分的计算流量；
　　　ξ——单流量集中系数；
　　　ε——桥孔侧收缩系数；
　　　L_j——河槽部分桥孔净长；
　　　E——与含砂量有关的系数；
　　　d——土壤平均粒径；
　　　h_p——一般冲刷深度。

（2）非黏性土河滩

$$h_{tp} = \left[\frac{Q_{tp}}{\varepsilon L_{tj}} \cdot \left(\frac{h_{tm}}{h_t}\right)^{\frac{5}{3}} \middle/ v_{H1}\right]^{\frac{5}{6}}$$

式中　h_{tp}——桥下河滩一般冲刷深度；
　　　h_{tm}——河滩最大水深；
　　　h_t——河滩平均水深；

L_{tj}——河滩桥孔净长；

Q_{tp}——桥下河滩部分的计算流量；

v_{H1}——非黏性土壤水深为1m时的允许不冲刷流速，列于表5-1。

非黏性土壤水深为1m时的容许不冲刷流速　　　　表5-1

河床泥砂		d(mm)	v_{H1}(m/s)	河床泥砂		d(mm)	v_{H1}(m/s)
砂	细	0.05~0.25	0.25~0.32	卵石	小	20~40	1.5~2.0
	中	0.25~0.5	0.32~0.4		中	40~60	2.0~2.3
	粗	0.5~2.0	0.4~0.6		大	60~200	2.3~3.6
圆砾	小	2.0~5.0	0.6~0.9	漂石	小	200~400	3.6~4.7
	中	5.0~10.0	0.9~1.2		中	400~800	4.7~6.0
	大	10~20	1.2~1.5		大	>800	>6.0

(3) 黏性土河床

平均粒径小于0.05mm的泥砂，称为黏性土。按照黏性土的物理力学性能，随着土壤含水量的增大，可由固态变成液态，粘结力随之消失，抗冲刷能力也不再存在。

$$I_P = w_L - w_P$$

$$I_L = \frac{w_0 - w_P}{I_P}$$

式中　w_P——黏性土的塑限；

w_L——黏性土的流限；

w_0——黏性土天然含水量；

I_P——塑性指数；

I_L——液性指数。

黏性土的液性指数越小，则土壤粘结力越大，抗冲刷能力越强，因而冲止流速亦越大；此外，黏土颗粒间的孔隙率e对粘结力也有影响，孔隙率越小，土壤越密实，粘结力越大，抗冲刷能力亦越强。

对于黏性土河床，《公路桥位勘测设计规范》(JTJ 062—91)给出的一般冲刷深度公式为：

河槽部分：

$$h_p = \left[\frac{\xi \dfrac{Q_{cp}}{\varepsilon L_j}\left(\dfrac{h_{max}}{h}\right)^{\frac{5}{3}}}{0.33\left(\dfrac{1}{I_L}\right)}\right]^{\frac{5}{8}}$$

$$h_{pt} = \left[\frac{\dfrac{Q_{tp}}{\varepsilon L_{tj}}\left(\dfrac{h_{tm}}{h_t}\right)^{\frac{5}{3}}}{0.33\left(\dfrac{1}{I_L}\right)}\right]^{\frac{6}{7}}$$

式中符号意义同前文。

2. (64-2) 公式

(64-2) 公式是按照输砂平衡条件建立的一般冲刷深度公式,设 G_1 为上游天然河道来砂量,G_2 为桥下河槽断面的排砂量,当 $G_1 > G_2$,桥下将出现淤积;当 $G_1 < G_2$,桥下将出现冲刷;当 $G_1 = G_2$,桥下达到冲淤平衡,一般冲刷深度到此为最大值。鉴于数学推导比较繁复,本书中只给出计算公式:

$$h_p = K \left(\xi \frac{Q_2}{Q_1} \right)^{4m_1} \left(\frac{B_1}{\varepsilon(1-\lambda)B_2} \right)^{3m_1} h_{\max}$$

$$K = 1 + 0.02 \lg \frac{h_{\max}}{\sqrt{Hd}}$$

式中 $h_{\max}$——造床流量时的断面最大水深;
H——造床流量时的断面平均水深;
Q_1——桥位断面天然河槽的流量;
B_1——桥位断面天然河槽水面宽度;
Q_2——建桥后桥下断面河槽部分通过设计流量;
B_2——建桥后桥下河槽的水面宽度;
m_1——指数,取值见表 5-2。

m_1 值   表 5-2

$\dfrac{h_{\max}}{d_{95}}$	0	50	100	150	200	400	600	800	1000	5000	10000
m_1	0.216	0.227	0.232	0.234	0.235	0.236	0.237	0.238	0.24	0.242	0.243

3. 包尔达可夫公式

20 世纪 30 年代,包尔达可夫按照别列柳帕斯假定建立了一般冲刷深度公式,称为包尔达可夫公式。

(1) 均质土河床

$$h_p = Ph$$

式中 h_p——一般冲刷深度;
h——冲刷前垂线水深;
P——冲刷系数。

(2) 无导流堤桥台偏斜冲刷深度

$$h_{p'} = p \left[(h_{\max} - h) \frac{h}{h_{\max}} + h \right]$$

(3) 岩土河床易冲土壤部分的冲刷深度

$$h_{p''} = \frac{PA_q - A_2}{A_1}$$

式中 A_q——冲刷前桥下计算毛过水面积;
A_1——冲刷前易冲刷部分的过水面积;

A_2——冲刷后不可冲刷部分面积。

三、桥墩局部冲刷

流向桥墩的水流受到桥墩的阻挡，桥墩周围的水流结构发生急剧变化，水流的绕流使得流线严重弯曲，床面附近形成螺旋型水流，剧烈冲刷桥墩周围特别是迎水面的河床泥砂，形成冲刷坑的现象，称之为局部冲刷。

根据模型试验和观测资料可知，桥墩局部冲刷深度与涌向桥墩的流速有关。当流速逐渐增大到一定数值时，桥墩迎水面两侧的泥砂开始被水冲走，产生冲刷，这时涌向桥墩的垂线平均流速称为墩前床砂的始冲流速。当流速继续增大，冲刷坑逐渐加深和扩大，冲刷坑深度与涌向桥墩的流速近似成直线关系。当流速增大到河床泥砂的起动流速时，床面泥砂大量起动，上游来的泥砂有些将滞留在冲刷坑内，冲刷坑的发展因此有所减缓。

影响局部冲刷的主要因素有流速、墩形、墩宽、水深和床砂粒径等，局部冲刷 h_b 通常是以一般冲刷 h_p 完成后的标高起算，所表示的是桥墩垂线上的冲刷坑深度。现行规范《公路桥位勘测设计规范》(JTJ 062—91) 推荐的局部冲刷计算公式有两类：一类是用于非黏土河床的 (65-1) 修正公式和 (65-2) 修正公式；一类是黏性土河床的桥墩局部冲刷公式：

1. 非黏性土河床局部冲刷计算

(1) (65-1) 修正公式

当 $v \leqslant v_c$ 时 $\qquad h_j = K_\varepsilon K_\eta B_1^{0.6}(v - v_c')$

当 $v > v_c$ 时 $\qquad h_j = K_\varepsilon K_\eta B_1^{0.6}(v - v_c')\left(\dfrac{v - v_c'}{v_c - v_c'}\right)^n$

式中 h_j——冲刷深度；

$\qquad B_1$——桥墩计算宽度，对于圆形桥墩取 $B_1 = d$；

$\qquad v$——一般冲刷后墩前行进速度；

$\qquad v_c$——河床泥砂的启动流速；

$\qquad K_\varepsilon$——墩形系数，对于圆形桥墩取 1.0；

$\qquad K_\eta$——河底颗粒的影响系数；

$\qquad v_c'$——墩前始冲流速；

$\qquad n$——指数。

(2) (65-2) 修正公式

$$h_b = 0.46 K_\xi B_1^{0.6} h_p^{0.15} d^{0.068}\left(\dfrac{v - v_c'}{v_c - v_c'}\right)^n$$

式中符号意义同前。

2. 黏性土河床计算

铁道部的黏性土河床局部计算公式可参照下式计算：

当 $\dfrac{h_p}{B_1} \geqslant 2.5$ 时：

$$h_b = 0.83 K_\xi B_1^{0.6} I_L^{1.25} v$$

当 $\dfrac{h_p}{B_1} < 2.5$ 时：

$$h_b = 0.55 K_\xi B_1^{0.6} h_p^{0.1} I_L^{1.0} v$$

第二节 调治构造物

调治构造物的主要作用是使得桥孔均匀地排水输砂,减少桥位附近河床和河岸地不利变形,保护桥梁和引道路堤的正常使用以及桥位附近农田、城镇免遭洪水危害。

调治构造物按其对水流的作用可以分为 3 类:

导流构造物:主要有导流堤、梨形堤和锥坡等;

挑流构造物:主要有丁坝、顺坝和格坝;

防护构造物:主要有各种护岸、护坡和护基工程。

各类调治构造物既可以单独设置也可以联合设置。在河流的滩地上,也可以采用植树造林等生物措施来配合或替代工程调治构造物。导流构造物的作用是以不同的程度扩散和均匀分布桥下河床的冲刷,减少对桥台和引道路堤的威胁;各种坝的作用是将水流方向挑离桥头引道或河岸,达到保护路基和河岸的目的。

调治构造物的基础埋深安全值 K 由下确定:

(1) 位于河槽内的调治构造物:河床土质为细颗粒的次稳定和不稳定河段时,$K=1\sim2$m;稳定河段时,$K=1$m。

(2) 位于河滩内的调治构造物,$K=0.5$m。

(3) 导流构造物选用,见表 5-3。

导流构造物选用   表 5-3

分类	单侧河滩	双侧河滩
导流堤	$Q_t' \geqslant 0.15 Q_P$	$Q_t' \geqslant 0.25 Q_P$
梨形坝	$0.15 Q_P > Q_t' \geqslant 0.05 Q_P$	$0.25 Q_P > Q_t' \geqslant 0.05 Q_P$
桥头锥坡	$0.05 Q_P > Q_t'$	$0.05 Q_P > Q_t'$

目前比较常用的调治构造物主要有以下几类:

一、导流堤

导流堤的平面形状一般采用曲线,有时也采用直线。曲线形导流堤水流绕堤流动,对过桥水流压缩较小;直线形导流堤堤旁水流与堤分离,对过桥水流压缩较大,在堤旁形成回流区,回流区内可产生泥砂淤积。

一般当正交桥位,两侧有滩而且对称分布时,可两侧布置对称性曲线形导流堤。当河流两侧河滩大小不一,则可在河滩较大的一侧设置曲线形导流堤,而在河滩较小的一侧设置直线形导流堤。

导流堤是由上游堤段和下游堤段组成,上游堤段头部称为堤端,与桥梁连接处称为堤根。堤端直接遭受水流冲击,是保证导流堤稳定的关键部位,必须特殊加固。其局部冲刷深度可以按照规范计算。

根据导流堤的长短、上游堤端的不同设置位置,可以分为封闭式和非封闭式两种。对于河槽摆动很大的变迁性和冲击漫流性河段,为了逐渐缩窄河槽的摆动幅度,使得水流和泥砂平稳的通过桥孔,并能保证堤后农田和村镇安全,往往设置较长的导流堤并将上游堤端伸出泛滥边界之外。

二、梨形堤

梨形堤的作用和导流堤相似,但是导引河滩水流的作用较小。当桥位河段比较稳定时,桥头路堤阻断的河滩流量较小,流速又不大时;或者当河滩引道路堤凹向上游,为防止其路堤遭受掏刷与改善桥梁边孔的过水条件,可以设置梨形坝。

三、丁坝

丁坝常设置在桥头引道路堤的上游一侧或河岸上。丁坝有淹没式和非淹没式两种。淹没式丁坝坝定常略高于常水位,洪水期被淹没,主要起到加速各丁坝间的泥砂淤积作用,逐渐形成新的水边线,常用于中水调治,对长年流水的河槽能起到整治和稳定河岸的作用。非淹没式丁坝的坝顶高出设计洪水位,常用于挑开高洪水流,保护河岸和河滩引道路堤。

淹没式丁坝一般斜向上游,坝轴线与水流方向的交角约 $100°\sim105°$;如果斜向下游,则漫过坝顶的水流将向丁坝根部集中,造成剧烈冲刷而冲走丁坝间的泥砂。在凸岸且流速较小时,可以布置成正挑丁坝;非淹没式丁坝一般斜向下游,坝轴线与水流方向交角约为 $60°\sim65°$,在凸岸且流速较小时,也可以布置成正挑丁坝。

四、顺坝与格坝

顺坝一般和水流平行,直接布置在导治线上以防护河岸,顺坝一般为淹没式,坝顶水位大致相平,上游端嵌入河岸,下游开口,以宣泄坝后水流。设置于弯道段的顺坝,应该有足够长度,或随流势呈弯曲形。

格坝常配合顺坝使用,当顺坝较长,且与河岸间距较大时,可在顺坝与河岸之间设置一道或几道格坝加以支撑,防止边坡或河滩受冲刷。格坝一端与顺坝正交或略斜交,格坝间距一般为 $20\sim30m$ 之间。

第三节 河床护底施工工艺以及动态控制

一、常用河床护底防冲刷方法

目前河床护底防冲刷的方法,主要是将各种护底沉排或模袋在桥墩前沉入河床,保护其不受水流的冲刷。其原理是:

1. 抗冲

护底沉排按预定最终形成的冲刷断面设计,排体沿河床外伸一定宽度,大大提高了砂质河床的抗冲性。同时,延长了水流行程,减小了水流对桩体部分的冲刷强度。

2. 减小冲刷

护底排体底部铺设防冲反滤布,排体压载依靠纵横向连接成为整体,不会因冲刷散失,从而对排体下部河床形成较稳定的封闭层,使靠近桥墩的床沙得到保护,免遭水流淘刷。

3. 使冲刷坑外移

由于排体下部的河床得到保护,首先使排体外沿的床沙被冲蚀,形成一定冲刷坑后,排体防冲反滤布前端在上部排体压载的作用下,紧贴床面并随河床变形下垫内收,冲刷坑靠近桥墩的一侧得到保护,限制了冲刷向桥墩发展,起到了把桥墩前冲刷坑外移到不影响或少影响桥墩安全的外围区域。

在实际施工当中,主要应用的护底沉排或模袋技术有:

1. 铰链式模袋混凝土沉排技术

铰链式模袋混凝土沉排技术是在桥墩前沿河床底部铺设一定长度和宽度的防冲反滤排体,保护墩位附近河床不受水流直接冲刷,达到减少桥墩出险的目的。其特点是:模袋灌注混凝土后,能够形成许多相联且独立的块体,排水通畅,块与块之间以高强尼龙绳连接,能自由沉降,适应河床变化。沉排排体由反滤布、压载、模袋布、铰链绳、混凝土砂浆等部分组成。实践表明铰链式模袋混凝土沉排能取到较好的效果。

2. 软体排护底技术

软体排分单层排和单层加筋系袋软体排两种(简称系袋排)。单层排主要用于桥墩干滩部分护底用,其结构为一般土工织物基布。单层加筋系袋软体排用于桥墩水下部分护底、护滩及干滩护滩用。单层加筋系袋软体排由单层聚丙烯土工织物加筋加系小砂袋构成。

工程应用的系袋排体规格有 7.5m×50m、15m×50m 和 19m×30m 三种。排体纵向缝制加筋,筋间距 50cm,筋的宽度 5cm。系袋条预先打扎于加筋条与排布之间,纵向间距为 50cm,横向分布为:每根筋从排头 25cm 起,由排边数起的单数列上每 50cm 一根,偶数列每 100cm 一根。小砂袋用同种质量聚丙烯土工织物缝制而成,袋长 100cm,直径 20~25cm,袋的布置呈矩形单元绑系在加筋条上。

3. 钢丝笼沉排

在护岸或坝垛底部受水流冲刷的部位,按最大冲刷深度和稳定坡面设计长度铺设钢丝笼护底材料,排体随排前冲刷坑的发展逐步下沉,自行调整坡度直至达到稳定坡面,从而达到护底、护脚、防止桥墩淘刷的目的。钢丝笼沉排运行方式见图 5-1。

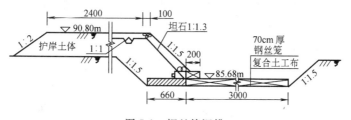

图 5-1 钢丝笼沉排

钢丝笼沉排底层采用复合土工布做反滤层,复合土工布是将有纺与无纺土工布结合在一起的复合型材料。铺设时有纺土工布一面朝上,以防止钢丝及块石刺破无纺土工布。反滤布选材时既要满足保土性、透水性的要求,又要有一定的强度。钢丝笼沉排采用钢筋笼为骨架、钢筋笼内填装钢丝笼的结构型式。钢筋笼尺寸为 36.6m×2.0m×0.7m,钢丝笼尺寸2.0m×2.0m×0.7m，编制结成网格的笼状物体，内填块石，网格的大小以不漏石块为限。

二、护底沉排和模袋技术施工工艺

1. 铰链式模袋混凝土沉排施工工艺

（1）平整场地。应对河床按沉排设计铺放断面进行平整，不平度取±20cm。

（2）铺设反滤布。水中铺放反滤布，水深小于1.5m的部分可在水中直接铺设，水深较大的部分需用二船定位，反滤布边缘配重折叠好，然后上游船在下游船的控制下缓缓向下游移动，在水流和自重的作用下，使反滤布均匀沉入河底。应使反滤布自然展开，勿需拉紧，以免在水流淘刷沉排下沉时，出现应力集中，造成破坏。

（3）铺设模袋布。模袋布的水下铺设既要考虑模袋定位准确，还要考虑模袋的充填过程中纵向和横向的收缩。另外，模袋布铺放与反滤布不同，如铺放不展，将影响模袋充填质量，同时不利于与下一块模袋布的搭接。为了使模袋布在整个充灌过程中保持平整，需在岸边布设5个定位桩，上面各挂1个手拉葫芦，用于调整模袋布张力。当水深较小时，可在水中直接铺设，水深较大时将模袋后端穿钢管，拉至岸边靠近护岸一侧上游，留足锚固部分及收缩量，固定在葫芦上。每个模袋灌注口处设浮漂一个，模袋前端配重，沉入水下，模袋铺放应从下游往上游，充填完一块，铺放一块。

（4）模袋充填。模袋充填是用混凝土输送泵将水泥砂浆或细骨料混凝土充入铺设好的模袋内，它是整个施工的关键。模袋充填采用从下往上充填方式，水深大于1.5m的部分采用流动度较好的砂浆充填，充填时将附近的灌注口扎紧；水深小于1.5m的部分采用细骨料混凝土充灌，以降低成本。因模袋块体与块体之间的通道较细，碎石容易在此被阻滞留，从而影响下一块的充填，为此在每个通道处要有专人负责踩压，以使混凝土顺利通过。插入灌注口的喷管应作左、右移动，使模袋充灌均匀，厚度饱满。充灌时还需调整模袋压力，以免胀破模袋。每充完一排灌注孔后，由于模袋布纵向收缩，张力太大，这时需适当放松顶部控制模袋布的手拉葫芦。每天施工后，对已完工的岸上模袋护坡，应浇水养护；泵车停泵后必须用水将管道、泵车冲洗干净。

2. 软体排施工工艺

铺排体规格应静心设计，沿桥墩轴线方向排体之间一般搭接1m，人工缝接，垂直于坝轴线方向一般搭接0.5m，加筋条点缝合，排布人工缝合。船上沉系袋排施工须在专用的沉排船上进行。沉排船甲板上设有施工平台，一般应包括卷排布卷筒和卡排梁一套以及其他制动装置、绞缆设备等。沉排时，沉排船定位后，即可将排布卷入卷筒，将排头通过卡排梁平铺于工作平台，压载压实，然后在平台上将小砂袋绑系于排布上，即可松开卷筒和卡排梁，绞动沉排船以垂直于水流方向向河心移动，将排体徐徐沉入河底。当卷筒上剩下3m左右排布时，卡紧卡排梁，将卷筒上剩余的排布退出，卷入下一段排布，用直径5mm尼龙绳将两块排布首尾端缝接好（缝合宽度不少于5cm，强度不低于基布抗拉强度），然后卷紧排布，松开卡排梁，继续下一段排布的沉入，如此依次进行。

软体排施工要点：

（1）排布质量控制排体进场前应检查其技术参数是否符合设计要求，同时对进场后的排体进行规格、有无破损等检查。

(2) 排体压载质量控制对压载用小砂袋,应具备足够的充填饱满度和体积,承载时,缝口不能张开,小砂袋按设计要求呈矩形摆设。

(3) 为确保排体间在水下的搭接宽度,施工中除在岸上竖好定位导标外,还可采用测量手段现场定出每块排体沉放的理论轨迹,施工时每 15m 交会一次,发现偏离值(±30%)超出允许范围时,及时通知沉排船予以纠正,以确保沉排质量。

(4) 考虑到苏通大桥桥址水深和流速较大,沉排时易发生缩排和翻排。施工中应该适当加大系袋排在上游端的压载,以控制缩排和翻排现象。

三、河床护底施工动态控制

在进行河床永久护底施工后,还必须对河床底部进行监测,检查排体运行情况,如果发现排体局部损坏严重,还必须采取补救措施。排体运行观测主要包括以下内容:

(1) 利用锥探法对排体变化进行观测。正常年份,汛前、汛期、汛后各观测 1 次;汛期如发生 $2000\sim3000\text{m}^3/\text{s}$ 的中常洪水应加测 $2\sim3$ 次;如发生漫顶洪水,待水流归槽后补测 1 次。将观测结果绘制断面图。

(2) 利用数字水底剖面仪观测沉排水下地形、排体沉降变形等。每年汛前、汛期、汛末各观测 1 次,绘制沉排附近水下地形图。

(3) 进行河势流向及流速观测,在河势发生较大变化时,绘制河势图,工程重点靠流部位可用流速仪观测流速。

(4) 为了详细了解沉排变形情况,在非汛期断流时,对部分排体进行开挖,观测排体通道断裂部位、铰链受力磨损状况等。

第六章　钢吊箱施工

桥梁基础尤其是大跨径桥梁的深水基础，往往需要解决其施工技术问题。一般说来，桥梁深水基础的修建，主要困难在于防水、防土，有时还要防止冲刷、滑坡等。除沉井、沉箱基础本身具有防水功能外，其他基础的施工常常配以防水围堰。即便是采用沉井、沉箱基础的，为把基础修建在水面以下，仍需在沉井、沉箱上加临时防水围堰。当承台底面距河床面较高，或水底有较厚的软弱土层时，为了减小施工难度和缩短工期，在钢围堰的基础上又发展了有底的钢吊箱围堰（简称钢吊箱）施工技术。现在钢吊箱已成为高桩承台施工的一项很重要的技术。

第一节　钢吊箱概述

一、深水基础施工方式

水深在 5~6m 以上的基础即称为深水基础。近年来，我国修建了不少跨越大江、大河，甚至跨越海湾的深水基础，取得了很大的成绩。而修建深水基础时采取的防水技术一般就是围堰和钢吊箱。

1. 围堰

防水围堰虽是一种临时结构，但在桥梁深水基础施工中的地位却十分重要，其形式也多种多样。自武汉长江大桥首次采用钢板桩围堰修建深水基础取得成功后，钢板桩围堰在 20 世纪 50 年代和 60 年代深水基础中得到广泛应用。但采用钢板桩围堰在长江上修建深水基础，施工受水位控制，施工周期长，为此，在修建九江长江大桥时又首次采用双壁钢围堰这一新的结构形式，简化了施工工序。后来在武汉军山长江公路大桥基础施工中又采用了异形钢围堰，在泰和赣江大桥基础施工中采用了双壁混凝土围堰，在宁波大桥基础施工中采用了锁口钢管桩围堰。在几种围堰形式中，以双壁钢围堰应用最多，因为它能承受较大的水压力，结构简单，施工简便。双壁钢围堰主要由井壁、隔仓、刃脚、顶部支座和一些其他配置组成，其主要施工工序为：在拼装船上拼装双壁钢围堰、浮运、起吊下沉、钢围堰接高并在钢壳内灌水或混凝土、下沉至岩面、清底、安装施工平台及钻孔钢护筒、封底、钻孔、抽水、浇筑承台及墩身、拆除上部钢围堰。

2. 钢吊箱

当承台底面距河床面较高，或承台以下为较厚的软弱土层，且水深流急时，宜用钢吊箱作为防水措施来进行深水基础施工。钢吊箱是一种有底的套箱，主要作用是为承台提供干施工环境，一般由底板、侧板、内支撑、悬吊及定位系统组成。钢吊箱的底板是封底混凝土的底模板，侧板为浇筑封底混凝土及承台混凝土的侧模，同时钢吊箱顶面可作为浇筑混凝土的操作平台。钢吊箱有单壁和双壁两种形式，如南京长江二桥采用的是单壁钢吊箱，苏通长江公路大桥采用的是双壁钢吊箱。单壁钢吊箱结构简单，方便加工；双壁钢吊箱施工主动性高，可充分利用水的浮力进行吊箱的拼装与下沉。

钢吊箱与钢围堰一样，可在岸上制造，在定位船上拼装成整体后运至墩位下沉，施工方便，防水性能较好。但由于钢吊箱不进入河床，而是悬吊在水中，所以用钢量少，且避免了在深水中施工沉井、钢吊箱围堰下沉困难的问题，降低了施工难度，定位较为精确，潜水工作量小，施工工期短，提高了经济效益。另一方面，钢吊箱的结构复杂，制造精度要求高，所以对钢吊箱的设计与施工应进行认真的分析。

二、钢吊箱结构

钢吊箱的结构依其形式不同而不同，但其结构构造一般都包括几个基本组成部分，即底板、侧板、内支撑、悬吊及定位系统五部分。苏通长江公路大桥C1标4号墩钢吊箱为纺锤形结构，总长117.95m，总宽52.3m，总高16.5m（不含2m挡水结构）。4号墩钢吊箱也由前述几个基本部分组成，壁板为双层板架结构，双层间距为2.0m。在双层板架之间设置箱形梁、垂向舱壁板作为一级支撑结构，水平设置环形板作为二级支撑结构，垂向设置次梁为三级支撑结构。内外壁之间通过横向连系撑和舱壁板连接而形成整体；底板为单层板架加桁架结构，由连续的主梁、间断的次梁、底板及桁架组成。钢吊箱总体结构平面如图6-1所示，钢吊箱总体结构立面如图6-2所示。

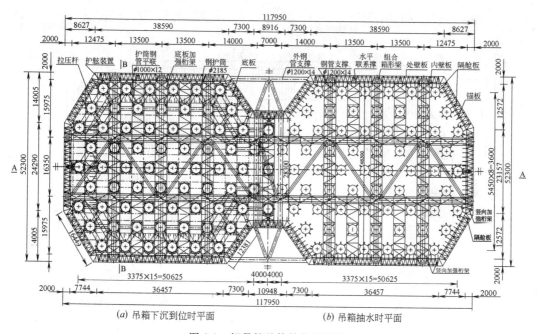

(a) 吊箱下沉到位时平面　　　　　(b) 吊箱抽水时平面

图6-1 钢吊箱总体结构平面图

1. 底板

底板是钢吊箱围堰同钢围堰的主要区别，是竖向主要受力构件。钢吊箱底板的结构形式主要有型钢网格分配梁底板以及空间桁架式底板。其中型钢网格分配梁底板施工加工量小，底板安装快捷方便，工期短；缺点是分配梁底板刚度较小，如设计不当容易导致底板变形较大，从而导致浇筑的封底混凝土受拉开裂，质量不易保证。空间桁架式底板刚度较大，竖向变形小，封底混凝土质量容易保证；缺点是底板加工工艺复杂，加工速度慢，工

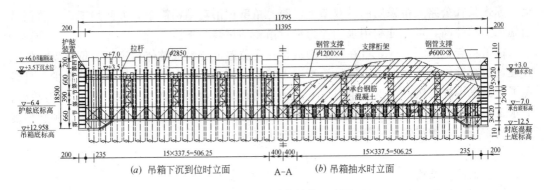

图 6-2 钢吊箱总体结构立面图

期较长。综合比较两者,分配梁底板安装快捷简便,施工量小,材料数量与空间桁架式底板相当,故大多数吊箱均采用分配梁式底板。

苏通大桥 4 号钢吊箱底板结构的主要组成为:面板 8mm,主梁 HN500×200、HN350×175、HN300×150,上层底板次梁 L110×70×10,下层底板次梁 L125×80×10,底板桁架上弦杆 2⊏22b、竖杆⊏20b、斜杆 2⊏16a、上平连 L80×8。底板主要结构构造分别如图 6-3、图 6-4、图 6-5 和图 6-6 所示。

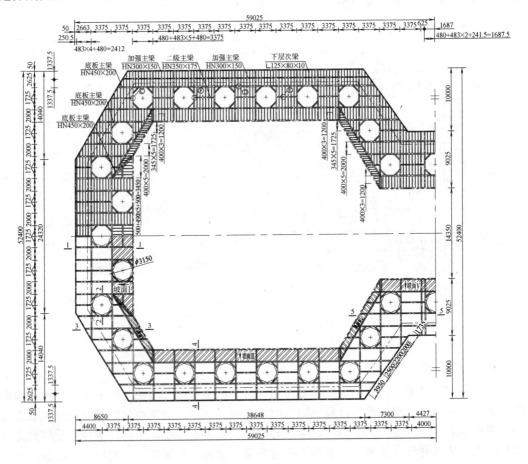

图 6-3 下层底板平面布置图

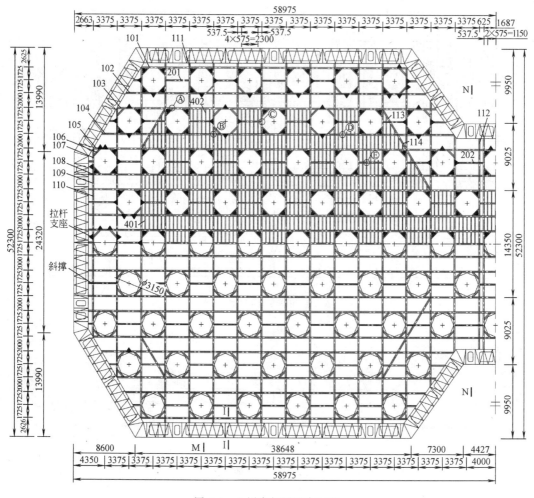

图 6-4 上层底板平面布置图

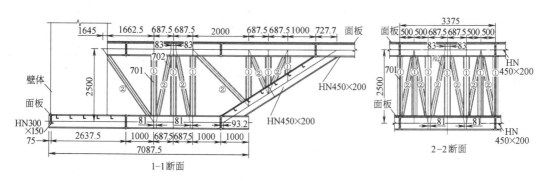

图 6-5 底板局部断面图

2. 侧板

侧板是钢吊箱水平向承受静水压力、水流力和波浪力的受力构件。侧板构造形式分为单壁围堰和双壁围堰。单壁围堰的优点是只有一侧壁板，结构简单，加工方便；缺点是必须现场拼装，下沉较为困难，下沉中如发生问题较难控制。双壁围堰的优点在于下沉过程

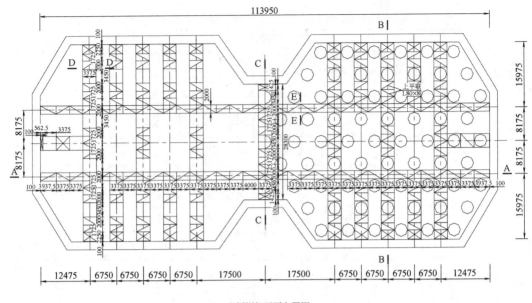

(a) 底板桁架平面布置图

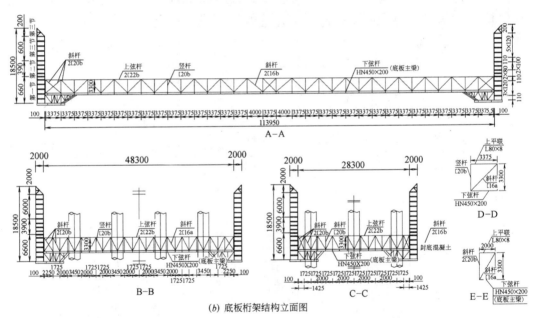

(b) 底板桁架结构立面图

图 6-6 底板桁架结构示意图

中可以充分利用水的浮力,通过调节隔舱内的水来调节吊箱的位置,这就使得双壁围堰施工有明显的主动性;缺点是结构复杂,施工难度大。

苏通大桥基础施工过程中,为了方便钢吊箱的就位与下沉,均采用双壁钢吊箱的结构形式。4号墩钢吊箱壁板竖向分三节,其结构构造为:内壁板6mm,外壁板8mm,组合箱梁翼缘板20mm、腹板16mm,纵向次梁L75×50×6,隔舱板12mm,隔舱板加强角钢L75×50×6,环板厚度20mm,内外壁板横撑L80×8、L90×10、L100×10、L125×10。壁板的结构构造分别如图6-7、图6-8和图6-9所示。

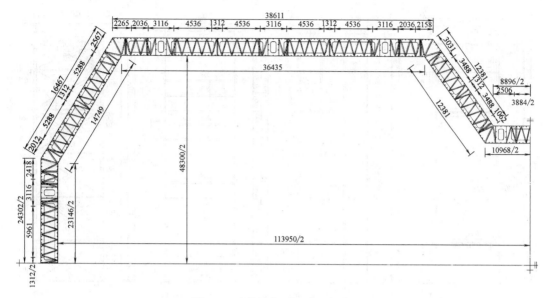

图 6-7 壁体结构顶面平面布置图

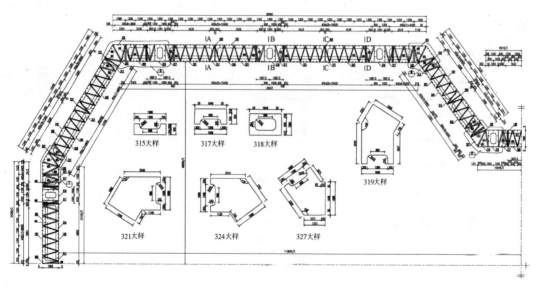

图 6-8 壁体结构中间平面布置图

3. 内支撑

内支撑由内圈梁、水平撑杆及竖向支架三部分组成。内圈梁设在吊箱侧板的内侧,安装在侧板内壁牛腿上。内圈梁的作用主要是承受侧板传递的荷载,并将其传给水平撑杆。水平撑杆的作用是通过对吊箱侧板的支撑减小侧板位移,竖向支架的作用主要是支撑水平撑杆,同时减小水平撑杆的自由长度。竖向支架的底端焊接到底板上,上端与水平撑杆焊接。

苏通 4 号钢吊箱内撑杆采用 $\phi 1200 \times 14$ 钢管,钢管撑杆的平面布置见图 6-1 所示。竖向支架采用空间桁架结构,由 L 90×8 和 L 70×6 等边角钢组成,竖向支架结构示意图如图 6-10 所示。

4. 悬吊系统

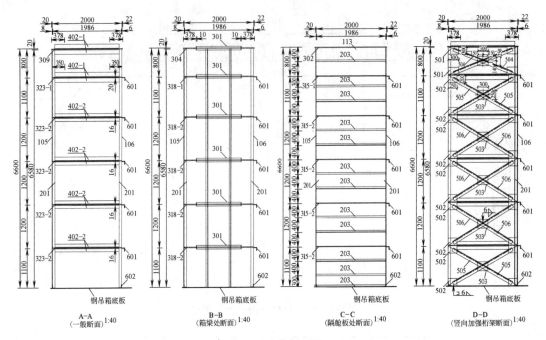

图 6-9 壁体剖面图

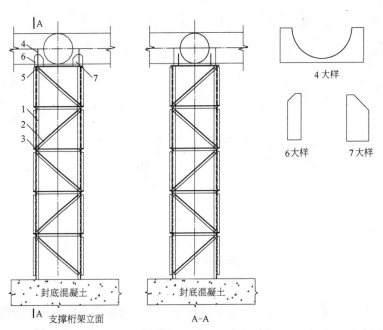

图 6-10 竖向支架结构示意图
1—等边角钢L90×8；2—等边角钢L70×6；3—等边角钢L70×6；4—支撑板 $t=20$；
5—底板—20×2000×2000；6—加劲板 $t=10$；7—加劲板 $t=10$

悬吊系统以钻孔桩钢护筒为依托，由纵、横梁、吊杆及钢护筒组成。横梁支点设置在护筒内侧牛腿上，横梁的作用是将悬吊荷载通过钢护筒传递给桩基。纵梁的作用是支撑吊杆，并将吊杆传来的荷载传给横梁。吊杆上端固定于支架的纵梁上，下端固定于底板的吊杆梁之上。吊杆的作用是将吊箱自重以及封底混凝土的重量传给纵梁。

苏通大桥4号墩钢吊箱拉压杆为2⊏14b，钢护筒 $\phi 2850\times 25$，拉压杆在底板上的吊点分布如图6-1所示，拉压杆布置如图6-11和拉压杆的结构，如图6-12所示。

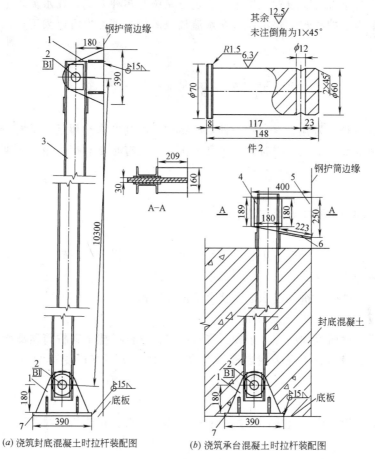

图 6-11 拉压杆布置图

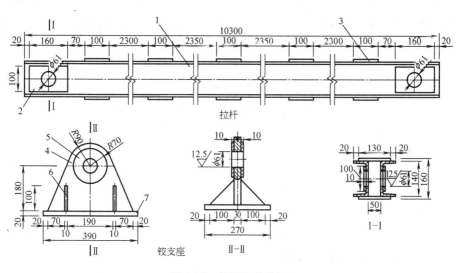

图 6-12 拉压杆结构图

5. 定位系统

由于钢吊箱下沉入水后受流水压力的作用，吊箱围堰会向下游漂移，为便于调整吊箱位置，确保顺利下沉，需设置定位系统。定位系统有多种方式，在水流较小的情况下，可以采用导链牵引、抽注水方式定位，在水流较急的情况下，也可以采用定位船克服水流力来纠偏。

第二节 钢吊箱设计计算

钢吊箱虽然是作为施工承台的一种临时结构，但其可靠性却意义重大。为了保证钢吊箱的强度、刚度和稳定性，同时体现出其经济性，很有必要对钢吊箱结构进行认真的设计和计算分析。

一、钢吊箱结构基本设计方法

1. 传统设计法

钢吊箱结构设计的传统方法是采用经验方法，或在假定的基础上，将结构分离为不同构件进行单独分析设计的方式，即考虑不同构件的最不利工况，根据此不利工况来进行构件的设计，然后将构件拼装起来成为整个钢吊箱结构。

(1) 底板

底板一般由钢面板和型钢梁组成。底板由多根吊杆吊挂于钢护筒顶部所设牛腿上，其主要受竖向力。最不利工况为封底混凝土浇筑阶段，此时其所受荷载有：封底混凝土自重、钢吊箱结构自重、浮力及施工荷载。由此可进行底板的各项验算。

(2) 壁板

壁板也由钢板和型钢组成，在高度上根据其承受水头高差的不同可采取双壁和单壁混用的形式以节省钢材，侧板主要承受水平荷载作用。侧板最不利受力工况为钢吊箱内封底抽水后、承台施工前的阶段，此时其所受荷载有静水压力、水流力、波浪力、风力及其他荷载。验算时可取此工况受力荷载组合，以内支撑、封底混凝土为壁板的支座进行计算，进而验算壁板面板、竖向次梁、横向加劲肋或环板、连接螺栓、焊缝等的内力、变形及应力计算。

(3) 内支撑

内支撑一般由型钢或钢管组成的框梁和支撑柱组成，框梁直接作用于钢吊箱壁板或竖向梁上，其主要作用是减小钢吊箱壁板或梁的受力计算跨度，在壁板计算时可得到内支撑所受荷载，进而可进行其各项验算。

(4) 吊挂系统

吊挂系统一般由吊杆、钢护筒及其顶部所设钢牛腿组成。其主要承受竖向荷载，最不利受力工况与底板相同，即封底混凝土浇筑阶段，由此可进行各项验算。

(5) 封底混凝土

封底混凝土不是钢吊箱结构的直接组成部分，但封底混凝土的厚度决定着钢吊箱结构的高度，所以在设计钢吊箱时也应进行封底混凝土的验算。封底混凝土作为主要止水结构之一，同时又作为承台的底模，其与钻孔桩钢护筒壁之间要有足够的粘结力。其受力计算分为两个阶段：一是封底混凝土达到强度后，钢吊箱内抽干水阶段；二是承台混凝土浇筑完毕初凝前的阶段。由此两个工况分别组合最不利的竖向荷载，进行封底混凝土验算。

2. 有限元整体分析法

对于钢吊箱这种构造和受力均较复杂的结构，采用传统方法进行钢吊箱结构设计时，显然无法对结构整体力学性能进行全面地把握。在这种情况下，为了满足安全性的要求，传统的设计中往往采用较大的安全系数，造成材料的浪费。现在，有限元理论和软件的发展为对钢吊箱结构进行整体仿真分析提供了可能。因此，目前对钢吊箱结构的设计计算方法是，在按照传统方法设计的基础上，再对钢吊箱结构整体进行有限元分析。即首先按照设计条件确定钢吊箱方案，然后用传统方法分析每个构件的受力条件，并选择其相应的尺寸，再对整个钢吊箱结构建立整体有限元模型，根据实际工况分析其应力与变形，找出结构的薄弱环节，不断对结构构件进行优化设计，最终确定结构的主要参数，以达到安全、经济、实用的目的。

二、设计依据与条件

1. 设计依据

钢吊箱的结构设计必须依据在建工程的基础施工设计图和有关设计规范及手册。苏通大桥 4 号墩钢吊箱的主要设计依据有：

《苏通长江公路大桥主桥基础（C1 标段）施工招标文件》；
《苏通长江公路大桥主桥基础（C1 标段）施工招标补遗文件》；
《苏通大桥临时工程设计委托书》；
《苏通大桥 4 号墩吊箱设计委托书》；
《苏通大桥主桥施工、监理招标参考资料》；
《公路桥涵施工技术规范》（JTJ 041—2000）；
《建筑结构荷载规范》（GB 50009—2001）；
《港口工程荷载规范》（JTJ 215—98）；
《海港水文规范》（JTJ 213—98）；
《公路桥涵设计通用规范》（JTJ 021—89）；
《水利水电工程钢闸门设计规范》（DL/T 5039—95）；
《钢结构设计规范》（GB 50017—2003）；
《港口工程钢结构设计规范》（JTJ 283—99）；
《公路桥涵地基与基础设计规范》（JTJ 024—85）；
《港口工程桩基规范》（JTJ 254—98）。

2. 设计条件

（1）气象条件

苏通大桥桥址位于长江下游临近长江入海口处，地处中纬度地带。在钢吊箱施工期间，常伴有西北风，风力大多在 4～6 级，偶有 7～8 级大风。

（2）水文条件

苏通大桥桥址河床质泥砂较细，粒径大小分布不均匀，河床泥面标高在不考虑冲刷清况下分别是 $-23.0 \sim -26.0$m，在施工期间水深 26～29.5m。

苏通长江公路大桥所在河段为弯曲与分叉混合型中等强度的潮汐河段，水文条件复杂，江宽、流急、浪大，涨落潮流速流向多变。实测垂线最大流速达 3.86m/s，点流速 4.47m/s。在承台钢吊箱施工期间，桥位处水文资料分别见表 6-1、表 6-2、表 6-3 和表 6-4。

各农历月多年平均高、低潮位和历年月实测最高、最低潮位统计表（单位：m）　表 6-1

月　　份	八月	九月	十月	十一月	十二月	一月
高潮位均值	2.29	2.01	1.69	1.42	1.39	1.44
实测最高潮位	4.21	3.66	3.43	2.73	2.91	2.82
低潮位均值	0.14	−0.08	−0.33	−0.53	−0.55	−0.52
实测最低潮位	−0.72	−0.91	−1.10	−1.20	−1.26	−1.21

各农历月多年平均涨、落潮差和月最大涨、落潮差统计表（单位：m）　表 6-2

月　　份	八月	九月	十月	十一月	十二月	一月
涨潮潮差均值	2.14	2.07	2.01	1.94	1.94	1.95
月最大涨潮潮差均值	3.45	3.37	3.25	3.07	3.11	3.04
落潮潮差均值	2.15	2.09	2.02	1.94	1.94	1.95
月最大落潮潮差均值	3.47	3.31	3.18	2.99	3.01	2.98

分期最大涨、落潮流速频率计算成果表　表 6-3

分期	涨潮						落潮					
	EX	不同设计频率流速（m/s）					EX	不同设计频率流速（m/s）				
		1%	2%	5%	10%	20%		1%	2%	5%	10%	20%
汛期	2.36	2.81	2.73	2.62	2.53	2.45	2.34	3.06	2.92	2.75	2.62	2.48
平水期	1.305	1.42	1.41	1.39	1.37	1.35	1.917	2.17	2.14	2.1	2.06	2.01
枯水期	1.408	1.53	1.52	1.49	1.47	1.45	1.873	2.05	2.03	1.99	1.97	1.93

桥位河段主要受径流、潮流水流动力因素的影响。潮流在一日内亦有两个变化周期，每个周期历时一般为 12h 25min，流息（即涨、落潮流速为 0 的时刻）发生在最高或最低潮位 20～40min 之后。潮位和潮流的日变化周期及相关关系如图 4-8 所示。

（3）钢吊箱设计与施工条件

钢吊箱方案拟定后，具体的设计与施工条件如下：

钢吊箱顶标高：　　　　　+6.0m

双壁顶标高：　　　　　　+4.0m

承台底标高：　　　　　　−7.0m

封底混凝土厚度：

　钢吊箱四周：　　　　　5.5m

　钢吊箱中间区域：　　　3.0m

设计高水位：　　　　　　+3.5m

设计低水位：　　　　　　−1.26m

潮差：	3.11m
抽水水位：	+3.0m
浇筑承台水位：	−1.26m
水流力：	流速2.1m/s；水流偏角10°（与墩轴线夹角）
波浪力：	波高2.0m；波长60m
风力：	风速28.4m/s
钢材重度：	78.5kN/m³
混凝土握裹力：	100kN/m²
混凝土湿重度：	14kN/m³
混凝土干重度：	24kN/m³
钢筋混凝土重度：	25kN/m³
钢护筒直径：	$D=2.85$m
封底混凝土强度等级：	C30

三、方案选择

钢吊箱的设计方案主要取决于设计条件，根据设计条件及施工技术条件首先可决定选用单壁钢吊箱还是双壁钢吊箱结构，然后可初步确定钢吊箱的平面和竖向尺寸及基本结构构件布置。具体设计钢吊箱时，一般是根据在建工程基础设计尺寸，拟定钢吊箱平面内尺寸（一般考虑与承台尺寸相同，以便钢吊箱壁板兼作承台模板）；根据施工最高控制水位定出钢吊箱顶面标高；经计算得出封底混凝土最小厚度后定出钢吊箱底板标高；同时初步拟定钢吊箱内支撑标高。

苏通大桥C1标主4号墩采用135根 $D2.8$m/$D2.5$m 钻孔灌注桩基础（钢护筒内径2.8m），梅花形布置，桩长为117.4m，设计桩底标高为−124m，桩顶标高为−6.6m，桩基平面布置如图6-13所示。根据4号墩桩基的平面布置，选用纺锤形的钢吊箱结构，总长117.95m，总宽52.3m，总高16.5m（不含2m挡水结构）。钢吊箱为双层板架结构，双层间距为2.0m。在双层板架之间设置箱形梁、垂向舱壁板作为一级支撑结构，水平设置环形板作为二级支撑结构，垂向设置次梁为三级支撑结构。内外壁之间通过横向连系撑

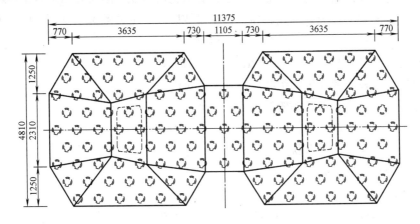

图6-13 桩基平面布置图

和舱壁板连接而形成整体。钢吊箱底板为单层板架加桁架结构，由连续的主梁、间断的次梁、底板及桁架组成。

四、计算工况

钢吊箱的受力分析应该是全施工过程中的力学性能分析，其分析内容包括：（1）钢吊箱拼装（包括滑移入水、浮运）下沉计算；（2）钢吊箱结构设计计算；（3）封底混凝土施工阶段计算；（4）抽水后钢吊箱止浮计算。具体在分析时应验算如下几种工况：

工况一：钢吊箱滑移入水，结构荷载为钢吊箱自重及风荷载，只要验算结构的强度和变形。

工况二：钢吊箱浮运，结构荷载主要为静水压力、波浪力、水流力、风荷载及钢吊箱自重，只要验算结构的稳定性，同时考虑强度和变形。

工况三：钢吊箱整体起吊，结构荷载为钢吊箱自重及风荷载，主要验算结构的强度和变形。钢吊箱在接近水面时，主要受自重、风荷载及波浪力作用。

工况四：钢吊箱下沉到位，结构荷载为静水压力、波浪力、水流力、风荷载及钢吊箱自重，主要验算结构的强度和变形。

工况五：浇筑封底混凝土，结构荷载为静水压力、封底混凝土重量及侧压力、波浪力、水流力、风荷载、钢吊箱自重及施工荷载，主要验算结构的强度和变形。

工况六：抽水阶段，结构荷载为静水压力、波浪力、水流力、风荷载、封底混凝土自重、钢吊箱自重及施工荷载，主要验算结构的稳定性、强度及变形。

工况七：承台施工前，割除钢护筒上部及底板桁架后，结构荷载与抽水阶段相同，由于结构形式发生变化，也应验算结构的稳定性、强度和变形。

工况八：浇筑承台混凝土，结构荷载为静水压力、波浪力、水流力、风荷载、封底混凝土自重、钢吊箱自重、承台混凝土自重及侧压力，主要验算结构的强度和变形。

上面所列工况是一般要考虑的不利工况，但不是每种施工方法都需要这些验算。结合具体的施工工艺，苏通大桥 4 号墩钢吊箱结构的计算工况共 6 个，钢吊箱首节起吊工况 1 个（含四个子工况），钢吊箱下沉到位及施工工况 5 个：

工况一：首节钢吊箱起吊、下放，主要验算结构的强度和刚度。钢吊箱整体起吊时的安全性和质量控制意义重大，因此，在钢吊箱吊装阶段，主要考虑了以下四种子工况来对其力学性能进行分析：

（1）所有钢绞线同步启动（共 16 根，单边 8 根）；

（2）单边受力较大的四根钢绞线先启动 10mm；

（3）单边受力较小的四根钢绞线先启动 10mm；

（4）单边受力最大的一根钢绞线先启动 10mm。

工况二：钢吊箱整体下沉就位。

工况三：浇筑封底混凝土。

工况四：抽水阶段。

工况五：低水位（−1.26m）浇筑第一层承台混凝土 3m。

工况六：第三层承台混凝土浇筑后，内钢管支撑拆除时。

五、钢吊箱主要构件设计

按照传统方法进行钢吊箱的构件设计时,可以事先假定构件的尺寸,然后验算构件的强度与刚度,也可以根据材料强度和外部荷载来确定构件尺寸。在苏通大桥4号钢吊箱构件设计时,采用的是前者,即先根据经验选择相应的构件尺寸,然后验算构件在外荷载下的强度和变形。

1. 底板设计

(1) 底板材料

根据选定的钢吊箱方案和实际经验,初步选用的底板材料如下:

面板:$t = 8$mm

主梁:HN500×200

$A = 114.2$cm^2 $I_x = 47800$cm^4 $W_x = 1910$cm^3

HN350×175

$A = 63.66$cm^2 $I_x = 13700$cm^4 $W_x = 782$cm^3

HN300×150

$A = 47.53$cm^2 $I_x = 7350$cm^4 $W_x = 490$cm^3

次梁:∟100×10

$A = 19.26$cm^2 $I_x = 179.51$cm^4 $z_0 = 38.4$mm

(2) 荷载计算

如前所述,底板最不利工况为工况三,即浇注封底混凝土阶段。

底板面荷载:44kN/m^2 (方向向下)

(3) 面板计算

按《水利水电工程钢闸门设计规程》(DL/T 5039—95)G.0.1条规定:$b/a = 2/0.575 = 3.48 > 1.5$,且长边布置在沿主梁轴线方向时,只需按下式验算面板 A 点的折算应力:

$$\sigma_{zh} = \sqrt{\sigma_{my}^2 + (\sigma_{mx} - \sigma_{ox})^2 - \sigma_{my}(\sigma_{mx} - \sigma_{ox})} \leqslant 1.1\alpha[\sigma]$$

其中 $\sigma_{my} = k_y q a^2 / \delta^2 = 0.5 \times 0.044 \times 575^2 / 8^2 = 113$MPa

$\sigma_{mx} = 0.3\sigma_{my} = 0.3 \times 113 = 34$MPa

$\sigma_{ox} = (1.5\xi_1 - 0.5)\dfrac{M}{W} = (1.5 \times 0.72 - 0.5) \times 143 = 83$MPa

故 $\sigma_{zh} = \sqrt{142^2 + (43-83)^2 - 142 \times (43-83)} = 166$MPa

$\leqslant 1.1\alpha[\sigma] = 1.1 \times 1.4 \times 145 = 223$MPa

(4) 次梁计算

次梁间距575mm,最不利布置如图6-14(a)所示。

次梁线荷载:

$$q = 44 \times 0.575 = 25.3\text{kN/m}$$

$$M = \dfrac{1}{8}ql^2 = \dfrac{1}{8} \times 25.3 \times 2^2 = 12.65\text{kN/m}$$

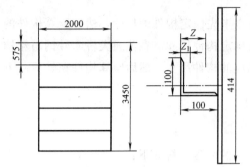

图 6-14 底板次梁计算示意图
(a)次梁不利布置图　(b)参与次梁受力的面板

面板参与次梁工作，其有效宽度按《水利水电工程钢闸门设计规程》(DL/T 5039—95) G.0.2 条规定：

$$B=\xi_1 b$$
$$B\leqslant 60\delta+b_l$$
$$\frac{l_0}{b}=\frac{2\times 0.6}{0.575}=2.1$$

查表可得：$\xi_1=0.72$，$b=575$mm，$B=\xi_1 b=0.72\times 575=414$mm

又　$B\leqslant 60\delta+b_l=60\times 8+8=488$mm

取二者中较小值，即取 $B=414$mm

$$A_2=414\times 8=3312\text{mm}^2,\quad I_2=\frac{1}{12}\times 414\times 8^3=17664\text{mm}^4$$

L100×10 截面参数：$A=19.26\text{cm}^2$，$I_x=179.51\text{cm}^4$，$z_0=38.4$mm

$$Z=\frac{3312\times 104+1926\times 38.4}{3312+1926}=80\text{mm （图 6-14}b)$$

$$I=17664+1795100+3312\times 24^2+1926\times 41.6^2=7053535\text{mm}^4$$

$$W=\frac{I}{y}=\frac{7053535}{80}=88169\text{mm}^3$$

$$\sigma=\frac{M}{W}=\frac{12.65\times 10^6}{88169}=143\text{MPa}<[\sigma]=182\text{MPa}$$

(5) 主梁计算

① 底板主梁 A 为 HN500×200

$$I=47800\text{cm}^4;\ W=1910\text{cm}^3;\ A=114\text{cm}^2$$

② 底板主梁 B 为 HN350×175

$$I=13700\text{cm}^4;\ W=782\text{cm}^3;\ A=63.66\text{cm}^2$$

③ 底板主梁 C 为 HN300×150

$$I=7350\text{cm}^4;\ W=490\text{cm}^3;\ A=47.5\text{cm}^2$$

④ 次梁为 L100×100×10，间距 550~575mm

⑤ 面板厚度为 $t=8$mm

⑥ 均布面荷载 44kN/m²

⑦ 每个护筒 4 个吊点，边上增设 6~8 个吊点

应用相关程序计算可得：

吊点拉杆拉力：50t

主梁最大应力：125.7MPa

计算出来的应力都能满足要求，说明初步选用的底板材料可行。

2. 壁板设计

(1) 壁板材料

根据选定的钢吊箱方案和实际经验，初步选用的底板材料如下：

面板： $t=6\text{mm}$

次梁： L75×50×6

$A=7.26\text{cm}^2$； $I_x=41.1\text{cm}^4$； $z_0=24.4\text{mm}$

环板： $t=12\sim20\text{mm}$

水平撑杆： 2L80×8 $A=18.79\text{cm}^2$

2L90×10 $A=34.33\text{cm}^2$

2L100×10 $A=38.52\text{cm}^2$

2L125×10 $A=48.75\text{cm}^2$

(2) 荷载计算

作用在壁板上的荷载较为不利的工况主要有两种：

工况二（钢吊箱下沉到位）

外壁最大面荷载：48kN/m²

内壁最大面荷载：48kN/m²

工况四（钢吊箱内抽水完毕）

外壁最大面荷载：71.6kN/m²

内壁最大面荷载：40kN/m²

(3) 面板计算

按《水利水电工程钢闸门设计规程》(DL/T 5039—95) G.0.1 条规定： $b/a=0.8/0.4=2>1.5$，且长边布置垂直主梁轴线方向时，需按下式验算面板 A 点的折算应力：

$$\sigma_{zh}=\sqrt{\sigma_{my}^2+(\sigma_{mx}+\sigma_{ox})^2-\sigma_{my}(\sigma_{mx}+\sigma_{ox})}\leqslant 1.1\alpha[\sigma]$$

其中： $\sigma_{my}=k_y qa^2/\delta^2=0.5\times 0.0716\times 400^2/6^2=159\text{MPa}$

$\sigma_{mx}=0.3\sigma_{my}=0.3\times 159=47.7\text{MPa}$

$\sigma_{ox}=(1.5\xi_1-0.5)\dfrac{M}{W}=(1.5\times 0.47-0.5)\times 77.6=15.9\text{MPa}$

故 $\sigma_{zh}=\sqrt{159.1^2+(47.7+15.9)^2-159.1\times(47.7+15.9)}=138.7\text{MPa}$

$\leqslant 1.1\alpha[\sigma]=1.1\times 1.4\times 145=223\text{MPa}$

(4) 竖向次梁计算

次梁间距 400mm，最不利布置如图 6-15 (a) 所示。

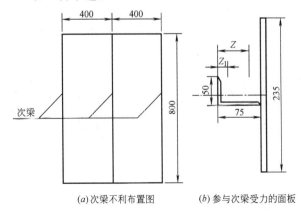

图 6-15 底板次梁计算示意图

次梁线荷载：
$$q = 0.40 \times 71.6 = 28.6 \text{kN/m}$$
$$M = \frac{1}{8}ql^2 = \frac{1}{8} \times 28.6 \times 0.8^2 = 2.29 \text{kN} \cdot \text{m}$$

钢吊箱壁板面板参与壁板次梁工作，其有效宽度按《水利水电工程钢闸门设计规程》(DL/T 5039—95) G.0.2 条规定

$$B = \xi_1 b$$
$$B \leqslant 60\delta + b_l$$
$$\frac{l_0}{b} = \frac{0.48}{0.40} = 1.2$$

查表可得：$\xi_1 = 0.47$；$b = 400 \text{mm}$；$B = \xi_1 b = 0.47 \times 400 = 189 \text{mm}$
又 $B \leqslant 60\delta + b_l = 60 \times 6 + 6 = 366 \text{mm}$

取二者中较小值 $B = 235 \text{mm}$

$$A_2 = 189 \times 6 = 1134 \text{mm}^2 ; \quad I_2 = \frac{1}{12} \times 189 \times 6^3 = 3402 \text{mm}^4$$

∟$75 \times 50 \times 6$：$A = 7.26 \text{cm}^2$；$I_x = 41.1 \text{cm}^4$；$z_0 = 24.4 \text{mm}$（图 6-15b）

$$Z = \frac{726 \times 24.4 + 1134 \times 78}{726 + 1134} = 57.1 \text{mm}$$

$$I = 3402 + 411000 + 1134 \times 20.9^2 + 726 \times 32.7^2 = 1686049 \text{mm}^4$$

$$W = \frac{I}{Z} = \frac{1686049}{57.1} = 29528 \text{mm}^3$$

$$\sigma = \frac{M}{W} = \frac{2.29 \times 10^6}{29528} = 77.6 \text{MPa} < [\sigma] = 182 \text{MPa}$$

(5) 平面桁架计算

内外壁板间的水平支撑杆通过水平环板组成一个平面桁架。钢吊箱壁板沿高度分为三节，平面桁架也相应地有三种间距。

① 下层平面桁架（在 -7.0m 处）每间隔 0.8m 一个，连系撑间距 1.20m。下层平面桁架示意图如图 6-16 所示。

作用在钢吊箱壁板上的水压为：

外壁水压：71.6kPa

内壁水压：40kPa

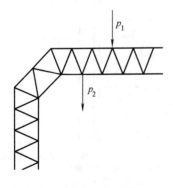

图 6-16 下层平面桁架示意图

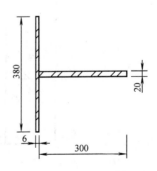

图 6-17 下层水平环板和壁板

作用在平面桁架上下弦节点上的荷载分别为：
$$p_1=0.8\times1.20\times71.6=68.7\text{kN}$$
$$p_2=0.8\times1.20\times40=38.4\text{kN}$$

水平环板和部分壁板一起组成平面桁架的弦杆，其构造如图6-17所示，弦杆面积：
$$A=380\times6+20\times300=8280\text{mm}^2=82.8\text{cm}^2$$

桁架腹杆即为角钢联系撑，其截面分别为：
$$2\text{L}\,90\times10：A_1=34.3\text{cm}^2$$
$$2\text{L}\,125\times10：A_2=48.74\text{cm}^2$$

应用相关小程序计算可得：

下层桁架最大位移：3.4cm

斜杆最大应力：139MPa（143MPa）

环板最大应力：153MPa

② 上层平面桁架每间隔1.0m一个，连系撑间距1.2m。上层平面桁架示意图如图6-18所示。

作用在钢吊箱壁板上的水压为：

外壁水压：71.6kPa

内壁水压：0

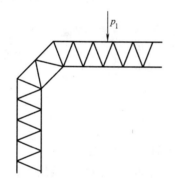
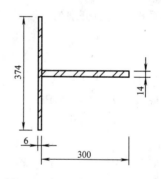

图6-18 上层平面桁架示意图　　图6-19 上层水平环板和壁板

作用在桁架节点上的节点力为：
$$p_1=1.0\times1.20\times71.6=85.9\text{kN}$$

壁体结构构造如图6-19所示，弦杆面积：
$$A=374\times6+14\times300=6444\text{mm}^2=64.4\text{cm}^2$$

角钢连系撑的截面分别为：
$$2\text{L}\,80\times8：A_1=24.6\text{cm}^2$$
$$2\text{L}\,90\times10：A_2=34.32\text{cm}^2$$

应用相关小程序计算可得：

桁架最大位移：3.6cm

斜杆最大应力：158MPa（156MPa）

环板最大应力：153MPa

③ 底部平面（在−9.0m处）每间隔1.0m，连系撑间距1.20m。底部平面桁架示意

图如图 6-20 所示。

作用在钢吊箱壁板上的水压为：

外壁水压：71.6kPa

内壁水压：71.6kPa

作用在桁架节点上的节点力为：

$$p_1 = p_2 = 1.0 \times 1.20 \times 71.6 = 85.9 \text{kN}$$

壁体结构构造如图 6-21 所示，弦杆面积：

$$A = 376 \times 6 + 16 \times 300 = 7056 \text{mm}^2 = 70.56 \text{cm}^2$$

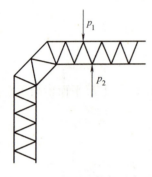

图 6-20 底部平面桁架示意图

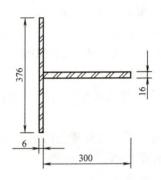

图 6-21 底部水平环板和壁板

角钢连系撑的截面分别为：

$$2\text{L}\,90 \times 10;\ A_1 = 34.32 \text{cm}^2$$
$$2\text{L}\,100 \times 10;\ A_2 = 38.52 \text{cm}^2$$

应用相关小程序计算可得：

斜杆最大应力：25.9MPa

环板最大应力：39MPa

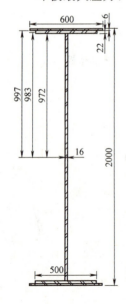

图 6-22 工字钢截面

（6）组合箱梁及支撑计算

钢吊箱内外壁板间的组合箱梁由两个焊接组合工字钢组成，一个组合工字钢截面如图 6-22 所示。

工字钢截面的截面特性为：

$$I = \frac{1}{12} \times 1.6 \times 194.4^3 + (50 \times 2.2 \times 98.3^2 + 0.6 \times 60 \times 99.7^2) \times 2$$
$$= 979552 + 2841522$$
$$= 3821074 \text{cm}^4$$

$$W = \frac{I}{100} = 38211 \text{cm}^3$$

$$A = 0.6 \times 60 \times 2 + 2.2 \times 50 \times 2 + 1.6 \times 194.4$$
$$= 603 \text{cm}^2$$

组合箱梁及支撑的计算简图如图 6-23 所示，梁Ⅰ为组合箱梁，梁Ⅱ为钢管支撑。

箱梁由两个工字钢组成，所以箱梁的截面特性为：

$$A = 1206 \text{cm}^2;\ I = 7662148 \text{cm}^4;\ W = 76621 \text{cm}^3$$

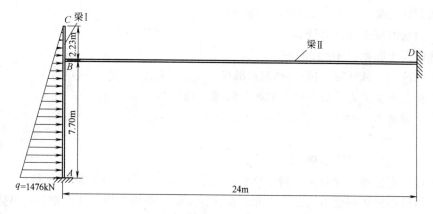

图 6-23 组合箱梁及支撑计算简图

梁Ⅱ（钢管 $\phi1200\times14$）的截面特性为：

$$A=\frac{\pi}{4}\times(120^2-117.2^2)=521.6\text{cm}^2$$

$$I=0.0491\times(D^4-d^4)=917517\text{cm}^4$$

$$W=\frac{I}{60}=15292\text{cm}^3$$

应用相关程序计算可得：

箱梁根部：$\sigma=171.6\text{MPa}$；$\tau=91.4\text{MPa}$

上端位移：6.6mm

3. 封底混凝土计算

(1) 计算荷载

抽水时封底混凝土所受浮力为：

$$q=58\text{kN/m}^2$$

(2) 封底混凝土底板抗弯计算

为简化计算，封底混凝土板按最不利位置，采用四点支撑混凝土板（5.45m×6.75m）。

根据《港口工程混凝土结构设计规范》（JTJ 267—98）附录F，素混凝土结构构件计算，对素混凝土受弯构件的正截面承载力按下式计算：

$$M_u=\frac{1}{6\gamma_d}\gamma_m f_t bh^2$$

式中　M_u——构件受弯承载力设计值：

$$M_u=\alpha q l_y^2=0.1429\times58\times6.75^2=378\text{kN}\cdot\text{m}$$

γ_d——素混凝土结构系数，对受弯计算，取 2.0；

γ_m——截面抵抗矩的塑性影响系数，取 1.55；

f_t——混凝土抗拉强度设计值，对水下混凝土，取混凝土轴心抗拉强度的 1.5MPa；

对于 C30 封底混凝土，$f_t=1.5\text{MPa}$；

b——混凝土单位宽度，$b=1000\text{mm}$。

经计算：$h=1.4<3.0\text{m}$

故取封底混凝土厚度为 3.0m，抗弯强度满足。

（3）封底混凝土握裹力计算

封底混凝土面积：$A=4051\text{m}^2$

浮力：$F=q\times A=58\times 4051=234958\text{kN}$

单个护筒承受的力：$234958/135\times 1.5=2611\text{kN}$

混凝土握裹力：$f=2611/(2.9\times\pi\times 2.85)=10\text{kN}$

六、有限元分析模型基础

前面进行钢吊箱设计时是将构件单独取出来分析其不利情况，然后进行构件的设计，没有考虑钢吊箱整体的受力情况，因此，在设计完钢吊箱构件后，还对钢吊箱整体的受力情况借助于有限元方法进行了分析。

1. 结构材料特性

钢材：弹性模量 $E=2\times 10^5\text{MPa}$，泊松比 $\mu=0.3$，密度 $\rho=7850\text{kg/m}^3$；

钢绞线：弹性模量 $E=1.8\times 10^5\text{MPa}$，泊松比 $\mu=0.3$，密度 $\rho=7850\text{kg/m}^3$；

混凝土：弹性模量 $E=3\times 10^4\text{MPa}$，泊松比 $\mu=0.167$，密度 $\rho=2400\text{kg/m}^3$；

重力加速度 $g=9.8\text{m/s}^2$。

2. 单元选取

根据钢吊箱各工况实际结构情况的不同，采用的分析单元分别有：板壳单元、梁单元、杆单元和实体单元。

（1）用板壳单元 shell63 模拟的钢吊箱构件有：内壁板、外壁板、底板、隔舱板、竖向加强板、箱形梁腹板、面板、肘板和钢管桩等。

（2）用梁单元 beam188 模拟的钢吊箱构件有：底板主梁、次梁、壁板次梁和围壁板的水平环板梁。所有梁单元都采用偏心梁设置，非常接近实际的梁和板的连接情况。

（3）用梁单元 beam4 模拟的钢吊箱构件有：钢管桩和钢吊箱内的钢管支撑。

（4）用杆单元 link8 模拟的钢吊箱构件有：内外壁板横向连系撑、板开孔加强扁钢、底板桁架。

（5）用杆单元 link10 模拟的钢吊箱构件有：护舷。

（6）用实体单元 solid65 模拟封底混凝土及承台混凝土。

3. 边界条件

位于钢吊箱结构对称部位的结点按对称取边界条件，其余根据各工况的实际情况取边界条件。

七、计算结果

1. 工况一

（1）荷载

仅受结构重力载荷（自重 2806t）。

（2）边界条件

钢绞线上部节点简支，其余按对称条件处理。

（3）有限元模型

工况一的有限元分析模型如图 6-24 所示。

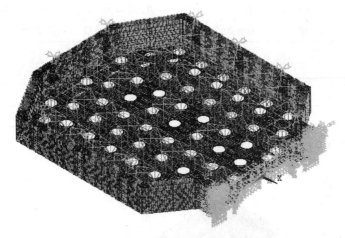

图 6-24 工况一钢吊箱有限元模型

(4) 计算结果
1) 钢绞线拉力
子工况 a 钢绞线拉力最大值 204t（靠近两端），最小值 153t；
子工况 b 钢绞线拉力最大值 238t（靠近两端），最小值 125t；
子工况 c 钢绞线拉力最大值 185t（靠近两端），最小值 150t；
子工况 d 钢绞线拉力最大值 252t（靠近两端），最小值 108t。
2) 起吊基座局部强度
建立起吊基座及局部钢吊箱模型（图 6-25），基座下翼缘板厚度按 60mm（30+30），靠近起吊点处的腹板和肘板取 20mm，上翼缘板取 20mm，其余均取 16mm。

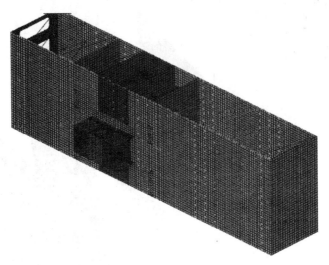

图 6-25 基座模型

局部钢吊箱前、后及下部简支。
按子工况 d 的最大起吊载荷 252t，计算起吊基座的各种应力。
计算结果如表 6-4 所示。

起吊基座主要构件应力（MPa） 表 6-4

	VonMises 应力		X 截面正应力		Z 截面正应力	
	最大值	最小值	最大值	最小值	最大值	最小值
下翼缘板	136	1.05	120	−110	148	−148
上翼缘板	54.6	0.59	23.4	−20.6	20.6	−59.6
腹板	135	0.28	30.4	−39.2	79.7	−146
肘板	115	2.62	52.4	−112	99.4	−46.7

基座下翼缘板和肘板的 VonMises 应力分别如图 6-26 和图 6-27 所示。

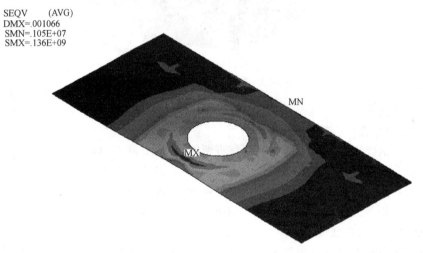

图 6-26 基座下翼缘板 VonMises 应力

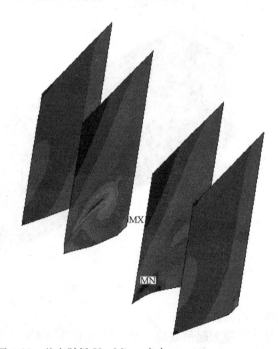

图 6-27 基座肘板 VonMises 应力

3）变形

底板沿垂向变形：

子工况 a，底板变形图如图 6-28 所示，中心相对于边缘的最大变形为 40.0mm；

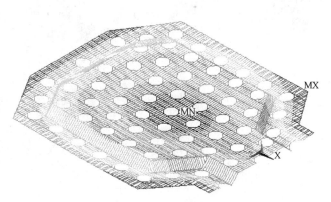

图 6-28 子工况 a 底板变形图

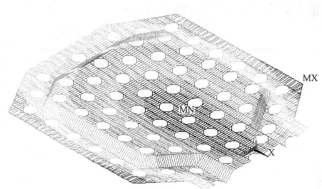

图 6-29 子工况 b 底板变形图

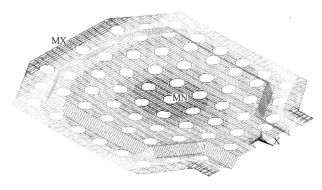

图 6-30 子工况 c 底板变形图

子工况 b，底板变形图如图 6-29 所示，中心相对于边缘的最大变形为 47.0mm；

子工况 c，底板变形图如图 6-30 所示，中心相对于边缘的最大变形为 40.8mm；

子工况 d，底板变形图如图 6-31 所示，中心相对于边缘的最大变形为 43.2mm。

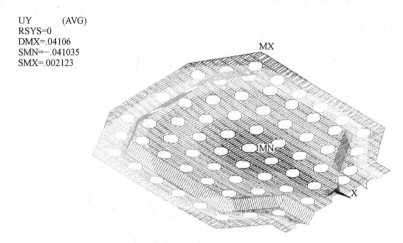

图 6-31　子工况 d 底板变形图

4）应力

主要构件的应力计算结果如表 6-5 所示。

钢吊箱主要构件应力（MPa）　　　　表 6-5

	子工况 a		子工况 b		子工况 c		子工况 d	
	最大值	最小值	最大值	最小值	最大值	最小值	最大值	最小值
底板主梁 1	89.7	−131	82.2	−113	97.2	−149	87.0	−129
底板主梁 2	40.6	−59.3	33.5	−52.0	47.7	−66.6	40.1	−58.8
上部底板次梁	34.9	−14.2	41.5	−10.5	28.2	−18.0	34.4	−14.2
下部底板次梁	35.2	−71.4	32.1	−61.5	38.3	−81.3	34.5	−70.7
底板桁架上弦	37.2	−77.8	36.1	−95.7	59.7	−61.7	36.2	−77.0
底板桁架斜杆	46.7	−65.7	45.6	−62.7	47.9	−68.6	47.8	−65.0
底板桁架竖杆	120	−15.4	114	−17.7	125	−19.4	118	−14.8
内外连系撑	27.4	−24.2	25.6	−23.5	37.8	−33.7	34.8	−31.0
内壁板水平环梁	46.3	−64.0	49.5	−56.9	43.0	−77.0	45.7	−70.6
内壁板垂向次梁	73.8	−74.4	62.8	−65.2	84.7	−83.6	73.3	−73.7
外壁板水平环梁	26.2	−30.7	25.3	−32.9	39.6	−37.3	24.1	−34.4
外壁板垂向次梁	20.2	−16.6	18.9	−14.6	21.6	−18.6	18.9	−16.6
内壁板	127	0.18	110	0.68	144	0.57	126	0.42

2. 工况二

（1）荷载

钢吊箱承受结构自重、静水压力、波浪力、水流力及风荷载作用,钢吊箱内、外壁板上的荷载分布如图 6-32 所示。

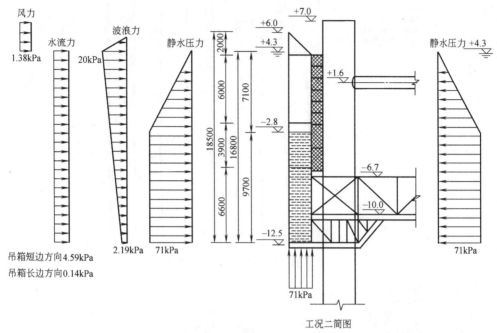

图 6-32 钢吊箱荷载示意图

(2) 边界条件

钢管桩底部固定,拉压杆上部与钢管桩上部采用刚性区域的方式连接,其余按对称条件处理。

(3) 有限元模型

本工况将桩上的 5 个护舷用 10 个仅受压缩的 link10 单元模拟。钢吊箱结构的有限元模型如图 6-33 所示。

(4) 计算结果

1) 变形

钢管桩沿波浪方向的变形如图 6-34 所示,最大值为 70.8mm,位于靠近壁体的桩顶部。

底板沿波浪方向的变形如图 6-35 所示,最大值为 80.9mm,最小值为 75.6mm,即底板基本上整体沿波浪方向移动,与钢管桩之间的相对变形不大。

底板沿垂向的变形如图 6-36 所示,最大值为 6.64mm,位于壁体夹层内,为次梁局部变形。最小值为 -1.92mm。

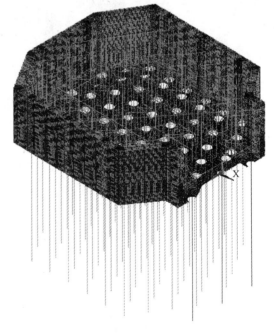

图 6-33 工况二钢吊箱有限元模型

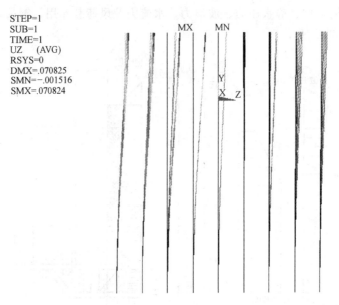

图 6-34 钢管桩沿波浪方向变形

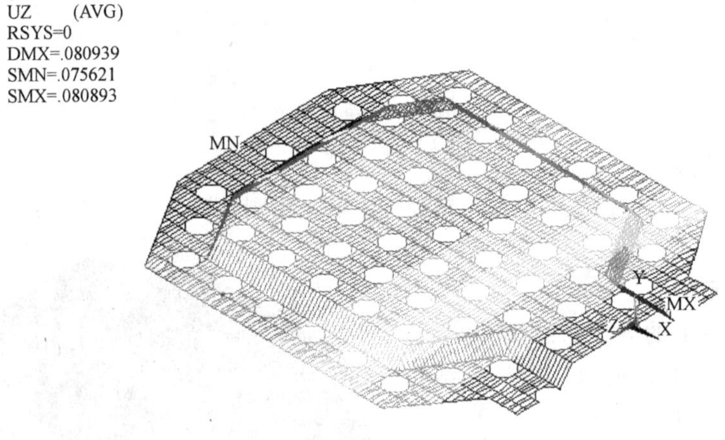

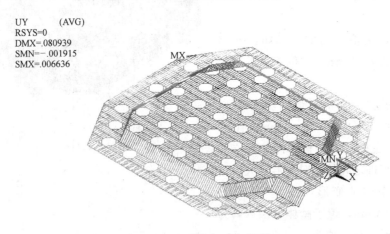

图 6-35 底板构架沿波浪方向变形

图 6-36 底板构架垂向变形

2）应力

钢吊箱主要构件的应力如表 6-6 所示。

钢吊箱主要构件应力（MPa） 表 6-6

	最大值	最小值		最大值	最小值
底板主梁 1	59.1	−78.1	内外连系撑	60.9	−69.3
底板主梁 2	18.3	−15.5	内壁板水平环板梁	63.1	−65.9
上层底板次梁	14.8	−10.5	内壁板垂向次梁	131	−91.0
下层底板次梁	76.7	−111	外壁板水平环板梁	32.2	−57.6
底板桁架上弦	30.1	−54.8	外壁板垂向次梁	67.8	−55.5
底板桁架斜杆	41.2	−29.0	钢管桩间连梁	118	−122
底板桁架竖杆	46.6	−14.8	拉压杆	39.0	−59.8

3. 工况三

（1）荷载

钢吊箱承受静水压力，封底混凝土压力及侧压力，波浪力，水流力，风荷载，结构重力载荷。内、外壁板上荷载分布如图 6-37 所示。

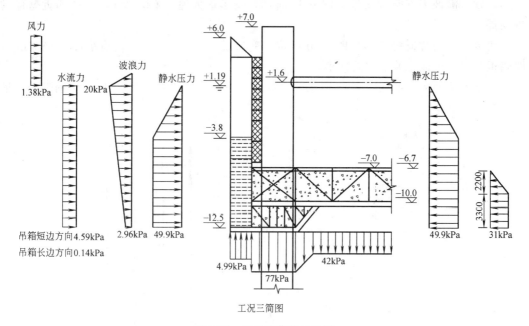

图 6-37 钢吊箱荷载示意图

（2）边界条件

拉压杆上点与钢管桩上部连接成刚性区域，钢管桩下部固定，其余按对称条件处理。

（3）有限元模型

工况三钢吊箱有限元模型如图 6-38 所示。

（4）计算结果

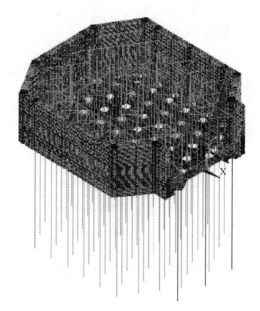

图 6-38　工况三钢吊箱有限元模型

1）变形

钢管桩沿波浪方向的变形如图 6-39 所示,变形最大值为 62.4mm,位于靠近壁体的桩顶部。

底板沿波浪方向的变形如图 6-40 所示,变形最大值为 83.5mm,最小值为 68.0mm,即底板基本上整体沿波浪方向移动。

底板沿垂向的变形如图 6-41 所示,变形最小值为 －15.2mm,位于底板斜面部分,最大值为 4.44mm。

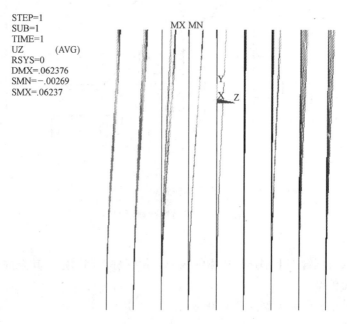

图 6-39　钢管桩沿波浪方向变形

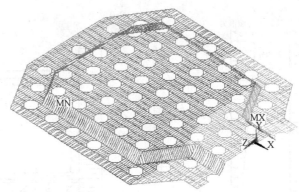

图 6-40 底板构架沿波浪方向变形

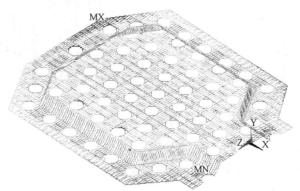

图 6-41 底板构架沿垂向变形

2）应力

钢吊箱主要构件的应力如表 6-7 所示。

钢吊箱主要构件应力（MPa） 表 6-7

	最大值	最小值		最大值	最小值
底板主梁1	119	−102	内外连系撑	36.3	−62.8
底板主梁2	163	−64.1	内壁板水平环板梁	61.2	−52.5
上层底板次梁	55.4	−127	内壁板垂向次梁	143	−84.2
下层底板次梁	160	−114	外壁板水平环板梁	30.7	−43.9
底板桁架上弦	34.1	−38.9	外壁板垂向次梁	55.1	−34.7
底板桁架斜杆	35.1	−36.9	钢管桩间连梁	104	−112
底板桁架竖杆	31.6	−52.5	拉压杆	143	42.8

4．工况四

（1）荷载

钢吊箱承受静水压力，波浪力，水流力，风载、结构重力载荷。内、外壁板上荷载分布如图 6-42 所示。

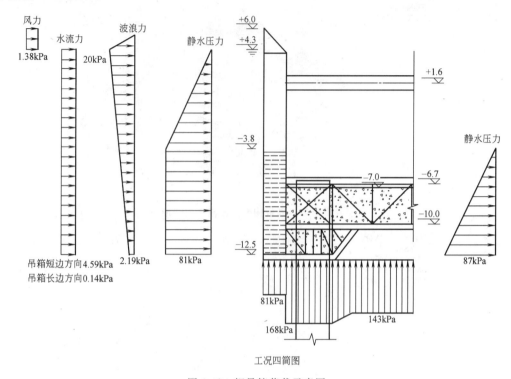

图 6-42　钢吊箱荷载示意图

(2) 边界条件

桩底部位移全部约束，其余按对称条件处理。

(3) 有限元模型

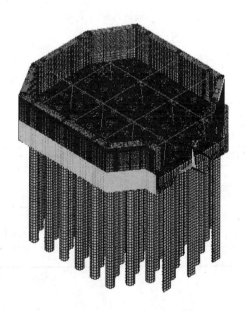

图 6-43　工况四钢吊箱有限元模型

工况四钢吊箱有限元模型如图 6-43 所示。

（4）计算结果

1）变形

封底混凝土与钢管桩沿波浪方向整体变形如图 6-44 所示，最大值为 5.43mm；钢吊箱整体沿 Z 方向的变形如图 6-45 所示，最大值为 23.126mm；钢吊箱整体沿 X 方向的变形如图 6-46 所示，最大值为 20.4mm。

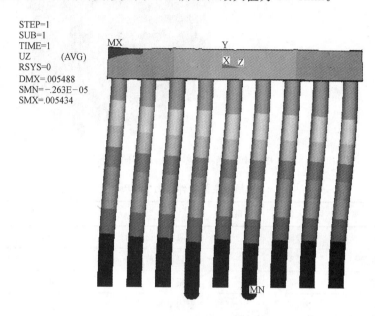

图 6-44　封底混凝土与钢管桩沿波浪方向整体变形

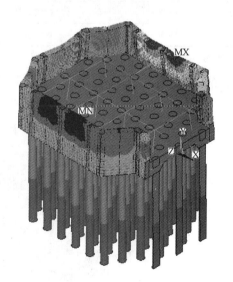

图 6-45　钢吊箱整体沿 Z 方向变形

2）应力

钢吊箱主要构件的应力如表 6-8 所示。

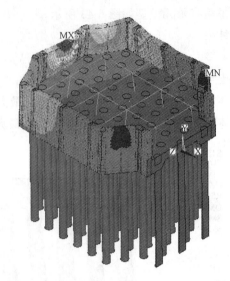

图 6-46　钢吊箱整体沿 X 方向变形

钢吊箱主要构件应力（MPa）　　　　　表 6-8

	最大值	最小值		最大值	最小值
内外连系撑	86.5	−101	隔舱板正应力	107	−165
内壁板水平环板梁	80.8	−158	隔舱板剪应力	73.2	−51.6
内壁板垂向次梁	82.7	−131	钢管支撑	49.4	−58.8
外壁板水平环板梁	40.7	−103	内壁板	155	0.33
外壁板垂向次梁	84.5	−56.3	外壁板	147	0.63
箱形梁腹板正应力	57.3	−84.4	封底混凝土 S_1	2.28	−3.91
箱形梁腹板剪应力	69.8	−49.8	封底混凝土 S_3	0.31	−19.1

注：S_1、S_3 分别为第一主应力和第三主应力。

封底混凝土第一主应力 S_1 如图 6-47 所示。

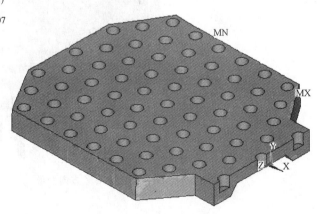

图 6-47　封底混凝土第一主应力 S_1

5．工况五

（1）荷载

钢吊箱承受静水压力，波浪力，水流力，风载、结构重力载荷。内、外壁板上荷载分布如图 6-48 所示。

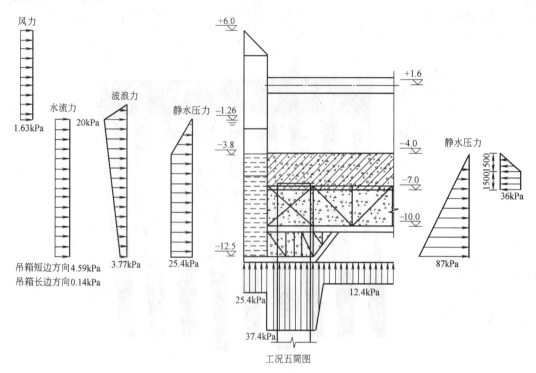

图 6-48　钢吊箱荷载示意图

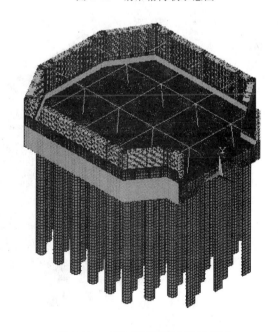

图 6-49　工况五钢吊箱有限元模型

(2) 边界条件

桩底部位移全部约束，其余按对称条件处理。

(3) 有限元模型

工况五钢吊箱有限元模型如图 6-49 所示。

(4) 计算结果

1) 变形

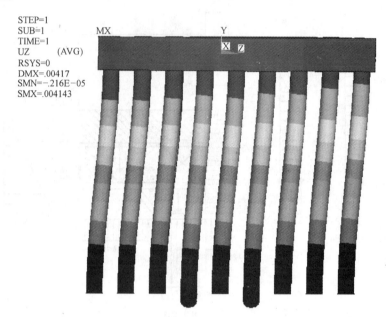

图 6-50　封底混凝土与钢管桩沿波浪方向整体变形

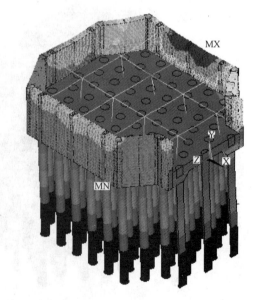

图 6-51　钢吊箱整体沿 Z 方向变形

封底混凝土与钢管桩沿波浪方向整体变形如图 6-50 所示，最大值为 4.14mm；
钢吊箱整体沿 Z 方向的变形如图 6-51 所示，最大值为 7.3mm；
钢吊箱整体沿 X 方向的变形如图 6-52 所示，最大值为 3.2mm。

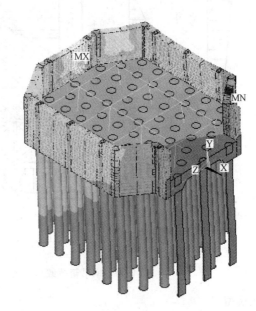

图 6-52　钢吊箱整体沿 X 方向变形

2）应力

钢吊箱主要构件的应力如表 6-9 所示。

钢吊箱主要构件应力（MPa）　　　　　　　　　　　表 6-9

	最大值	最小值		最大值	最小值
内外连系撑	18.3	−25.1	隔舱板正应力	17.0	−27.2
内壁板水平环板梁	18.2	−26.4	隔舱板剪应力	13.7	−9.7
内壁板垂向次梁	25.1	−35.7	钢管支撑	−5.6	−11.5
外壁板水平环板梁	13.0	−27.6	内壁板	27.9	0.07
外壁板垂向次梁	29.8	−18.0	外壁板	50.0	0.05
箱形梁腹板正应力	12.3	−20.8	封底混凝土 S_1	0.48	−0.99
箱形梁腹板剪应力	16.8	−5.6	封底混凝土 S_3	0.07	−4.32

注：S_1、S_3 分别为第一主应力和第三主应力。

6. 工况六

（1）荷载

钢吊箱承受静水压力，波浪力，水流力，风载、结构重力载荷。内、外壁板上荷载分布如图 6-53 所示。

（2）边界条件

内壁体与混凝土接触处均刚性固定。对称部位按对称条件处理。

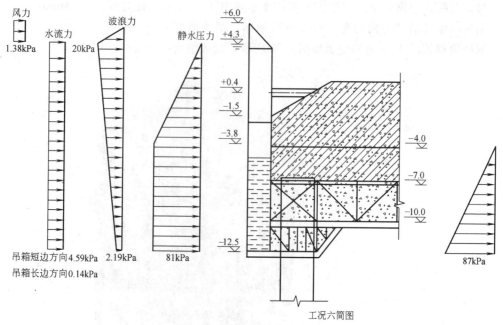

图 6-53 钢吊箱荷载示意图

(3) 有限元模型

本工况计算第三层承台浇筑后,内钢管支撑拆除时整体结构强度。由于主要考核壁体结构的强度,因此有限元模型仅包括壁体结构。工况六钢吊箱有限元模型如图 6-54 所示。

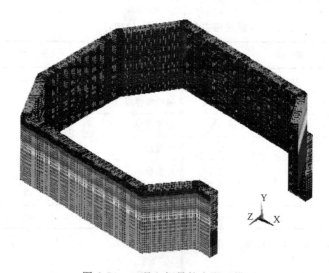

图 6-54 工况六钢吊箱有限元模型

(4) 计算结果

1) 变形

钢吊箱整体沿 Z 方向的变形如图 6-55 所示,变形最大值为 6.1mm;

钢吊箱整体沿 X 方向的变形如图 6-56 所示,变形最大值为 7.4mm。

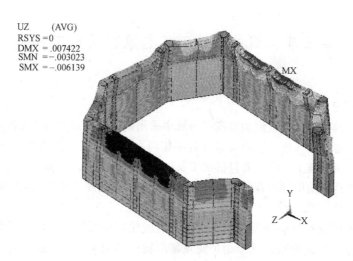

图 6-55 钢吊箱沿 Z 方向变形

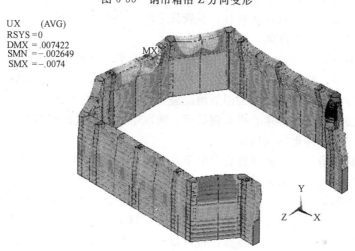

图 6-56 钢吊箱沿 X 方向变形

2）应力

钢吊箱主要构件的应力如表 6-10 所示。

钢吊箱主要构件应力（MPa） 表 6-10

	最大值	最小值		最大值	最小值
内外连系撑	45.5	−61.9	箱形梁腹板剪应力	34.6	−22.6
内壁板水平环板梁	46.3	−75.4	隔舱板正应力	48.3	−68.4
内壁板垂向次梁	61.0	−49.0	隔舱板剪应力	53.4	−28.7
外壁板水平环板梁	32.4	−75.1	内壁板	66.4	0.001
外壁板垂向次梁	58.5	−30.4	外壁板	125	0.31
箱形梁腹板正应力	38.4	−43.6			

从上述六种工况的分析计算结果可知，钢吊箱结构整体在几种主要工况下的强度和刚度都能满足要求，也即所设计的钢吊箱结构形式和构件截面能满足要求。

第三节 钢吊箱施工工艺流程及施工方法

一、钢吊箱施工方法概述

在水深流急的大江大河或潮涌浪高的海域中采用钢吊箱修建大型桥梁深水基础时,由于桥渡处的水文、地质、气象、航道等条件各不相同,因此,钢吊箱的施工技术也各有差别。一般而言,钢吊箱的施工工序主要包括加工及拼装、下沉就位、堵漏、封底混凝土浇筑、承台施工等。根据具体操作时内容的不同,可将目前钢吊箱的施工技术归纳为如下几种:

(1) 工厂制作,现场吊放

钢吊箱在工厂制作好后拖运至施工现场,由驳船运至墩位旁,然后利用浮吊直接起吊钢吊箱下沉就位,将钢吊箱吊挂于钢护筒顶部所设钢牛腿上。如苏通大桥3号墩钢吊箱和京九复线东江二桥钢吊箱施工均采用此法。

这种方法中钢吊箱的制作质量好,一般只适用于中小型的钢吊箱。

(2) 水上散拼,分节吊装

钢吊箱分节分块制作,将完成的分块吊箱拼成两半,分别用一艘驳船装载下水,之后在水上合拢成整节,拖运至墩位旁,用浮吊吊装钢吊箱下水自浮,接高钢吊箱后定位、固定。如武汉白沙洲大桥钢吊箱施工即采用此法。

这种方法需要在水下焊接、拼装钢吊箱,所以钢吊箱质量比较难保证。

(3) 现场制作,浮运到位后吊放

在岸边组拼钢吊箱,气囊顶升后牵引下水,或在岸边滑道上拼装钢吊箱,拼装完毕,借助滑移设备滑移入水。用推轮将钢吊箱推至浮吊作业区,然后用浮吊起吊钢吊箱下沉就位。为了便于钢吊箱浮运,在钢吊箱底板加工时,钢护筒及吊杆的孔洞暂不开孔。钢吊箱就位前再根据现场测量结果在钢吊箱底板上开孔。这种方法在钢吊箱的施工中应用较多,钢吊箱可以分节吊装,下水后再接高,也可以一次整体吊装。如南京长江二桥采用此法分节吊装后再接高,而润扬大桥南汊桥北桥塔施工钢吊箱也是采用此法,但是是一次性整体吊装到位。

这种方法简便易行,但需要大吨位的浮吊,且起吊设备受波浪影响较大。

(4) 现场原位制作,整体下放或逐节下放

在墩位处现场拼装钢吊箱,然后由钢护筒上方的固定吊点下沉钢吊箱就位,钢吊箱可以整体下放,也可以逐节下放后接高。根据拼装钢吊箱时下方支撑形式的不同,这种钢吊箱下沉方式又有如下两种形式:

1) 利用现有墩位钻孔平台作拼装钢吊箱时的支撑。在墩位平台上拼装钢吊箱,接高钻孔灌注桩钢护筒,在其顶面设起吊分配梁,再由起吊系统滑车组起吊钢吊箱。并将钢吊箱临时吊挂于钢护筒支撑钢牛腿上。拆除墩位平台,解除临时吊挂,由起吊滑车组将钢吊箱缓缓下沉就位。然后转换吊点,由多根吊杆将钢吊箱吊挂于钢护筒支撑钢牛腿上。如苏通长江公路大桥主塔5号墩钢吊箱施工即采用此法。

2) 以钻孔灌注桩钢护筒为拼装钢吊箱时的支撑。在钻孔灌注桩钢护筒上同一水平高度焊接承重牛腿,在牛腿上放置钢吊箱底梁,然后在底梁上铺设钢吊箱底板,将侧板在底板上拼装成箱体。也可在牛腿上搭设平台,由驳船将块件运至平台上拼装。在钢护筒顶面

设千斤顶支架，由千斤顶起吊钢吊箱，割除牛腿，下沉钢吊箱。如苏通长江公路大桥主塔4号墩钢吊箱施工即采用此法。

这种方法不需要大型起吊设备，起吊时受周围环境的影响相对也较小，但在钢吊箱起吊后拆除墩位平台时，操作空间有限，对工期有一定的影响。

（5）浮体运输钢吊箱，门架吊放钢吊箱就位

在岸边的浮体上拼装好钢吊箱，再浮运至墩位处，由浮体上所设的门架整体吊放钢吊箱就位。如宜昌夷陵长江大桥钢吊箱施工即采用此法。

在具体运用这种方法时，一般采用两个浮体，每个浮体由若干个浮箱（浮箱数量取决于钢吊箱的重量）拼接而成。在浮体上拼装整体吊装构架，将两只浮体连成一体，同时，吊装构架下横梁作为拼装钢吊箱的平台，上横梁作为吊装钢吊箱的吊点。钢吊箱拼装完毕后，由拖轮将整个浮体拖运至墩位处，并在墩旁定位。然后通过收绞锚绳使浮体上的钢吊箱初定位，吊装构架整体起吊钢吊箱，在构架支腿下部设钢丝绳对拉，将构架下横梁解开滑移至浮体两端重新与浮体连好。解除对拉钢丝绳，下放钢吊箱就位。转换吊点，由多根吊杆将钢吊箱吊挂于钢护筒顶部所设的牛腿或分配梁上。

这种方法也不需要大型的起吊设备，钢吊箱的拼装和墩位平台的拆除可同步进行，不会影响工期，当然也受季节和气候的影响。

（6）船坞制作或岸边逐层制作，拖运至墩位下沉、固定，钢护筒施打

在船坞或岸边拼装钢吊箱，然后浮运至墩位处。钢吊箱下沉到位后，周边插打定位桩，将钢吊箱固定于定位桩上。在钢吊箱底板孔洞内插打钢护筒后进行灌注桩施工。后面浇筑封底混凝土等工序和前述施工方法一样。南京长江三桥和东海大桥钢吊箱的施工中都采用了此法。

这种方法是钢吊箱在钻孔桩施工前就位，在钢吊箱上插打钢护筒后进行钻孔桩的施工，节省了平台部分费用，也节省了工期。但如果没有导向设施，沉桩时，桩的自由度大，如施工操作不当，容易引起损坏。

钢吊箱的施工方法主要有上述六种方法，苏通长江公路大桥3号墩和4号墩分别采用的是第一和第四种方法。下面主要结合4号主墩钢吊箱来具体阐述钢吊箱的施工工艺与施工方法。

二、钢吊箱总体施工方法

苏通长江公路大桥C1标4号主墩钢吊箱设计为双壁有底自浮式钢吊箱，安装完后形状为哑铃形，四边非直角，沿高度方向分3节，顶另有防浪板一节，总重量5100t，综合考虑起重、运输及安装等各因素，将每节分成34块，分块重量30～36t。

根据现场情况，钢吊箱工期紧，质量要求高，底板安装位置上、下部有二层平台需要拆除，加之平台仍在进行钻孔施工，底板安装与钻孔桩施工及平台拆除施工同时或交叉进行作业，增加了底板现场安装难度，大型组合件无法吊装到位。经综合分析，决定对底板施工采取周边预制单片桁架定位安装后通过主、次梁联接构成立体桁梁结构，单层中间底板部分预制成梯形组合件，汽运、装船后运至4号墩位处安装。

钢吊箱壁体在武汉工厂分块制作。制作需经过若干工序，每道工序开工前应进行技术质量交底，严格执行工序作业指导书，尽量采用机械化作业，以提高工效，减轻劳动强

度，保证产品质量。制作的分段壁体经检验合格后汽运装船运至安装现场。

钢吊箱总体拼装工序如图 6-57 所示：

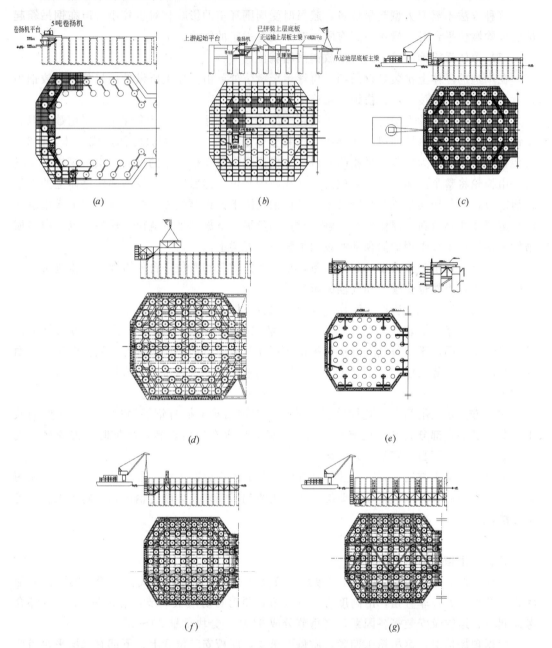

图 6-57　钢吊箱总体拼装工序图

(a) 钢吊箱周边底板拼装；(b) 钢吊箱中间底板拼装；(c) 首节钢吊箱壁体拼装；(d) 底板加强桁架拼装；
(e) 首节钢吊箱下放；(f) 第二节钢吊箱壁体拼装；(g) 第三节钢吊箱壁体拼装

三、施工工艺流程

钢吊箱总体施工工艺流程和现场施工工艺流程分别如图 6-58 和图 6-59 所示。

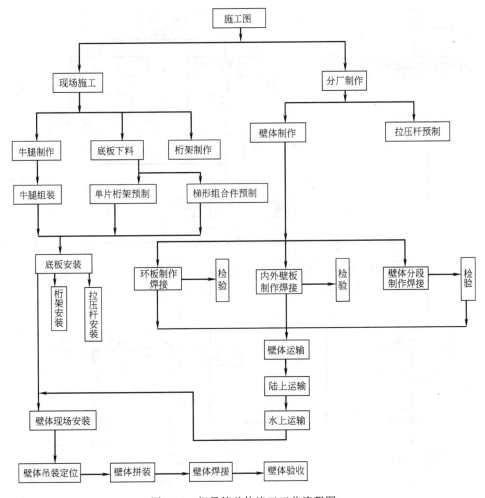

图 6-58 钢吊箱总体施工工艺流程图

四、钢吊箱施工方法

1. 牛腿和工字钢简支梁的制作与安装

牛腿和工字钢简支梁的总体平面布置如图 6-60 所示。

(1) 牛腿、简支梁制作

牛腿采用变截面箱形结构,其上、下翼缘板为 δ20mm,腹板为 δ16mm,与钢护筒连接处采用局部弧形板加固,工字钢简支梁与钢护筒采用小支座连接。

牛腿、弧形板、小支座、工字钢梁的下料、拼装、焊接的制作在大桥 C1 项目部旁边龙门吊下进行。牛腿、弧形板、小支座、工字钢梁制作完成后通过汽运装船运到安装位置(用手拉葫芦吊起进行定位安装)。

(2) 牛腿、简支梁的安装

牛腿、工字钢梁是安装底板和首节壁体的重要承载构件,其上荷载有底板、第一层壁板,底板桁架、下拉杆、桁架支撑、封底混凝土分区结构、吊耳及人、机载荷总重达 2800t。牛腿、工字钢梁除设计按载荷分配满足强度、稳性要求外,安装质量的好坏是确

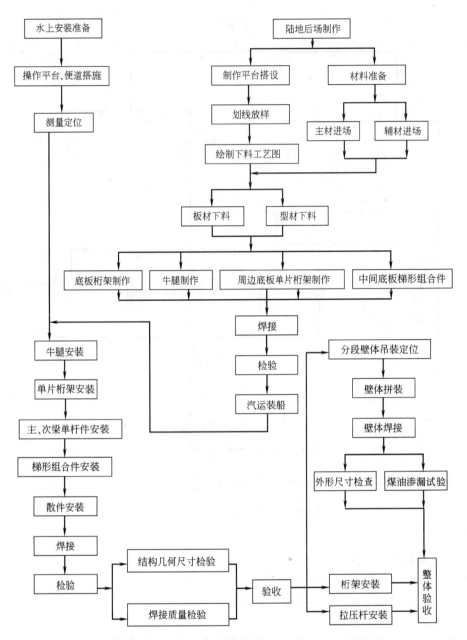

图 6-59 钢吊箱现场施工工艺流程

保载荷均匀分配的关键环节。为确保所有牛腿和所有工字钢简支梁在确定的安装标高同一平面上（即+2.550m和+5.05m），安装前均由测量队在护筒上逐一测量，用水平仪测出牛腿和工字钢梁小支座安装的标高位置，个别不便测量的地方，用透明连通管配合水平尺找平。确保其安装精度。牛腿的安装先将加强弧形板焊在钢护筒上，并完成所有塞焊后再安装牛腿。工字钢简支梁先将小支座焊在对应的钢护筒上，再安装工字钢梁，所有的焊缝质量必须满足设计图纸的要求。

2. 底板的制作与安装

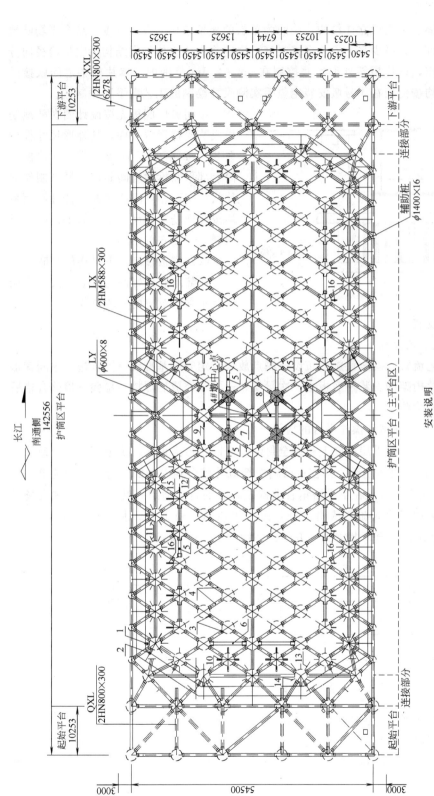

安装说明

1. 牛腿与弧形板采用开坡口全熔透焊，弧形板与钢护筒采用连续角焊缝焊接，焊接角度15mm中间采用塞焊孔加固。达到《钢结构工程施工质量验收规范》（GB 50205—2001）中规定的二级焊缝标准。牛腿和工字钢梁与钢护筒的焊接见详图。
2. 所有支承牛腿和支承横梁应严格测平，安装在相应的同一水平面上，以确保支承系统受力均等。
3. 安装标高未考虑牛腿主梁下节点板δ14的厚度，安装中遇有节点板处，应在支承梁上用δ14的钢板调平后，并将该板焊在相应的支承梁上，严格满足所有支点共同承载的设计条件。

图 6-60 牛腿和工字钢筒支梁总体平面布置图

(1) 底板的制作

根据钢吊箱周边为桁梁立体结构，中间为单层的板架结构的设计特点。结合现场陆地运输和安装的条件，为减少水上安装焊接难度，决定将周边立体桁梁结构沿钢吊箱径向分解为单片桁架制作，单片桁架外形尺寸控制在 9m×2.5m 范围内，单片桁架之间联接的主、次梁和面板均按桁架在 4 号墩安装定位后实测尺寸绘制的工艺图下料预制。

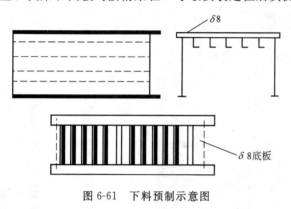

图 6-61 下料预制示意图

中间单层底板先按设计图在陆地制作成节段梯形组合件，其外形尺寸控制在 8m×2.675m。面板外形尺寸根据护筒上部平联拆除时间而定。局部制作成片状板架，相互间联接的单杆件及面板均按在现场实测尺寸绘制的工艺图下料预制，如图 6-61 所示。

(2) 底板预制、下料构件运输

在陆地制作好的构件通过汽运装船运至 4 号墩对应的安装位置。

(3) 底板的安装

1) 底板安装工艺流程

底板安装工艺流程：安全设施的布设→测点放线，定安装基准线→同步进行中间梯形组合件和周边单片桁架的安装→底板主、次梁安装→安装完成后焊接→检验→检验合格后面板安装→焊接→检验。

2) 安全网、人行通道和操作平台的搭设

首先在 4 号墩钢护筒下层平联上布设全封闭安全网，再搭设人行走道。人行走道采用 4 号墩现有南通一侧走道为基础，并在钢吊箱中部横贯搭设到南侧的通道，在无走道地方用 δ50mm 厚的木板直接绑扎在下平联钢管上构成临时的行人通道，其搭设长度视现场工作范围而定。安装中间底板施焊人员的操作平台用角钢 L50 制作，其外形尺寸为 8m×0.8m×0.8m 活动操作平台，共需制作五件，结构如图 6-62 所示。

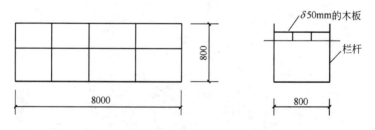

图 6-62 操作平台结构图

人行通道和操作平台以保障施工进度，确保工程质量和安全为原则。

底板面板与型材骨架制作时必须在分块吊装连接处各留 600mm，共 1200mm 的施工孔道，其下是人行走道，以利人员上、下施工，也为检验提供方便，每处施工完后，检查合格才可用板将孔道封盖。

3) 测点、放线

为确保钢吊箱底板与 4 号墩纵、横坐标共轴线，根据 4 号墩施工在钢护筒上平联已放好的坐标轴线用吊线锤向下确定基准点，通过拉钢丝方法将十字轴心划在底板安装平面上。再根据十字轴线按底板设计图分别划出底板纵、横主梁的安装位置和底板长宽的外形尺寸，并在对应的钢护筒上焊上特制横向标尺，作为以后复测和安装的基准。

4）底板安装

首先安装周边单片桁架，用浮吊将船上的单片桁架吊装在悬臂工字钢梁上，按测量好的安装基准线，使用手拉葫芦调整定位。然后连接单片桁架之间的主梁、次梁和面板，使底板周边形成空间的桁梁结构（即双底板），中间单层底板先安装梯形组合件，再依次按顺序安装主梁、次梁及面板，使之形成整体板架结构。底板拼装如图 6-63 和图 6-64 所示。

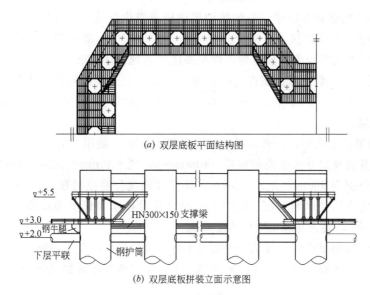

(a) 双层底板平面结构图

(b) 双层底板拼装立面示意图

图 6-63 周边底板拼装示意图

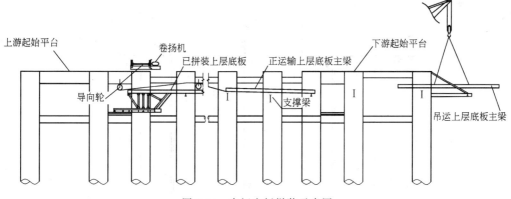

图 6-64 中间底板拼装示意图

5）底板安装的重要工艺措施

① 主梁（HN450×200）和次梁（HN350×175、HN300×150）在安装过程中需接长时，其接头按有关规范开坡口熔透焊对接，并辅板加强，确保接头处与母材等强度。如因

钢护筒下沉偏差导致底板主梁接头处轴线歪斜出现较大间隙时，严格按"H"型钢有间隙辅板的标准接头型式执行。确保连接板的搭接长度和焊接质量符合规范要求。

② 底板各单片桁架和梯形组合件安装前应进行检查是否变形（指焊接变形和运输途中碰撞变形），变形的桁架和组合件必须矫正后才能安装。安装时不得相互错位，保证整个骨架与底板的面板接触处的整体平面度。

③ 底部各骨架分块安装完，经检查合格后进行骨架间各节点的焊接。制作面板时其正反两面的拼缝用自动焊，水上底板拼缝采用单面自动焊，双面成形工艺，对接前周边打磨干净，对拼时下面垫以规格为 8mm×50mm 垫板条，垫板条必须打磨光亮，板缝预留间隙 4～5mm。自动焊丝用 $\phi 4mm H08A$，焊剂 431，在无法使用自动焊的局部地方采用手工焊，其焊材为 E4303，$\phi 4～5m$ 焊条进行。

④ 底板单片桁架焊接顺序：先焊接桁架中所有立焊部位，再焊接桁架平焊部位，且焊接顺序由中间向两端焊接，以减少焊接变形和焊接应力。底板型钢对接为溶透焊，主梁、纵梁、横梁交叉节点为双面角焊，焊角高度须达到设计要求。

⑤ 水上制作与安装：水上制作主要指在大分段无法安装的钢护筒之间的散件，以装好的底板做工作平台，在现场按实测尺寸下料。制作顺序：沿纵向轴线从上游向下游方向进行安装、焊接。

⑥ 底板质量控制及检测：外形尺寸质量控制及检测：使用拉力钢尺（50m）进行长、宽轴线检查，其长宽尺寸公差控制在长+40mm～0，宽+40m～0 之间。护筒周边主梁轴线距护筒外壁分别为 300mm 和 262.5mm，其安装轴线公差控制在+10mm，0mm，以保证钢吊箱安装完毕后能顺利下沉。同时考虑承台精度要求及钢吊箱在焊接过程中的变形（通常按 1‰ 考虑），底板在加工中将适度增大。

焊接质量的控制及检测：施工图中给出了各位置的焊角高度。型钢分段对接焊缝为溶透焊。且为保证焊接部位强度须在腹板两侧，下、下翼橡板加装加强板。各位置焊角高度

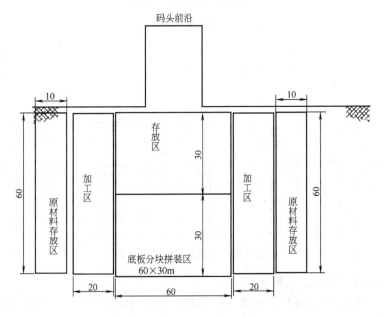

图 6-65 钢吊箱制作加工场地布置图（单位：m）

如下：

H钢-H钢正交部位双面焊角高度10mm；

H钢与角钢连接部位双面焊角高度10mm；

型材与底板部位双面焊角高度8mm。

3. 壁体的制作与安装

（1）制作场地平面布置图

钢吊箱制作加工场地布置如图6-65所示。

（2）壁体分块制作工艺流程图

钢吊箱壁体分快制作工艺流程如图6-66所示。

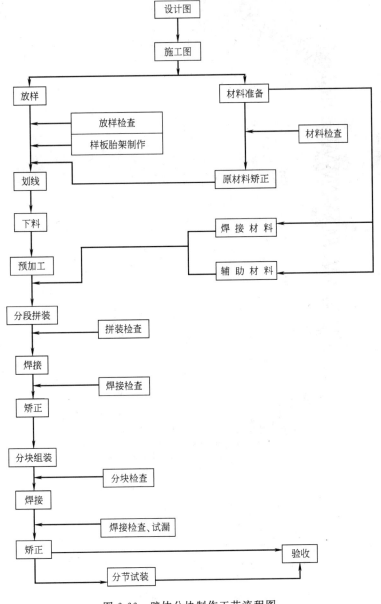

图6-66 壁体分块制作工艺流程图

(3) 壁体制作

1) 壁体分块

根据加工现场的起重能力，对壁体加工进行了分块，分块如图 6-67 所示。

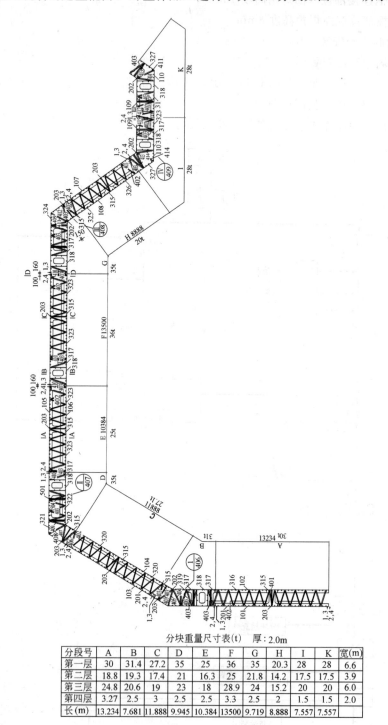

分块重量尺寸表(t)　厚：2.0m

分段号	A	B	C	D	E	F	G	H	I	K	宽(m)
第一层	30	31.4	27.2	35	25	36	35	20.3	28	28	6.6
第二层	18.8	19.3	17.4	21	16.3	25	21.8	14.2	17.5	17.5	3.9
第三层	24.8	20.6	19	23	18	28.9	24	15.2	20	20	6.0
第四层	3.27	2.5	3	2.5	2.5	3.3	2.5	2	1.5	1.5	2.0
长(m)	13.234	7.681	11.888	9.945	10.384	13500	9.719	8.888	7.557	7.557	

图 6-67　壁体分块图

2) 放样及划线

放样是保证钢吊箱质量、提高劳动效率、节约材料的重要工作之一。放样在放样间进行，其主要作用是确定各构件的实际形状尺寸及相互间的相贯关系。根据设计图放样绘制的施工工艺图作为板材、型材下料的依据和制作胎架的样板。

3) 下料及预加工

① 型材采用联合冲剪床下料。板材直线下料采用半自动切割机下料。

② 曲线板材下料采用数控切割机下料。

③ 无论采用何种形式下料，其边缘应平整光洁无氧化物、缺棱等现象。

④ 下料时需进行构件编号，并用记号笔书写清楚。

4) 壁板制作

壁体的内、外壁板由若干张钢板组成，需预先拼制。拼板在平台上进行，先拼端接缝，后拼纵接缝，拼好后双面采用自动焊焊接。焊缝质量须达到《钢结构工程施工质量验收规范》（GB 50205—2001）中规定的二级焊缝标准。

5) 水平框架制作

水平框架：包括水平环板、斜撑、连接板等构件组成。拼装前在平台上按1∶1放出框架的地样，然后按地样进行组装、焊接。

6) 立体分段组装

壁板立体分段组装包括内、外壁板、竖向角钢、隔舱板、水平框架、竖向加强桁架及节间不平环板。

立体分段组装应在专用胎架上进行，组装时先将外壁板吊在胎架上找平后定位，安装竖向角钢、吊装水平框架、隔舱板、竖向加强桁架找正后临时加以支撑，最后吊装内壁板，组装程序：外壁板→外壁竖杆→水平框架隔舱板加强板→内壁竖杆→内壁板→节间水平环板→吊耳。装配完毕后进行外壁板与水平框架的焊接，然后吊离胎架，翻身进行内壁板与水平框架的焊接。

由于分块表面是平直的，为了保证分块的正确形状，必须在胎架上装配。胎架是分块的外模，它的表面与钢吊箱的外壁表面相吻合，因此胎架模板必须测平，然后架设在坚固的基础上，胎架结构形式见图6-68所示。根据本工程进度，需设置八组胎架，每组胎架

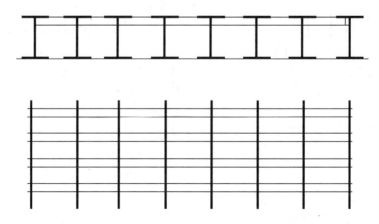

图6-68 组装胎架图

约 13m×4.5m，高度 0.8m 以上，以利于检查壁板焊缝。组装胎架可用 I50a 配 L100×10 角钢或用 L125×10 角钢搭设。

7) 焊接工艺和材料

① 焊接材料：自动焊接选用 H08A 焊丝配 431 焊剂，手工焊一般构件选用 E4303 焊条。

② 基本要求：

a. 焊缝应清除油污、氧化物等杂物；

b. 焊缝坡口型式应符合技术要求，过渡性坡口需光顺平滑。

c. 施焊人员应有操作证，并能按工艺技术要求熟练操作施工。

③ 焊接程序：

a. 各阶段施焊均应选择合理的焊接程序。

b. 分块焊接，总装焊接均应选用双数焊工，从中央向四周对称施焊，其焊接电流焊接速度力求一致，以减少构件的焊接变形。

④ 材料

a. 材料采购：开工前 5 天，应组织 50% 的各类施工材料到现场，其余材料视工程进度，按材料供货清单提前 3 天提供。

b. 材料技术要求：

a) 各类材料的品种、规格、材质均应符合设计图的要求并有材质证明或产品合格证。

b) 不具备以上要求的材料不得投入生产。

(4) 运输

分块装车运输：

1) 分块运输汽车选用 40t 平板车 2 辆，装车用 30t 门吊配 50t 吊车抬吊上车。

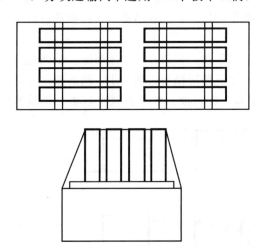

图 6-69 壁体装船示意图

2) 分块运输船选用 400t 方驳配以 500 匹马力拖轮。

3) 分块装船利用相邻的红钢城多功能码头进行，最大起重量 40t。

4) 壁板立体段采用竖立沿船纵向排列装在船上。

5) 分段装船定位后上面用槽钢将分块连成整体，两侧用工字钢作立柱将分块顶紧，然后用导链、钢丝绳斜拉封船，装船布置及封船详见图 6-69。

6) 选择天气良好的白天运输至施工现场。

(5) 壁体的安装

1) 壁体安装工艺流程

壁体安装工艺流程如图 6-70 所示。

2) 壁体安装定位线设置

底板安装完后，依据测量人员给定的纵、横向坐标十字中心线，确定钢吊箱壁体安装

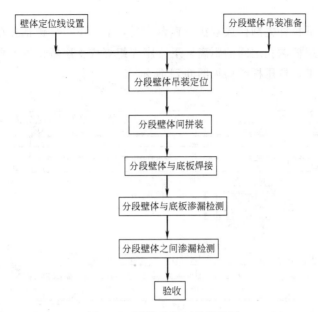

图 6-70 壁体安装工艺流程图

的内壁线。根据施工图画出内、外壁体轮廓线,并在钢吊箱上、下游和中间重要部位用样冲打出标记。以便于安装时使用。

3) 壁体安装顺序

安装顺序:分两部分同时从南、北两侧中间部位向两端对称安装。

壁体分段吊装到位后,依据水平标高确定钢吊箱的高度尺寸,经测量达到要求后固定在钢吊箱下层底板上。因第一层钢吊箱内壁与底板上层平台相接,固不须临时支撑。

焊接人员在第一段安装定位后,立即焊接,保证定位段不发生偏移。分段壁体第一段定位后,第二段在调整好水平标高后与第一段进行拼装,相邻两段保持相同水平高度。相邻两段水平高度误差控制在±5mm之间。其余分段壁体依序安装,纵向拼接采用梯式挂篮进行拼装和焊接,其外围壁板与底板施焊须搭设临时施工平台。

4) 壁体焊接

壁体焊接:壁体间焊接为双面熔透焊,焊高+3mm,与底板和节间环板间的焊接为双面角焊缝,内壁板焊角高度为4.5mm,外壁板为6.5mm。

5) 壁体检测

壁体检测:结构尺寸检测使用100m钢尺测量纵轴线上、内、外壁长度,公差要求+40mm,0。横向轴线上、内、外壁宽度公差要求+40mm,0。焊缝检测,对接焊缝要求全熔透焊,且需在内、外壁板与底板、壁板间做煤油渗漏试验。

6) 渗漏试验

渗漏试验采用石灰水和煤油,方法:将石灰水均匀涂在内、外壁与底板连接焊缝处和相邻纵向内、外壁板外侧对接焊缝处,待石灰水干燥后,由内涂刷一层煤油。因煤油渗漏性强,通过外围观察石灰颜色是否发生变化,来确定焊接漏点,从而发现焊接缺陷后进行补焊。

(6) 拉压杆制作安装

1) 拉压杆制作

按设计图上、下拉杆先制作成双拼槽钢调直后，上、下拉杆销轴孔在平台上划线后上镗床镗孔，确保下拉杆两孔之间的距离。下支座先组焊成支座矫正后上划线平台划出孔的位置，上镗床机加工。拉压杆结构见图6-71所示。

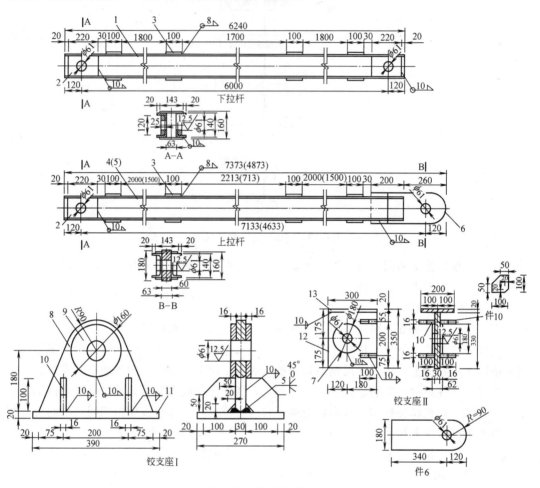

图6-71 拉压杆结构图

2) 拉压杆安装

拉压杆由工厂预制后水运到4号墩现场安装。拉压杆平面布置见图6-72所示。

拉压杆定位按照设计施工图定位安装，其拉杆下支座安装时，先在底板面板上开方孔，将下支座直接焊在主梁上翼缘板上，以确保拉杆与主梁直接传力。

拉压杆下支座在底板主梁上安装完成后，检查拉杆安装位置符合设计要求后开始焊接。

(7) 桁架制作与安装

1) 桁架制作安装工艺流程

桁架制作安装工艺流程如图6-73所示。

2) 桁架制作

桁架设计图《STS—SDX—429》属单线条加节点设计图，为减少职工识图误差，便

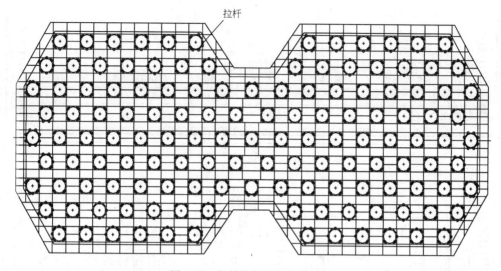

图 6-72 钢吊箱拉杆平面布置图

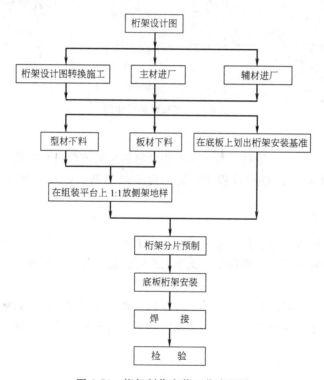

图 6-73 桁架制作安装工艺流程图

于现场下料制作,须将设计图《STS—SDX—429》等桁架节点图转换成施工图。

桁架结构设计图见图 6-74 所示。

放样及拼装:在后场平台上按施工图 1:1 放出侧架平面各杆件位置线(即地样),安装基线定位板,经校对后按先安装主弦杆后安装腹杆的顺序放置杆件进行点固,形成单面桁架。

其桁架一端增加+50mm 焊接收缩余量,保证焊接后桁架接长尺寸符合设计总长度

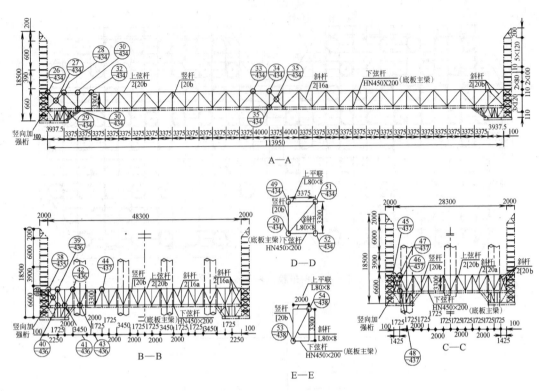

图 6-74 底板桁架结构图

要求。

桁架拼装完成后，经现场技术负责人检测合格后桁架方能进行焊接。各杆件与连接板间的焊角高度均为 8mm。焊接过程中，整片桁架须强制固定在焊接平台上，防止焊接变形。

3）桁架安装

根据设计图在底板上划出桁架安装轴心和桁架下弦杆定位边线，沿定位边线上均布定位支架，将单片侧架垂直立起靠在定位支架上点焊固定，找正后侧架头、尾两端须对称加装三角临时支撑。

桁架在底板上安装时严格控制水平标高及长、宽尺寸和横断面对角线公差。符合设计规范要求后，再依序安装桁架上平联和焊接桁架支腿与底板主梁的连接。所有焊角高度必须满足设计要求。

第四节 钢吊箱定位技术措施

钢吊箱下沉入水后，受水流、波浪等影响，钢吊箱会向下游漂移，为便于调整吊箱位置，确保顺利下沉，需要设置定位系统。定位系统有多种方式，在水流较小的情况下，可以采用导链牵引、抽注水方式定位；在水流较急的情况下，也可以采用定位船克服水流力来纠偏。苏通大桥钢吊箱采用双壁钢吊箱结构，壁内抽注水方便，因此，钢吊箱的定位主要采用导链牵引、抽注水的方式。

一、钢吊箱定位精度要求

钢吊箱下沉精度按规范要求进行控制，具体按表 6-11 钢吊箱定位后精度要求控制。

钢吊箱定位后精度控制表　　　　　　表 6-11

序号	项目	允许偏差(mm)	序号	项目	允许偏差(mm)
1	标高	±20	4	竖向倾斜度	<1/200
2	总体平面尺寸	0,+60	5	平面扭角偏位	0.1°
3	轴线偏位	100			

二、平面位置调整及控制

钢吊箱平面位置控制包括以下两个方面：

1. 粗控

钢吊箱平面位置粗控通过在钢吊箱壁体内壁板与最外围钢护筒间设置橡胶护舷来实现。在每节钢吊箱壁体内壁板顶面 10cm 以下设置 D 型 H200×2000 橡胶护舷，橡胶护舷底板焊固在钢吊箱壁体内壁板上，但必须保证壁体上橡胶护舷与相接触的钢护筒间的间距满足 50mm。在钢吊箱壁体内壁板同一标高平面位置周圈共布置 28 个橡胶护舷。橡胶护舷平面布置见图 6-75 所示。

2. 精控

钢吊箱平面位置精确控制主要通过吊箱内设置的手拉葫芦及上、下游平台上设置的卷扬机、双壁内注水和设置在护筒上的千斤顶来实现。

为克服水流对钢吊箱下沉及就位的影响，在钢护筒顶部设置 4 个卷扬机平台，在其上安装 4 台 10t 卷扬机和 4 台 5t 卷扬机，在上下游的起始平台设置 8 台 20t 手拉葫芦，作为卷扬机的补充，构成钢吊箱平面定位的主体系统，布置见图 6-76 所示。另在必要的情况下在平台的四周，标高+2.00m 处，布设 16 台 32t 的螺旋千斤顶对钢吊箱进行微调，平面布置见图 6-77 所示。上述设备所构成的钢吊箱平面位置调整系统，用以对钢吊箱下沉过程及下沉到位后的平面位置及倾斜度进行精确控制。其中 8 台卷扬机的下拉缆均设置在吊箱底板以上 4m 处，8 台手拉葫芦中 4 台下拉缆位置与卷扬机相同，4 台下拉缆位置始终设置在水面以上，根据吊箱的不同工况进行及时调整。

吊箱定位系统在吊箱下沉安装中，钢各种状态下定位系统的调整：

（1）首节吊箱下放自浮　在首节吊箱下放前，整个系统应安装就位。在首节吊箱下放入水后，为了保证钢绞线的倾斜度要求，通过定位系统需将吊箱偏位控制在 10cm 以内，并根据下放速度及时调整下拉缆的松紧；自浮后，依靠临时焊接在护筒的橡胶护舷对吊箱进行临时定位，同时根据潮位的涨落情况及时调整定位系统。

（2）第二节吊箱拼装期间　在第二节吊箱拼装过程中，由于中间过程时间较长（约 15 天左右），应根据潮位影响及时调整定位系统，保持吊箱的相对稳定，为第二节吊箱的拼装创造较为有利的条件。

（3）第二节吊箱注水下沉到预定位置　在注水下沉第二节的过程中，应保持卷扬机、手拉葫芦的调整速度与吊箱下沉速度相匹配，使吊箱均匀下放到预定位置。

（4）第三节钢吊箱拼装期间　与第二节拼装期间一样，只是此时吊箱入水较深，吊箱受到的水流力作用增大，应经常性检查定位系统，保证定位系统各设备的正常运行，且各

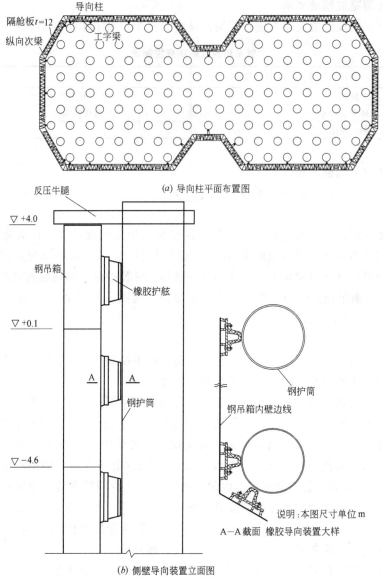

图 6-75 橡胶护舷平面布置及结构图

下拉缆安全可靠。

(5) 第三节钢吊箱注水下沉至设计标高位置 第三节钢吊箱注水下沉就位，通过定位系统将吊箱平面位置及标高调整至设计允许偏差范围内，设置反压牛腿，焊接拉杆。

在钢吊箱下放完成，依靠卷扬机和手拉葫芦精确定位发生困难时，在平台四周，标高+2.00m处（见图 6-77）搭设平台，安装 16 台 32t 的螺旋千斤顶，用于精确微调钢吊箱，使钢吊箱定位满足设计要求。

3. 钢吊箱定位系统的计算及定位系统中各设备的具体配置

根据上述钢吊箱下放的几种工况，吊箱受水流力影响最大的工况是上述第（5）种情况，即第三节钢吊箱注水下沉就位，此时吊箱的吃水深度最大，受水流力也最大，整个吊箱的定位系统将根据这种工况下的受力情况进行配置。

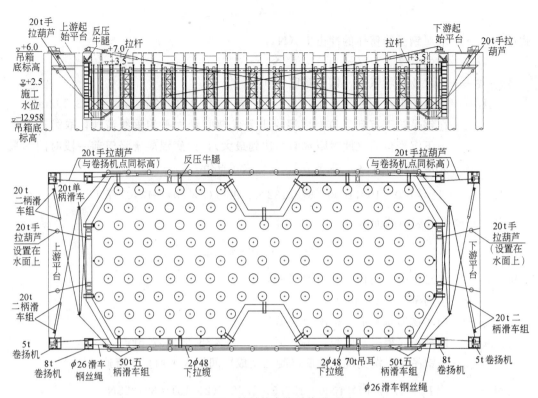

图 6-76 钢吊箱定位系统设置图

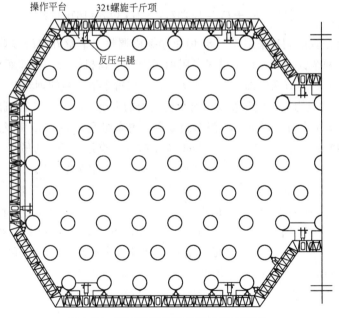

图 6-77 钢吊箱微调螺旋千斤顶布置图

钢吊箱水流力计算如下：

（1）水流力对壁体的冲击力

$$F_1 = \xi \cdot \rho \cdot A_1 \cdot v^2 / 2g$$

式中 F_1——水对钢吊箱壁体的冲击力（N）；

ρ——水的密度（kN/m³）；

ξ——挡水物形状系数，钢吊箱取 1.0；

A_1——钢吊箱阻水面积，壁体：$A_1 = 52.1\text{m}$（宽）$\times 12.92\text{m}$（深）$= 673.132\text{m}^2$；

v——在钢吊箱下沉到浇筑封底混凝土完成期间最大平均垂线流速，取第三节吊箱下沉到位后（此时阻水面积达到最大），封底混凝土浇筑前一段时间的最大落潮垂线流速，即农历 10 月最大 1.92m/s。

故 $F_1 = 1.0 \times 10 \times 1000 \times 673.132 \times 1.92^2 / (2 \times 10) = 1240717\text{N}$

（2）水流力对底板的冲击力

$$F_2 = \xi_2 \cdot \rho \cdot A_2 \cdot v^2 / 2g$$

式中 F_2——水对钢吊箱底板的冲击力（N）；

ρ——水的密度（kN/m³）；

ξ_2——挡水物形状系数，钢吊箱取 1.3；

A_2——钢吊箱底板阻水面积：$A_2 = 52.2 \times 0.5 \times 36/6 = 157.5\text{m}^2$；

v——在钢吊箱下沉到浇筑封底混凝土完成期间最大平均垂线流速。

故 $F_2 = 1.3 \times 10 \times 1000 \times 157.5 \times 1.92^2 / (2 \times 10) = 377395\text{N}$

（3）水流力合力

$$\sum F = F_1 + F_2 = 1240717 + 377395 = 1618112\text{N}$$

钢吊箱平面位置的调整采用 4 台 8t 慢速卷扬机调整上下游方向的位置，在上下游方向的壁体上各布置两个锚固点，每个锚固点用钢丝绳与卷扬机平台上滑车组的动滑轮组连接。在不同的水流方向时均有两组锚固点承受水流力。在每个滑车组的钢丝绳固定端连接一只量程为 120kN 机械式拉力计，检测卷扬机所承受拉力的大小。4 台 8t 卷扬机的具体配置情况：每台卷扬机配置 50t（5 柄 φ280mm）滑车组 2 台，滑车组配套 φ26mm 钢丝绳 300m，下拉缆 φ48mm 钢丝绳 300m，63t 的卸扣 1 个；同时在下拉缆吊点设置 70t 的吊耳。共计 50t 滑车组 8 台，φ26mm 钢丝绳 1200m，φ48mm 钢丝绳 1200m，63t 的卸扣 4 个。

4 台 5t 卷扬机调整钢吊箱南北方向位置。由于不受水流力的影响，卷扬机的配置相对较弱。4 台 5t 卷扬机的具体配置情况：每台配 20t（2 柄 φ280mm）滑车组 2 台，单柄 20t 定滑车 1 台，滑车组配套 φ26mm 钢丝绳 150m，下拉缆 φ48mm 钢丝绳 80m，32t 的卸扣 1 个；同时在下拉缆吊点设置 30t 的吊耳。共计 20t 滑车组 8 台，单柄 20t 滑车 4 台，φ26mm 钢丝绳 600m，φ48mm 钢丝绳 320m，32t 的卸扣 4 个。

8 台 20t 手拉葫芦配置 φ26mm 钢丝绳作为下拉缆，共计配置 160m。

三、标高及垂直度控制

在平面控制的同时进行标高控制，平面控制点除具有平面坐标外还具有高程，以利于测量操作。

在钢吊箱在拼装完成后下沉前,在套箱内钢护筒顶口搭设三个测量平台架设经纬仪,在钢吊箱下放过程中,对钢吊箱纵横两个方向的垂直度进行观测。

钢吊箱标高控制主要是通过在夹壁内注水来进行调整,并在钢吊箱标高到位后,在钢吊箱四周尽快安装反压牛腿。反压牛腿采用 2HW588×300,反压牛腿分为两种,长度及数量分别为:6m 的反压牛腿 12 根,6.8m 的反压牛腿 6 根。在涨潮时,待潮位达到平均潮位差的一半时,经注水调整,使其钢吊箱顶口略为顶压反压牛腿下表平面,并组织焊工将钢吊箱顶口与反压牛腿进行焊接。反压牛腿在高潮位是受压,低潮位是受拉,并注意受拉力宜小,在施工中应尽量调整夹壁内的水位,让反压牛腿始终处于受压状态,而尽可能不受拉。反压牛脚平面布置见图 6-78 所示反压牛腿的安装:在钢吊箱第三节下放前,在护筒 1 号、4 号、6 号、129 号、65 号、67 号、70 号、85 号、115 号、128 号、125 号、123 号、131 号、64 号、62 号、59 号、14 号正对吊箱壁体位置预先割出一个 600mm×610mm 的孔,孔底面标高为+4.00m,孔贯串整个护筒,将反压牛腿

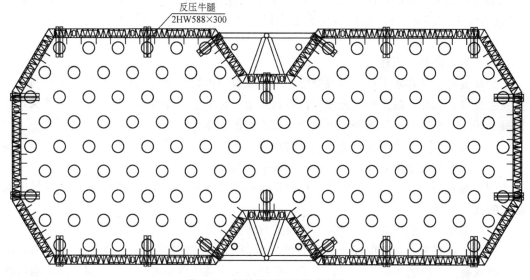

图 6-78 钢吊箱反压牛腿布置图

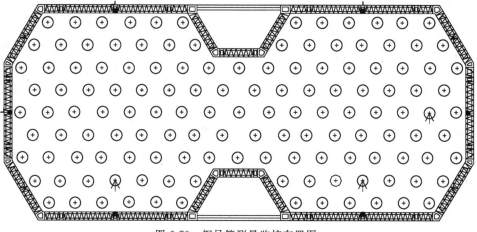

图 6-79 钢吊箱测量监控布置图

2HW588×300 预先穿入孔中，待钢吊箱下放就位后，将反压牛腿向前推进，直至平压吊箱壁体顶面。

钢吊箱垂直度由平面定位系统的卷扬机、手拉葫芦及注水进行调整调控。由于拼装误差，平面标高控制与垂直度在实际施工中可能出现难以同是达到要求的情况，此时则以垂直度和-2.0m处平面位置控制为主。钢吊箱测量监控布置见图6-79所示。

第五节 自密实混凝土在封底混凝土中的运用

钢吊箱就位固定后，需浇筑封底混凝土。封底混凝土是主要止水结构之一，同时又作为承台混凝土浇筑的底模，并且封底混凝土和钻孔灌注桩钢护筒之间的粘结力对于保持钢吊箱结构的平衡很重要，因此，封底混凝土浇筑质量的好坏直接关系到钢吊箱结构的强度和刚度，也会直接影响到后期承台混凝土的浇筑质量。苏通大桥主4号墩整个承台封底混凝土总方量为15520m³，面积为4876m²。封底混凝土底标高-12.5m/-10.00m，顶标高-7.00m，厚5.5m/3m，为C30水下混凝土。

一、封底混凝土概述

封底混凝土是在水下浇筑的混凝土，不能像普通混凝土那样在水的作用下骨料与水泥浆发生分离。封底混凝土施工是及时、有效形成承台干施工环境的关键工序，要确保封底混凝土施工的成功，必须抓好以下几个主要方面的工作：

（1）根据现场实际情况，选择合理的浇筑工艺。

（2）优化混凝土配合比设计，提高混凝土的性能。

（3）对封底设备进行合理配置，加强设备的维修保养，提高设备的完好率，以确保混凝土的浇筑强度。

（4）加强封底现场的组织管理，使封底有序进行。

根据上述要求，封底混凝土采用自密实混凝土。自密实混凝土，也称为高流态混凝土，指混凝土拌合物主要靠自重，不需要振捣即可充满模型和包裹钢筋，属于高性能混凝土的一种。该混凝土流动性好，具有良好的施工性能和填充性能，而且骨料不离析，混凝土硬化后具有良好的力学性能和耐久性。

自密实混凝土的作用机理为：（1）浆体的黏聚作用，混凝土的流动性与抗离析性是相互矛盾的。自密实混凝土之所以能自流平成为密实结构，关键在于其胶结料浆体具有一定的塑性黏度，它能减少骨料间的接触应力，削弱骨料的固体特性，抑制骨料起拱堆集从而有效抑制离析；（2）气泡自动聚合上浮作用，在拌合浇筑混凝土时裹入模板内的气泡，由于混凝土自重对其产生浮力作用，具有自动聚合形成更大气泡的趋势。一旦气泡发生聚合，则所受浮力将进一步增大，最终会浮出表面使混凝土密实。同时掺加高效减水剂降低了混凝土的表面张力，使气泡更容易聚合上浮，进一步增加混凝土的密实性；（3）掺合料的微粉作用，自密实混凝土中的掺合料不仅具有物理填充效应，而且具有巨大的表面积，产生较大的内表面力而提高混凝土的黏聚性。有些掺合料还具有火山灰活性效应，结合掺用的高效减水剂和采用的低水胶比改善骨料界面结构和水泥石的孔结构，使混凝土越来越密实；（4）最大堆积密度，自密实混凝土中各组分粒径力求满足"最大堆积密度理论"。

例如，颗粒从小到大依次为：微硅粉、粉煤灰、水泥、砂、石。这样细颗粒填充粗颗粒之间的空隙，更细颗粒填充细颗粒之间的空隙，达到最大密度或最小空隙率，从而有效提高自密实混凝土的密实度。

我国目前工程应用的基本上是粉体型自密实混凝土，即通过掺加高效减水剂和较多的胶凝材料用量，以保证足够的黏性和流动性能。如自密实混凝土中小于 $80\mu m$ 的粉体用量一般在 $500\sim600 kg/m^3$ 之间，掺加粉煤灰、矿渣、石灰石粉等掺合料；粗骨料多选用 $5\sim15mm$ 或 $5\sim25mm$ 粒级，其绝对体积在混凝土体积的 $0.28\sim0.33$ 之间；细骨料体积占到砂浆体积的 $40\%\sim50\%$，同时自密实混凝土应选用优质高效减水剂。在此技术路线指导下，自密实混凝土可能存在缺陷，如胶凝材料用量过大、水化热较高、砂率较大、弹性模量比普通混凝土小、材料成本较高、收缩增大、更容易产生开裂等。由于比普通混凝土骨料的用量少，相同强度自密实混凝土的弹性模量比同品种骨料的普通混凝土稍有降低，据日本报道约降低10%。通过采用掺加钢纤维、降低胶凝材料用量和优选骨料等措施，可以使自密实混凝土弹性模量得到补偿。日本应用较多的是增黏型自密实混凝土，其技术路线为：通过掺加增黏剂（一般为多糖）降低胶凝材料用量，提高混凝土黏聚性。增黏型自密实混凝土降低了胶凝材料用量，增大了骨料用量，从而降低了水化热，减少了收缩，是今后自密实混凝土的发展方向。

封底混凝土要解决混凝土在水下浇筑施工而不分散，一般的措施是在施工过程中尽量减少水与混凝土拌合物的接触，常用的施工方法有开底容器法、混凝土泵压法、导管法、袋装叠置法、预埋骨料压浆法等。其中最常用的是导管法和预埋骨料法。导管法是先将一根有底盖的导管放入水底，然后将混凝土拌合物住入导管。导管中填满混凝土拌合物后，将导管上提 $20\sim30cm$，管内混凝土即将底盖压开而注入水底，随即将混凝土不断注入管内，随着混凝土不断堆积变厚而相应地提升导管。每提一根，卸掉一根，如此反复进行，直至混凝土达到设计高度为止。导管法工艺简单，所以运用较多。封底混凝土施工的总体工艺为：水下封堵吊箱底板预留孔与钢护筒之间的空隙，搭设封底平台，安装导管、中心集料斗及分料槽，按顺序进行导管水下封口，补料，直至混凝土面达到标高。

二、水下自密实混凝土配制

1. 混凝土原材料及其物理性能

（1）水泥

采用南通华新水泥厂 P.O42.5 水泥。

（2）粉煤灰

采用南通华能电厂的Ⅱ级灰。

（3）矿渣粉

采用马鞍山钢铁公司产磨细矿渣，比表面积 $467m^2/kg$ 和武钢生产的磨细矿渣，比表面积 $425m^2/kg$。

（4）硅粉

采用挪威埃肯公司生产的硅粉，其化学成分与理化指标见表 6-12。

硅粉化学成分与理化指标　　　　　　表 6-12

化学成分(%)							细度(m^2/kg) BET 测定	密度(kg/m^3)
SiO_2	Al_2O_3	Fe_2O_3	CaO	MgO	Na_2O	K_2O		
92.0	0.3	0.8	0.4	0.3	0.2	0.9	22000	2.2

（5）砂

砂子的物理性能和筛分结果见表 6-13、表 6-14。

砂子物理性能　　　　　　表 6-13

含泥量(%)	表观密度(kg/m^3)	堆积密度(kg/m^3)	紧密密度(kg/m^3)	细度模数
0.25	2630	1490	1620	2.67

砂子级配表　　　　　　表 6-14

筛孔尺寸(mm) 累计筛余(%)	10.0	5.00	2.50	1.25	0.630	0.315	0.160
标准	0	10～0	25～0	50～10	70～41	92～70	100～90
实测	0	2.8	11.9	22.3	47.3	93.4	98.6

（6）碎石

试验全部采用 5～20mm 石子。石子级配见表 6-15。

石子级配表　　　　　　表 6-15

筛孔尺寸(mm) 累计筛余(%)	2.50	5.00	10.0	16.0	20.0	25.0
5～25.0 标准	95～100	90～100	—	30～70	—	0～5
实测	98	94	82	40	3.5	0

（7）外加剂

高效减水剂为华登生产的聚羧酸高效减水剂，其减水率均大于 25%。

2. 流动性检验方法

（1）坍落流动度（简称坍扩度）

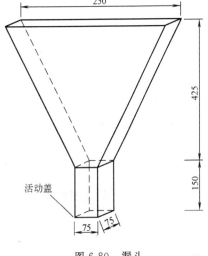

图 6-80　漏斗

按《水运工程混凝土试验规程》（JTJ 270—98）中普通混凝土的坍落度试验方法进行。提起坍落度筒，30s 后量取混凝土流动的最大直径及与其垂直方向的直径，取平均值即为水下自密实混凝土的坍扩度，一般取自密实混凝土坍扩度为 600～700mm。

（2）流到 500mm 时间

在测定坍扩度的同时测定混凝土流到 500mm 直径时需要的时间，一般取 3～15s。

（3）漏斗流下时间

将如图 6-80 所示的试验用漏斗洗干净后垂直放置在试验架上，用半干的湿布擦去水分，并保持漏斗内面呈湿润状态。关闭下口底盖，从漏斗上口均匀地装入混凝土试料直到混凝土面与漏斗上端齐平。

打开下端底盖，同时记录时间，待混凝土全部自动流出即终止记录，该段时间即为水下自密实混凝土的漏斗流下时间，一般取漏斗流下时间为9～20s。

（4）填充性

试验装置如图 6-81。混凝土自一端（无棒端）加入，加料速度为 0.2L/s，让混凝土自由流过棒体，当加料端混凝土高度达到 220mm 时，停止加混凝土，测量箱内有棒部分的混凝土高度，按下式计算填密度。

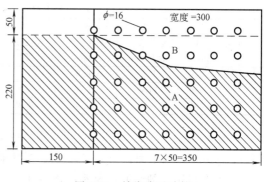

图 6-81 填密度试验箱

$$填密度 = \frac{A}{A+B} \times 100\%$$

式中 A——已填充混凝土面积；

B——未填充混凝土面积。

3. 水下自密实剂的筛选

为使混凝土能不需振捣自动流平密实，而且坍扩度损失小，必须使用高性能的外加剂。水下自密实混凝土的高流动性不能通过增加用水量、加大水胶比来实现。增加水胶比可以增加混凝土的流动性，但会降低其黏性，所以水下自密实混凝土需要专门的高效减水剂。目前在国外如日本用于自密实混凝土的外加剂有聚羧酸、改性萘磺酸盐、氨基磺酸盐和密胺磺酸盐。德国用于自密实混凝土的外加剂为聚羧酸盐，而用得更多的是聚羧酸醚。我国目前的自密实混凝土基本上是粉体型自密实混凝土，即掺加高效减水剂和较多的胶凝材料用量，以保证足够黏性、流动性等，使用的外加剂绝大部分是萘磺酸盐（β-萘磺酸盐甲醛缩合物）。萘系高效减水剂主要通过静电斥力增加混凝土的流动性，随着时间的推移，水泥水化产物很快在粒子表面增长，静电斥力降低，从而导致外加剂分散力降低甚至消失，混凝土流动性降低，也就使得混凝土坍扩度损失较大。水下自密实混凝土配合比，见表 6-16。

水下自密实混凝土配合比　　　　　　　　　　表 6-16

序号	胶凝材料用量(kg/m³)			水(kg/m³)	石(5～16mm)(kg/m³)	砂(kg/m³)	外加剂掺量(%)
	水泥	矿渣	粉煤灰				
1	420	—	140	190	812	717	CRJ 1.27
2	364	—	196	187	812	717	CRJ 1.27
3	364	—	196	187	812	717	HP400 0.7

氨基磺酸盐类高效减水剂的结构中其分子长链上具有环形及尾部，通过静电斥力使水泥分散，具有一定的空间位阻，能显著增加混凝土的流动性。由于其空间位阻呈立体状，可以不受水泥水化产物在粒子表面增长的影响，混凝土的坍扩度损失小。

通过比较我国目前外加剂的现状，初步选用华登 HP400 高效减水剂作为水下自密实混凝土的减水剂，因为其减水率大于 25%，且价位适中。用其配制的自密实混凝土性能如表 6-17。

试验说明胶凝材料总量为 560kg/m³ 时，用 HP400 和 CRJ 可配制出性能良好的水下自密实混凝土，坍扩度在 600±50mm 之间，坍扩度 90min 保持在 80% 以上，填密度大于

水下自密实混凝土性能　　　　　　　　表 6-17

序号	初始混凝土性能				90min 后混凝土性能			
	坍扩度（mm）	流到 50cm 时间（s）	漏斗流下时间（s）	填密度（%）	坍扩度（mm）	流到 50cm 时间（s）	漏斗流下时间（s）	填密度（%）
1	650×650	5.9	18.6	92	600×600	9.9	25.0	86
2	630×630	11.6	25.4	89	480×450	16	30.5	72
3	650×690	11.0	10.0	流平	670×680	7	13	流平

80%，漏斗流过时间在 9~20s 之间。而且用 HP400 配制的水下自密实混凝土的坍扩度和填密度 90min 后基本保持不变，比 CRJ 的性能更好。

4. 水下自密实剂与胶凝材料的适应性

本课题所研究的水下自密实混凝土为粉体型自密实混凝土，胶凝材料用量较多，水胶比小，掺加大量的掺合料使水泥与减水剂的适应性问题更加突出。影响混凝土与减水剂相容性的因素很多，如水泥的成分、细度，C_3A 的含量，石膏的形态，含量与溶解速度，碱含量等。

(1) 不同水泥成分及掺合料对水下自密实混凝土坍扩度损失的影响

国内目前水泥品种较多，不同厂家生产的水泥化学成分、细度及制造工艺也不同。工程中为了改善混凝土的工作性能和耐久性往往也会掺加一些掺合料，如粉煤灰、硅粉、磨细矿粉等。为了研究不同水泥成分及掺合料对水下自密实混凝土坍扩度损失的影响，选用黄石华新 42.5 级普通硅酸盐水泥、广州金羊 42.5 级普通硅酸盐水泥、天津骆驼 42.5 级普通硅酸盐水泥、天津正通 42.5 级普通硅酸盐水泥和湖南岳阳电厂的 Ⅱ 级粉煤灰、武钢的矿粉作为胶凝材料，按 C30 设计不同的配合比，分别掺入复合改性后的自密实剂，进行水下自密实混凝土的填密度、漏斗流下时间、坍扩度损失及其强度的影响试验，研究自密实剂与水泥的相容性。试验结果列于表 6-18 中。

试验结果显示：不同的水泥品种其坍扩度损失程度不同，这可能与 C_3A 和石膏反应以及晶体生长的程度有关，掺加高效减水剂增强了这种反应，水泥中的碱（Na^+、K^+）也会增强这种反应。水泥中不同的 C_3A、石膏和碱含量以及石膏的形态都会影响混凝土的和易性与坍扩度损失速度。水泥吸附外加剂的速度也是随着水泥成分不同而变化，在水泥粒子最初接触水与减水剂时，C_3A 与 C_4AF 优先吸附，吸附一旦停止，接触水后 6min 左右 C_3S 开始吸附，静电斥力基本上与减水剂的吸附量成比例，C_3S 占水泥的大部分，但依赖于 C_3A 与 C_4AF 的吸附量。表 6-18 中反映出不同水泥品种的初始坍扩度的差异。

同时试验也证明：①HP400 高效减水剂与所选的胶凝材料没有明显的不适应。掺加不同掺量的掺合料，在不同水胶比的情况下，除天津骆驼牌水泥的初始坍扩度较小外，其余各组的流动性能均能达到要求。②单掺矿粉时，水下自密实混凝土的坍扩度、漏斗流下时间和填密度基本上满足考核目标，但放置一段时间后泌水严重，有黏底现象，成型试块气孔较多，出现陆上 7 天强度比水中低的现象。③用华新堡垒牌、广州金羊牌、天津正通牌水泥，掺 40% 的粉煤灰，掺加复合后的水下自密实剂可以配制出坍扩度 630~650mm、90min 后坍扩度保持 80% 以上、漏斗流下时间在 9~20s 之间的水下自密实混凝土，能满足施工要求。

(2) 石膏形态与流动度的关系

水泥各成分和水反应的活性依次为：$C_3A > C_3S > C_4AF > C_2S$，铝酸盐相和它的水化产物在水化早期起着重要作用。当 C_3A 与二水石膏（$CaSO_4 \cdot 2H_2O$）同时存在时，由于

表 6-18

水下自密实剂与胶凝材料料的适应性试验

编号	外加剂	水泥种类	掺合料	水胶比	配合比	扩扩度(mm)	漏斗流下时间(s)	填密度	静置90min后			强度				备注
									扩扩度(mm)	漏斗流下时间(s)	填密度	水中(MPa)		陆上(MPa)		
												7天	28天	7天	28天	
1	HP400	华新堡垒	40%粉煤灰	0.37	0.37:1:1.24:1.47	640	10	流平	590	12	流平	23.6	38.9	24.4	37.5	
2	HP400	华新堡垒	40%矿粉	0.35	0.35:1:1.28:1.5	640	8	流平	610	11	流平	33.3	43.6	32.5	44.8	泌水、黏底、试块气孔较多
3	HP400	广州金羊	40%粉煤灰	0.38	0.38:1:1.24:1.47	670	8	流平	650	9	流平	18.4	28.8	26.1	41.0	
4	HP400	天津骆驼	40%粉煤灰	0.39	0.39:1:1.24:1.47	530	10	96	510	11	90%	23.5	38.9	24.8	39.8	
5	HP400	天津正通	40%粉煤灰	0.37	0.37:1:1.24:1.47	660	7	流平	620	10	流平	26.8	38.6	24.2	40.7	

形成钙矾石使减水剂的吸附量有所下降。石膏作为调凝剂在水泥熟料粉磨过程中加入。国内部分水泥厂采用硬石膏作调凝剂，虽然在普通混凝土工程中应用这种水泥性能正常，但现在外加剂广泛应用，这种水泥会产生与外加剂不适应的问题。

试验选用湖南湘乡牌P.O42.5水泥、广州金羊牌P.O42.5水泥和华新水泥厂堡垒牌P.O42.5水泥分别进行水泥净浆流动度试验。其中湖南湘乡牌P.O42.5水泥用硬石膏调凝。试验结果表明：用硬石膏作调凝剂的水泥，初始流动度几乎没有，而其余两种水泥没有出现这种现象，初始流动度在180～200mm之间，说明后两种水泥与HP400有较好的适应性。

(3) 碱含量对外加剂与水泥适应性的影响

水泥的碱（K_2O+Na_2O）含量对减水剂的作用有较大的影响。试验采用一种水泥，固定其C_3A的含量，不同掺量的碱（NaOH）进行水泥净浆的流动度试验。结果见表6-19。

水泥碱含量对水泥净浆流动度流动性的影响　　　表6-19

水泥	$Na_2O+0.658K_2O$ (%)	减水剂品种及掺量（%）		流动度(mm)
		HP400 高效减水剂	木钙	
华新42.5普硅水泥	0.60	1.0	—	280
	1.20	1.0	—	260
	2.00	1.0	—	105
	0.60	1.0	0.25	230
	1.20	1.0	0.25	210
	2.00	1.0	0.25	115

从表中可以看出：随着碱含量的增加，水泥的流动度减小，减水剂的塑性变差。

5. 水下自密实混凝土物理力学性能试验

(1) 水下自密实混凝土抗压强度试验

混凝土总胶凝材料用量为560kg/m³，水泥为华新42.5普通硅酸盐水泥，粉煤灰为南通华能电厂的Ⅱ级灰，矿粉为武钢产，硅粉为挪威埃肯生产，HP400掺量为0.8%，试验配合比见表6-20、试验结果见表6-21。

水下自密实混凝土抗压强度配合比　　　表6-20

编号	水胶比	配合比	砂率(%)	混凝土材料用量(kg/m³)					
				水	水泥	粉煤灰	矿粉	硅粉	砂	石
1	0.36	1:1.31:1.51	46	201.6	560	0	0	0	733.6	845.6
2	0.36	1:1.26:1.50	46	201.6	392	168	0	0	705.6	840
3	0.36	1:1.25:1.49	46	201.6	364	196	0	0	700	834.4
4	0.36	1:1.24:1.48	46	201.6	336	224	0	0	694.4	828.8
5	0.36	1:1.25:1.49	46	201.6	368.5	157.9	0	33.6	700	834.4
6	0.36	1:1.25:1.48	46	201.6	342.2	184.2	0	33.6	700	828.8
7	0.36	1:1.24:1.47	46	201.6	315.8	210.6	0	33.6	694.4	823.2

续表

编号	水胶比	配合比	砂率(%)	混凝土材料用量(kg/m³)						
				水	水泥	粉煤灰	矿粉	硅粉	砂	石
8	0.36	1:1.29:1.53	46	201.6	336	0	224	0	722.4	856.8
9	0.36	1:1.29:1.53	46	201.6	308	0	252	0	722.4	856.8
10	0.36	1:1.29:1.53	46	201.6	280	0	280	0	722.4	856.8
11	0.36	1:1.28:1.52	46	201.6	315.8	0	210.6	33.6	716.8	851.2
12	0.36	1:1.28:1.52	46	201.6	289.5	0	236.9	33.6	716.8	851.2
13	0.36	1:1.28:1.52	46	201.6	263.2	0	263.2	33.6	716.8	851.2
14	0.34	1:1.3:1.55	46	201.6	537.6	0	0	22.4	728	868
15	0.34	1:1.3:1.54	46	201.6	526.4	0	0	33.6	728	862.4

水下自密实混凝土抗压强度结果　　表 6-21

编号	坍扩度(mm)	填密度(%)	漏斗流过时间(s)	抗压强度(MPa)							
				水中成型				陆上成型			
				7天	28天	90天	180天	7天	28天	90天	180天
1	640×620	95	16	30.9	33.3	39.6	43.2	34.5	33.6	37.1	42.5
2	600×620	93	15	21.5	23.2	29.1	38.6	20.8	26.0	31.8	39.3
3	600×600	90	14	24.9	28.4	40.4	45.1	29.3	38.3	43.7	48.6
4	600×610	90	14	21.8	28.9	39.6	42.6	28.5	40.9	42.3	43.7
5	600×590	87	14	19.7	29.0	40.9	42.8	24.6	41.8	42.8	44.9
6	600×560	88	15	19.2	32.0	36.4	39.8	22.8	35.1	38.0	40.6
7	600×570	89	15	20.7	28.1	35.8	43.8	22.2	37.7	39.7	41.8
8	620×620	94	17	21.9	32.1	36.7	41.1	25.9	43.7	48.5	49.6
9	610×600	94	16	25.9	37.6	40.8	45.0	31.0	39.9	41.8	48.7
10	580×610	92	15	20.6	32.0	40.1	43.9	27.9	37.6	51.0	54.1
11	600×600	90	15	24.3	41.5	46.7	48.2	25.7	37.1	43.4	47.4
12	570×620	86	14	27.7	36.7	44.1	53.7	30.1	46.8	50.3	51.6
13	560×580	86	15	24.1	29.2	36.9	38.6	20.1	37.0	42.2	44.9
14	580×600	86	14	29.9	36.4	38.2	41.6	33.9	47.5	49.4	50.2
15	570×590	82	12	31.8	40.3	44.4	46.2	38.9	48.5	50.6	51.8

上述试验结果说明，采用复合后的水下自密实剂，水胶比在 0.35 左右，总胶凝材料用量为 560kg/m³ 时，掺加一定比例的粉煤灰、矿粉、硅粉，都能配制出具有良好的流动性、适当的黏度、不离析、均匀性好、有良好的填充性能的水下自密实混凝土。其初始性能为：①坍扩度 570～630mm；②漏斗流下时间：12～17s；③填密度大于 80%。并且其抗压强度也符合一般混凝土的规律，随着龄期的增加强度不断增长。

(2) 水下自密实混凝土静力抗压弹性模量试验

试验用表 6-22 中的 4 种配合比，分别在水中和陆上成型试件，然后在相同条件下养护，按《水运工程混凝土试验规程》(JTJ 270—98)中的有关方法测试其 28 天和 90 天的静弹性模量，并与同强度等级普通水泥弹性模量比较，试验结果见表 6-23 和图 6-82、图 6-83。

水下自密实混凝土弹性模量试验结果 表 6-22

编号	水胶比	配合比	砂率(%)	混凝土材料用量(kg/m³)					弹性模量($\times 10^4$ MPa)	
				水	水泥	粉煤灰	砂	石	28 天	90 天
1	0.36	1:1.31:1.51	46	201.6	560	0	733.6	845.6	3.33	3.61
2	0.36	1:1.26:1.50	46	201.6	392	168	705.6	840	3.05	3.38
3	0.36	1:1.25:1.49	46	201.6	364	196	700	834.4	3.16	3.27
4	0.36	1:1.24:1.48	46	201.6	336	224	694.4	828.8	3.24	3.42

普通 C30 混凝土弹性模量 表 6-23

编号	水胶比	配合比	砂率(%)	混凝土材料用量(kg/m³)					28 天强度(MPa)	弹性模量($\times 10^4$ MPa)	
				水	水泥	粉煤灰	砂	石		28 天	90 天
1	0.45	0.45:1:2.28:3.28	41	143.5	350	0	798	1148	39.6	3.32	3.62
2	0.45	0.45:1:2.26:3.38	40	143.5	280	70	790	1185	37.3	3.24	3.54

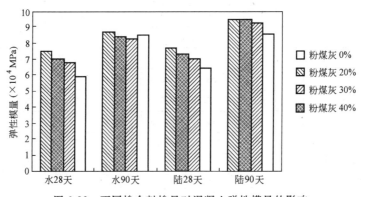

图 6-82 不同掺合料掺量对混凝土弹性模量的影响

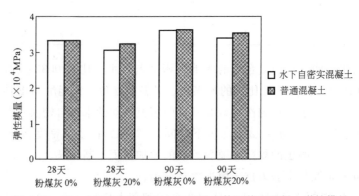

图 6-83 C30 水下自密实混凝土与同强度等级普通混凝土弹性模量

由表 6-22 和图 6-82 可看出，水下自密实混凝土的弹性模量随着粉煤灰掺量的增大而降低，并且在配合比相同的情况下，弹性模量随着龄期的延长而增大。此外，还可看出，不掺粉煤灰或粉煤灰掺量为 20% 时，水下自密实混凝土水中成型的试件弹性模量都小于普通混凝土，下降幅度为 10% 左右。这是由于水下自密实混凝土与普通混凝土相比，水泥浆用量多，骨料数量少，致使弹性模量低。

6. 水下自密实混凝土耐久性研究

（1）水下自密实混凝土抗渗性能试验

按照《水运工程试验规程》（JTJ 270—98），测试水下自密实混凝土 28 天的渗水高度，试验结果见表 6-24。

水下自密实混凝土抗渗结果　　　　　　　　　表 6-24

编号	水胶比	配合比	砂率(%)	混凝土材料用量(kg/m³)						28天渗水高度(cm) 水中
				水	水泥	粉煤灰	硅粉	砂	石	
1	0.36	1∶1.31∶1.51	46	201.6	560	0	0	733.6	845.6	8.3
2	0.36	1∶1.26∶1.50	46	201.6	392	168	0	705.6	840	7.2
3	0.36	1∶1.24∶1.48	46	201.6	336	224	0	694.4	828.8	7.5
4	0.36	1∶1.25∶1.49	46	201.6	368.5	157.9	33.6	700	834.4	6.8
5	0.36	1∶1.24∶1.47	46	201.6	315.8	210.6	33.6	694.4	823.2	6.0

试验表明单掺粉煤灰或混掺粉煤灰和硅粉时，其渗水高度都小于不掺掺合料的混凝土，并且粉煤灰掺量增大，渗水高度降低，说明掺入掺合料能提高水下自密实混凝土的抗渗性。

（2）水下自密实混凝土抗氯离子侵入性能试验

混凝土抗氯离子侵入性能测试方法较多，在进行自密实混凝土抗氯离子侵入性能测试中用了两种测试方法：电通量法和氯离子扩散系数法。电通量法前面已介绍，氯离子扩散系数法的原理和电通量法基本相似。其原理为：在试件的轴向上利用外部的电势能迫使试件外部的氯离子向试件内部迁移。经过一段时间后，将该试件垂直轴向劈裂，在新劈开的断面上喷射硝酸银溶液，从生成的可见的白色氯化银沉淀可以测量出氯离子渗透的深度，然后计算出氯离子迁移系数。试验装置如图 6-84。试验用水泥为华新 42.5 级普通水泥，粉煤灰为南通华能电厂的Ⅱ级灰，矿粉为武钢产，硅粉为挪威埃肯产，总胶凝材料用量为 560kg/m³，HP400 掺量为 0.5%，木钙掺量为 0.28%。按表 6-25 中的配合比在陆上成型 11 组试件，同时测试其电通量和氯离子扩散系数，试验结果见表 6-26 和图 6-85、图 6-86。

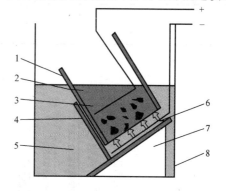

图 6-84　非稳态氯离子迁移试验装置
1—硅橡胶树脂套筒；2—阳极液；3—阳极—不锈钢网；4—试块；5—阴极液；6—阴极—不锈钢板；7—有机玻璃支撑；8—有机玻璃箱

水下自密实混凝土抗氯离子渗透性能配合比　　表 6-25

编号	水胶比	配合比	砂率（%）	混凝土材料用量（kg/m³）					
				水	水泥	粉煤灰	矿粉	硅粉	砂	石
1	0.36	1∶1.31∶1.51	46	201.6	560	0	0	0	733.6	845.6
2	0.36	1∶1.26∶1.50	46	201.6	392	168	0	0	705.6	840
3	0.36	1∶1.24∶1.48	46	201.6	336	224	0	0	694.4	828.8
4	0.36	1∶1.25∶1.49	46	201.6	368.5	157.9	0	33.6	700	834.4
5	0.36	1∶1.24∶1.47	46	201.6	315.8	210.6	0	33.6	694.4	823.2
6	0.36	1∶1.29∶1.53	46	201.6	336	0	224	0	722.4	856.8
7	0.36	1∶1.29∶1.53	46	201.6	280	0	280	0	722.4	856.8
8	0.36	1∶1.28∶1.52	46	201.6	315.8	0	210.6	33.6	716.8	851.2
9	0.36	1∶1.28∶1.52	46	201.6	263.2	0	263.2	33.6	716.8	851.2
10	0.34	1∶1.3∶1.55	46	201.6	537.6	0	0	22.4	728	868
11	0.34	1∶1.3∶1.54	46	201.6	526.4	0	0	33.6	728	862.4

水下自密实混凝土抗氯离子渗透性能试验结果　　表 6-26

编号	陆上成型电通量（库仑）		陆上成型氯离子扩散系数（×10^{-12}m²/s）	
	28 天	90 天	28 天	90 天
1	2228	1662	5.8	4.2
2	1475	1155	4.15	3.0
3	905	865	3.3	2.85
4	399	360	2.25	1.8
5	412	388	2.2	1.65
6	818	759	2.85	2.0
7	695	650	2.40	1.85
8	474	409	2.25	1.55
9	478	398	2.15	1.20
10	515	446	2.75	1.95
11	479	415	2.8	2.10

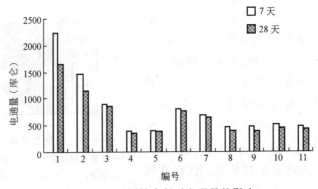

图 6-85　不同掺合料对电通量的影响

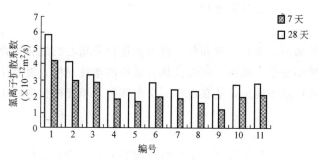

图 6-86 不同掺合料对氯离子扩散系数的影响

从表 6-25、表 6-26 和图 6-85、图 6-86 可看出，单掺粉煤灰或单掺矿粉时，电通量和氯离子扩散系数随着掺合料掺量的增大而降低，而粉煤灰或矿粉混掺硅粉时，其电通量和氯离子扩散系数大幅下降，说明掺加硅粉后，混凝土抗氯离子渗透性能明显提高，电通量都小于 1000 库仑、氯离子扩散系数小于 $3\times10^{-12}\,\mathrm{m^2/s}$。当粉煤灰掺量达到 40% 或矿粉掺量达到 50% 时，其电通量和氯离子扩散系数大大低于基准配合比。单掺硅粉，掺量 4% 的电通量和氯离子扩散系数比掺量为 6% 的小，说明单掺硅粉时抗氯离子渗透性明显增强。

掺入掺合料可以增加混凝土的抗氯离子抗渗性，延长混凝土的寿命。因为水泥水化过程中产生了大量的游离 $Ca(OH)_2$，这一组分的强度很低，稳定性极差，在侵蚀条件下是首先遭到侵蚀的组分。矿物掺合料的掺入，使掺合料中的活性 SiO_2 与游离 $Ca(OH)_2$ 发生反应，生成低碱度水化硅酸钙，降低了游离 $Ca(OH)_2$ 的含量，改善了水化胶凝物质的组成和质量，并且掺合料有一部分填充到砂与水泥粒子之间的界面过渡区以及水泥粒子之间的界面过渡区的空隙中，使砂浆和水泥石结构更为致密，阻断可能形成的渗透通路，使混凝土的抗渗性大幅提高。

从表 6-27 可知，90 天的电通量和氯离子扩散系数比 28 天的都小，说明氯离子扩散系数随着时间的延长而降低。并且，电通量越大，其氯离子扩散系数也越大，说明电通量与氯离子扩散系数存在一定关系，通过线性回归分析法（图 6-87、图 6-88）得出电通量与氯离子扩散系数的关系如表 6-27。

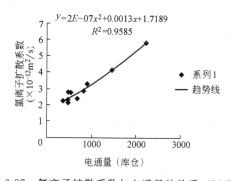 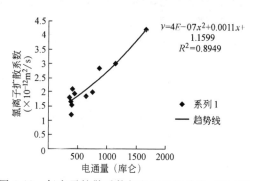

图 6-87 氯离子扩散系数与电通量的关系（28 天）　　图 6-88 氯离子扩散系数与电通量的关系（90 天）

扩散系数 $D(\times10^{-12}\,\mathrm{m^2/s})$ 与电通量 Q（库仑）的关系　　表 6-27

混凝土回归分析类别	关 系 式	相关系数
28 天扩散系数 D_{28} 与 28 天电通量 Q_{28}	$D_{28}=2\times10^{-7}Q_{28}^2+0.0013Q_{28}+1.72$	0.96
90 天扩散系数 D_{90} 与 90 天电通量 Q_{90}	$D_{90}=4\times10^{-7}Q_{90}^2+0.0011Q_{90}+1.16$	0.89

三、封底混凝土浇筑工艺及流程

1. 工艺原理

通过高性能外加剂、胶结材料和粗细骨料的选择及精心的配合比设计,使混凝土拌和物的屈服剪应力减小到适用范围。同时又具有足够的塑性黏度,混凝土拌合物既具有高度流动性又不出现离析泌水现象,能在自重下自由流淌,填充模板内的空隙并形成均匀密实的混凝土结构。

2. 浇筑工艺

针对工程特点,为确保4号主墩承台封底混凝土浇筑质量,将整个承台封底混凝土分三个浇筑区进行。相邻区域间设置5.9m/3.4m高的围壁将混凝土隔开,第Ⅰ、Ⅲ区域混凝土方量各为5420m³,第Ⅱ区域为4680m³。封底混凝土分区见图6-89。

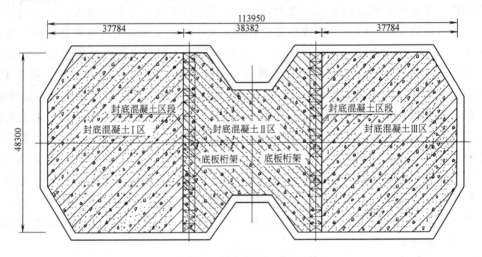

图6-89 封底混凝土分区图

封底混凝土浇筑顺序为:Ⅰ→Ⅲ→Ⅱ区域。

混凝土的贮备及输送采用在各个浇筑区域设置中心集料斗集料、经分料槽按顺序将混凝土分配至各浇筑部位导管,进行水下混凝土浇筑。

3. 浇筑流程

封底混凝土浇筑流程如图6-90所示。

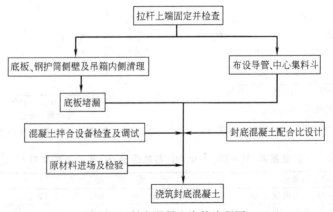

图6-90 封底混凝土浇筑流程图

四、封底混凝土浇筑前准备

1. 钢吊箱终沉后的清理

(1) 钢护筒外壁及钢吊箱底板的清理

由于钻孔桩及钢吊箱下沉施工时间较长,在钢护筒外壁及吊箱内壁上会存有其他杂物,钢吊箱底板上会沉淀有淤泥。为了保证混凝土质量以及混凝土与钢护筒之间的握裹力,在钢吊箱底板与钢护筒之间缝隙的封堵之前需要潜水员水下用高压水枪进行清理。

(2) 钢吊箱底板与钢护筒之间缝隙的封堵

钢吊箱调整到位并固定后,由潜水员水下安装哈佛,封堵钢护筒与吊箱底板间的间隙,并在哈佛上堆码一层袋装水泥、砂石的混合料,由于水下操作不方便,极易造成空隙封堵不严、不实,因此在封底混凝土灌注前,潜水员水下检查,发现问题及时处理。

吊箱底板与钢护筒之间缝隙封堵见图6-91所示。

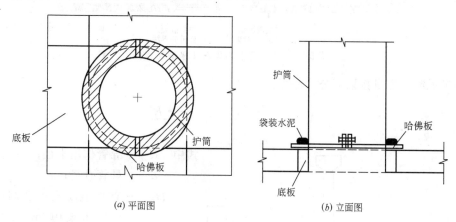

图6-91 吊箱底板与钢护筒之间缝隙封堵简图

(3) 吊箱终沉清理完毕后,潜水员须水下检查连通器畅通情况。

2. 导管的选择及布置

导管选用直径$\phi 325mm$、采用快速接头的导管,导管长度为20m、17.5m两种,防撞区的导管20m,其余区域导管17.5m,导管上口接$1m^3$的小料斗,导管用2台5t葫芦挂在平台上。导管使用前进行水密试验;导管安装中,每个接头需预紧检查,固定完成后导管底口离吊箱底板10~15cm。

导管布置按以下原则进行布置:

(1) 单根导管作用半径按6m考虑,全部导管作用范围覆盖整个混凝土浇筑区。

(2) 吊箱内壁与最外围钢护筒间布置有一排导管,以确保该部分封底混凝土厚度,以防渗水。

(3) 导管与钢护筒外侧壁尽量保持一定距离,利于混凝土的均匀扩散。

导管平面布置见图6-92所示。

3. 首批混凝土方量及中心集料斗平面布置

(1) 首批混凝土方量计算

首批混凝土方量计算图式,如图6-93所示。

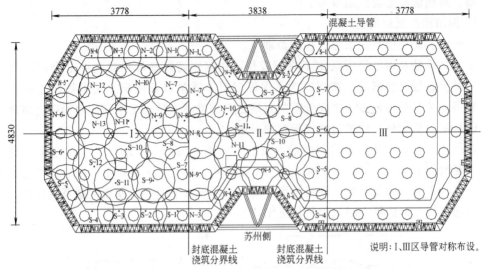

图 6-92 导管及中心集料斗平面布置图

首批混凝土方量按以下公式计算：

$$V = h_1 \cdot \frac{\pi \cdot d^2}{4} + H_c \cdot \frac{\pi \cdot R^2}{3}$$

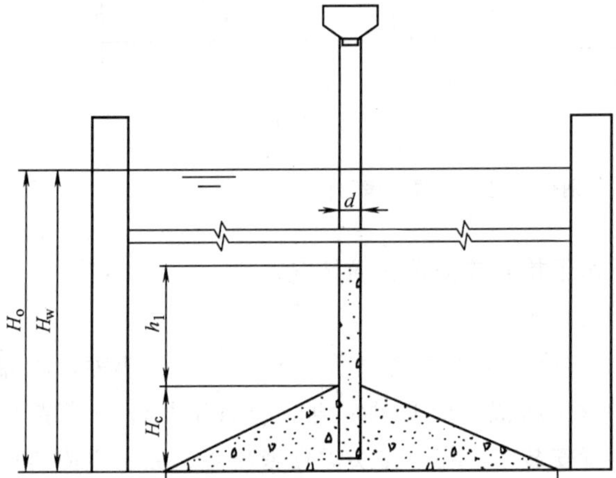

式中 R——导管作用半径；

d——导管直径；

H_c——首批混凝土灌注高度，按 0.6m 考虑（0.4m 导管埋深）；

h_1——吊箱内混凝土高度达到 H_c 时导管内混凝土柱与管外水压平衡的高度（m）：

$$h_1 = H_w \times \rho_w / \rho_c = H_w / 2.5$$

ρ_w——吊箱内水的密度，为 $10 kN/m^3$；

ρ_c——混凝土拌合物密度，按 $24 kN/m^3$ 取值；

H_w——吊箱内水面至吊箱底板高度，$H_w = 14.55 m$。

图 6-93 首批混凝土方量计算图式

带入计算可得：$h_1 = 6.06$
故首批混凝土方量为：

$$V = 6.06 \times 3.14 \times 0.3^2 / 4 + 0.6 \times 3.14 \times 6^2 / 3 = 23 m^3$$

（2）中心集料斗平面布置

中心集料斗容量约为 $30 m^3$，共加工 2 个，2 个中心集料斗的输送混凝土范围要求覆盖每根导管。中心集料斗布置见图 6-92 所示。

4. 封底混凝土平台搭设

(1) 操作平台搭设

水下混凝土浇筑采用 H588 为承重梁，I25a 为分配梁，平台平面布置见图 6-94 和图 6-95 所示。

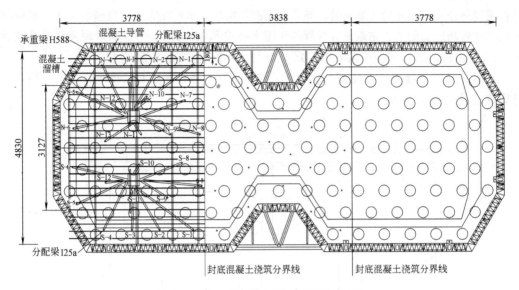

图 6-94　Ⅰ、Ⅲ区平台平面及溜槽布置图

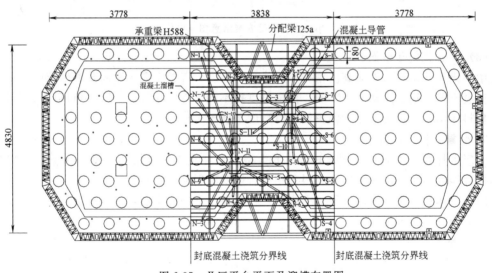

图 6-95　Ⅱ区平台平面及溜槽布置图

(2) 小料斗及导管支承系统搭设

小料斗搭设高度计算如下：

$$H = 0.04P - 0.6h$$

式中　H——管顶高出水面的最小高度；

P——管底混凝土桩的最小超压力，按导管埋深 1.5~1.8m，取 250kN/m²；

h——导管周围混凝土面距水面的高度。$h=2.92-(-8.5)=11.42\text{m}$。

故 $H=0.04\times250-0.6\times11.42=3.148\text{m}$

导管顶口标高：$3.148+2.93=6.078\text{m}$。根据实际情况，导管顶口搭设标高为$+7.84\text{m}$。导管采用外径$\phi325\text{mm}$的无缝钢管，导管使用前作水压、水密性实验，合格后使用。试验的水压按导管超压力的1.2倍取值。导管的作用半径按6.0m考虑。导管底口距离钢吊箱底板10~15cm左右，Ⅰ、Ⅲ浇筑区各布置25根导管，第Ⅱ个浇筑区布置22根。

小料斗采用直接置于夹具梁上，导管采用手拉葫芦吊挂于夹具梁或平台梁上。小料斗及导管安装见图6-96所示。

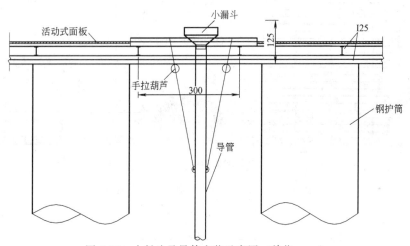

图6-96 小料斗及导管安装示意图（单位：cm）

（3）中心集料斗搭设

中心集料斗出料口搭设高度根据小料斗顶口高度，混凝土溜送距离及溜槽坡度确定。

混凝土最远输送距离为17.8m，溜槽坡度按不陡于1∶3搭设，考虑出料口等富裕量，中心集料斗出料口搭设高度为距护筒顶口高度不低于$+18\text{m}$。

5. 混凝土拌合设备

混凝土拌合设备采用二航局160m^3/h大型水上混凝土拌合船及一艘60m^3/h拌合船。实际拌合能力为150m^3/h。各原材料采用拌合船及驳船现场贮料。

因系大体积、大方量水下混凝土浇筑，在混凝土开始浇筑前，对各种机具、设备进行落实详细检查及维护。

6. 测量准备

3kg测量锤30个，25m长测绳30根，施工前用江水浸泡2天，并校核其长度，在17、16、15、14、13m处用钢丝做标记。

平台标高测量，每个浇筑点及测点处平台标高应提前测出，作为测量混凝土面的依据，并用油漆标示在该处。

五、封底混凝土搅拌与浇筑

1. 水下封底混凝土质量要求

混凝土配合比的合理设计，是封底成功的重要因素之一，除采用双掺技术提高混凝土的和易性、流动性及稳定性外，还对封底混凝土其他性能指标进行了规定。在封底混凝土浇筑过程中，可根据具体情况，对混凝土配合比进行必要的调整，使得混凝土的各项指标均满足封底混凝土的质量要求。

(1) 混凝土强度不能小于设计强度C30；

(2) 混凝土泌水率不小于1%；

(3) 初始流动度不小于600mm，3h后，混凝土流动度不小于600mm；

(4) 混凝土初凝时间＞40h（最大混凝土浇筑量按5000m³考虑，实际混凝土浇筑能力按120m³/h）；

(5) 流速（0～500mm）不小于3s。

(6) 混凝土7天强度达到设计强度的90%以上。

2. 封底混凝土搅拌

由于封底混凝土采用的是免振捣混凝土，其中含有超细颗粒组分，因此加料顺序很重要，而且搅拌时间要适当延长，更为重要的是要严格控制搅拌时的加水量。

封底免振捣混凝土的配置大致可分为三个工序或步骤。第一步：用水泥、适当的超细掺合料、水与超塑化剂配置出具有良好流动性的浆体；第二步：在上述浆体中加入细集料，细集料的掺量应使所配制成的砂浆仍具有适当的高流动性；第三步：在上述砂浆中加入粗骨料，粗骨料的掺加量要使混凝土仍能保持良好的流动性，从而使之具有自密实的功能。

配制免振捣混凝土的投料顺序如图6-97所示。

3. 封底混凝土浇筑

(1) 封口混凝土浇筑

1) 封口顺序

总的顺序：从隔舱板开始，先沿四周封厚2.5m周边下层底板部分，再从隔舱板封3.0m上层底板部分，从隔舱板处向另一端推进，但已封底的导管按先后顺序每隔1h补料一次，不少于2.0m³。

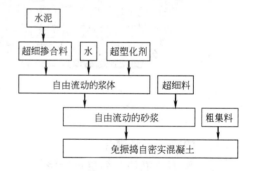

图6-97 配置免振捣自密实混凝土的投料顺序

Ⅰ、Ⅲ区：集料斗1的封底顺序，N-1→N-2→N-3→N-4→N-5→N-6→N-7→N-8→N-9→N-10→N-11→N-12→N-13；集料斗2的封底顺序，S-1→S-2→S-3→S-4→S-5→S-6→S-7→S-8→S-9→S-10→S-11→S-12。导管编号见图6-94。

Ⅱ区：集料斗1的封底顺序，N-1→N-2→N-3→N-4→N-5→N-6→N-7→N-8→N-9→N-10→N-11；集料斗2的封底顺序，S-1→S-2→S-3→S-4→S-5→S-6→S-7→S-8→S-9→S-10→S-11。导管编号见图6-95。

2) 封口

在封口前，用测深锤从导管内测出导管下口与吊箱底板距离，依靠葫芦调整至15～20cm。

在小料斗内涂抹黄油，并铺塑料膜，用塞子堵住管口并用吊车挂住塞子。中心集料斗贮料，然后依次打开通向灌注导管的分料槽的出料门、中心集料斗的出料口，让混凝土经溜槽进入浇筑小料斗，当小料斗内充满混凝土时，拔塞，同时集料斗连续不断放料，完成导管封口混凝土浇筑。首批封口混凝土浇筑完成后，导管埋深在0.6～0.8m。

在一根导管封口完成后进行其相邻导管封口时，先测量待封导管底口处的混凝土顶标高，根据实测重新调整导管底口的高度。为保证封口混凝土的顺序进行，在每根导管封口完成后，按不大于60min控制同一导管两次灌入混凝土的间隔时间。

为加快整个封底的浇筑速度，采用两个中心集料斗同时进行供料浇筑。

3) 测量

封底混凝土施工前，按每15m² 左右布设一个测点，编号见图6-98。浇筑混凝土时作好测深、导管原始长度、测量基准点标高等记录，同时每根导管封口结束后应及时测量其埋深与流动范围，并作好详细记录。

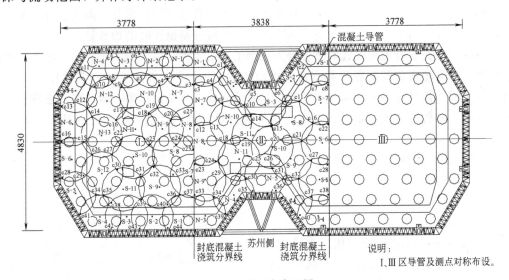

图 6-98 封底测点布置图

(2) 混凝土正常灌注

正常混凝土灌注分两层进行浇筑。

因封底混凝土总厚度仅3m，为保证导管有一定埋深，混凝土灌注顺利时，一般不随便提升导管，即使需要提管，每次提升的高度都严格控制在20cm之内，且采用手拉葫芦进行提升。

浇筑过程中注意控制每一浇筑点补料一次后标高及周围9m范围内的测点都要测一次，并记录灌注、测量时间。

(3) 终浇

封底混凝土顶面标高−7.00m，根据现场测点的实测混凝土面高程，确定该点是否终浇，终浇前上提导管适当减小埋深，尽量排空导管内混凝土，使其表面平整。

混凝土浇筑临结束时，全面测出混凝土面标高，重点检测导管作用半径相交处、护筒周边、吊箱内侧周边转角等部位，根据结果对标高偏低的测点附近导管增加浇筑量，力求封底混凝土顶面平整，并保证封底厚度达要求，当所有测点均符合要求后，终止混凝土浇筑，上拔导管，冲洗堆放。

六、封底混凝土质量标准及检验

免振捣混凝土在国内外属于研究开发阶段，为保证免振捣混凝土的施工质量和在工程中方便使用，国内外学者和工程界人士都探讨免振捣混凝土的机理、实现途径、检测手段和工艺流程。混凝土的质量直接影响结构的安全性和可靠性，免振捣混凝土作为高性能混凝土的一个分支，要在实践中实现高耐久性及其他众多优良性能，就必须从人、材料、机械、方法和环境五个方面入手，针对每一个施工环节建立质量控制点和预控点，提高项目领导和施工班组的质量意识，采取行之有效的措施来保证免振捣混凝土诸环节的施工质量，建立严密的组织体系和岗位责任制，从系统整体的角度控制免振捣封底混凝土的质量。

1.封底混凝土原材料质量控制

封底混凝土的质量，必须考虑混凝土材料的组成、内部结构及其混凝土性能的影响。

1）水泥。基于目前我国的原材料状况，水泥的问题主要是与超塑化剂的相容性、标准稠度用水量和水泥的强度等级问题。一般地 C_3A 含量低和标准稠度用水量低的水泥更适宜于配置免振捣混凝土，水泥与外加剂的适应性则从宏观角度决定了能否配置某个强度等级的免振捣混凝土。

2）混合材料。活性混合材料是免振捣高性能混凝土必不可少的组分，在免振捣混凝土中，要充分地发挥活性混合料的"活性效应"、"截面效应"和"减水效应"等，一是要求混合材料的颗粒粒径与水泥颗粒在微观上形成级配体系，二是球形玻璃体含量，球形玻璃体含量高的混合材料减水效应显著，需水比可大大降低。另外混合材中的含碳量是有百害无一利的，他不但使混合材料的需水量大大提高，降低混凝土强度，更重要的是他还吸附了大量外加剂，降低外加剂在混凝土塑性阶段的功效，增加了外加剂掺量，提高工程成本。

3）粗骨料。粗骨料颗粒形状应尽可能选用圆棱角状的，并应不含或极少含针状、片状颗粒及黏土、石粉等杂质。粒径以小于 20mm 为宜。

4）细骨料。免振捣高性能混凝土所采用的细骨料细度模数可取的区间为 2.5～3.2。相对碎石而言，砂在混凝土中存在着双重效应，一是圆形颗粒的滚动减水效应，这对流动性有利，但对强度贡献不如碎石；二是比表面积大吸水率高的需水效应，这两种相互矛盾的效应，就决定了在配置免振捣高性能混凝土时，需根据水泥、掺合料、外加剂等综合情况，通过实验选择砂率。砂中的含泥量或者杂质呈致密的膜状包裹于骨料表面，不仅会导致水泥浆与骨料的粘结力下降，而且还提高拌合物的需水量，进而提高水泥用量，否则将降低混凝土的强度，这对配置高强度等级的免振捣混凝土极其不利。

5）外加剂。免振捣混凝土外加剂应具备复合性能，免振捣自密实混凝土所要具备的流动性、抗分离性、间隙通过性和填充性这四个方面的统一都需要以外加剂为主来实现它。对于某个强度等级的免振捣混凝土主要是：一是同水泥的适应性；二是减水率，三是缓凝、保塑作用，并应通过调整内部各组织的相对比例和掺量使免振捣自密实混凝土满足某强度等级要求和施工状态下的自密实流动要求。

2.免振捣自密实混凝土配合比设计要点

首先根据强度等级要求，确定出试配强度，根据经验公式并考虑掺合料因素确定出水灰比，然后选择胶凝材料用量和用水量。一般在初次试配过程中，用水量和胶凝材料用量选择与流态、泵送混凝土类似。免振捣自密实混凝土主要性能指标是：通过外加剂、胶结材料、粗细骨料的选择与搭配和精心的配合比设计使混凝土拌合物的屈服剪应力尽可能减小，同时又具有一定的塑性黏度，令骨料悬浮于水泥浆中，混凝土拌合物既具有高流动性，又不出现离析泌水现象，能在自重作用下自由流淌填充模板空隙形成均匀密实的结构；硬化后的免振捣混凝土，其抗压强度、握裹力与采用振捣成型混凝土基本一致，轴心抗压强度、劈裂抗拉强度、抗折强度、静力弹性模量等其他物理力学指标符合规范要求，混凝土收缩小、抗渗、抗碳化、抗冻、耐久性能良好。在调整过程中主要解决的矛盾是：要从流动性、抗分离性、间隙通过性和填充性四个方面统一考虑解决流动性与抗分离性的矛盾，从而提高间隙通过能力和填充能力，并解决高工作性和硬化后混凝土的力学性能及高耐久性的矛盾。调整一般应遵循以下规律：

(1) 在工作性满足指标的情况下，强度值与试配值相差较大可通过提高胶凝材料量和用水量，降低水灰比来实现强度。

(2) 通过高效减水剂核心组分、缓凝保塑剂、适量引气剂等降低水灰比，保证免振捣混凝土工作性的各项指标，实现强度指标。

(3) 应按照用水量、外加剂、掺合料性能、砂率对免振捣工作性的影响规律对配合比进行微调，将工作性的各项指标控制在适当的范围内。

(4) 若拌合物出现离析，可通过增加掺合料的办法，或增加砂率，或减小细骨料细度模数，或减少用水量的办法解决。

(5) 若配置的混凝土"黏滞"，可更换较粗一点的砂子，尤其严格控制细粉含量；调整掺合料品种或掺量；更换水泥品种，保证水泥与外加剂的适应性良好。

3. 免振捣混凝土的工作性检测

对混凝土工作性（流动性）的传统控制方法是坍落度测试，该方法操作简便易行，但对 τ_0 和 η 指标仅能靠目测去感观。对于高性能混凝土，该法则不能完全反映混凝土的可泵性，有时即便坍落度很大，但黏滞流动很慢，仍不能满足泵送及自然密实要求，因此必须考虑时间这一因素，从时空观角度刻画免振捣自密实高性能混凝土的工作性能指标 τ_0 和 η。

将坍落筒正置，用传统的方法，中间免去插捣这个环节，直至装满后抹灰再插捣，然后用捣棒振击四周，观测混凝土体积是否发生变化，若没有体积变化则表示良好。然后提起坍落筒，量测坍落度值并观测其流动性。坍落度值则量化了混凝土在重力作用下的变形能力。

将坍落筒倒置并底部加封盖，同样地装满混凝土并抹平（一般将倒置坍落筒固定于一支架上，底部离地 50cm 为宜），迅速地滑开底盖，用秒表计量混凝土流空的时间，并结合测坍落度指标时所量测的混凝土流动直径（扩展度）和中间与边部的高差值（中边差）作为控制流动性的指标。作为一种检测工具及方法，坍落筒倒置，混凝土流空必须克服剪切和黏性、摩擦的综合影响。若 τ_0 值大，则流动时间 t 长或根本不流动；若 η 值大，则 t 值太大不宜泵送或流动性差。免振捣混凝土的扩展度指标量化了混凝土在自重作用下克服屈服应力、黏度和摩擦后流动状态，越接近圆形则表面匀质、变形能力良好，形状、直径大则表明间隙通过能力强，中边差则反映了石子在砂浆中的悬浮流动能力、抗分离能力和稳定性，越小则表面越好。一般地，对于免振捣混凝土坍落度值应控制在 250～280mm，流动时间控制在 8～15s，扩展度控制在 60～70cm，中边差值宜控制在≤20mm。显然，用倒坍落筒方法测免振捣混凝土的工作性，操作直观简便，快速实用，可重复性好。

4. 免振捣自流平混凝土养护

混凝土的一个很重要的特性就是养生性，没有足够的温度、湿度是很难实现混凝土在标准条件所实现的众多性能，这对于掺混合材料的免振捣自密实高性能混凝土尤其如此。有人所做的收缩试验、差热和热火重试验研究结果表明：干燥状态比潮湿状态收缩大；同龄期不掺混合材料的高强度混凝土水化程度深，胶粒间的吸附水和胶粒中的层间水含量相对较低，而结构结合水含量相对较高。因此在相对残酷的环境条件下，掺混合材料的混凝土中的水就容易失去，而不能实现标准养护条件下的众多优良性能。因此，免振捣混凝土由于使用了大量掺料，就必须更加注意早期养护。通过养护液、专人洒水等养护手段，保证一定时间温度、湿度稳定，使胶凝材料充分水化，一般养护时间应在 14 天以上。

5. 封底免振捣混凝土质量检验

（1）主控项目

1）水泥进场时应对其品种、级别、包装或散装仓号、出厂日期等进行检查，并应对其强度、安定性及其他必要的性能指标进行复验，其质量必须符合现行国家标准《硅酸盐水泥、普通硅酸盐水泥》（GB 175—1999）等的规定。

当在使用中对水泥质量有怀疑或水泥出厂超过三个月（快硬硅酸盐水泥超过一个月）时，应进行复验，并按复验结果使用。

检查数量：按同一生产厂家、同一等级、同一品种、同一批号且连续进场的水泥，袋装不超过 200t 为一批，散装不超过 500t 为一批，每批抽样不少于一次。

检验方法：检查产品合格证、出厂检验报告和进场复验报告。

2）混凝土中掺用外加剂的质量及应用技术应符合现行国家标准《混凝土外加剂》（GB 8076—1997）、《混凝土外加剂应用技术规范》（GB 50119—2003）等和有关环境保护的规定。

混凝土的外加剂可按要求选用，宜定厂商、定品牌、定掺量。对首批进场的原材料经监理取样复试合格后，应立即进行"封样"，以后进场的每批来料均与"封样"进行对比，发现有明显色差的不得使用。

检查数量：按进场的批次和产品的抽样检验方案确定。

检验方法：检查产品合格证、出厂检验报告和进场复验报告。

3）混凝土应按国家现行标准《普通混凝土配合比设计规程》（JGJ 55—2000）的有关规定，根据混凝土强度等级、耐久性和工作性能等要求进行配合比设计。

检验方法：检查配合比设计资料。

4）混凝土原材料每盘称量的偏差应符合表 6-28 的规定。

检查数量：每工作班抽查不应少于一次。

检验方法：复称。

原材料每盘称量的允许偏差　　　　　表 6-28

材料名称	允许偏差	材料名称	允许偏差
水泥、掺合料	±2%	水、外加剂	±1%
粗、细骨料	±3%		

5）混凝土的浇筑及间歇时间不应超过混凝土的初凝时间。同一施工段的混凝土应连续浇筑，并应在底层混凝土初凝之前将上一层混凝土浇筑完毕。

当底层混凝土初凝后浇筑上一层混凝土时，应按施工技术方案中对施工缝的要求进行处理。

检查数量：全数检查。

检验方法：观察，检查施工记录。

6）封底混凝土的强度等级必须符合设计要求。用于检查混凝土强度的试件，每隔 $80\sim200m^3$ 制作一组试件，其强度符合前面质量要求的强度标准。

检验方法：检查施工记录及试件强度、抗渗试验报告。

（2）一般项目

1）混凝土中掺用矿物掺合料的质量应符合现行国家标准《用于水泥和混凝土中的粉煤灰》（GB 1596—2005）等的规定。矿物掺合料的掺量应通过试验确定。粉煤灰宜选用《粉煤灰混凝土应用技术规范》（GBJ 146—90）标准规定的Ⅱ级以上粉煤灰，要求定供应厂商、定细度，且不得含有任何杂物。

检查数量：按进场的批次和产品的抽样检验方案确定。

检验方法：检查出厂合格证和进场复验报告。

2）混凝土所用的粗、细骨料的质量应符合国家现行标准《普通混凝土用碎石或卵石质量标准及检验方法》（JGJ 53—92）、《普通混凝土用砂质量标准及检验方法》（JGJ 52—92）和《公路工程集料试验规程》（JTG E42—2005）的规定。

检查数量：按进场的批次和产品的抽样方案确定。

检验方法：检查进场复验报告。

3）拌制混凝土宜采用洁净水，不得含有有害杂质；当采用其他水源时，水质应符合国家现行标准《混凝土拌合用水标准》（JGJ 63—89）的规定。

检查数量：同一水源检查不少于一次。

检验方法：检查水质试验报告。

4）首次使用的混凝土配合比应进行开盘鉴定，其工作性满足设计配合比的要求。开始生产时至少留置一组标准养护试件，作为验证配合比的依据。

检验评定混凝土强度用的混凝土试件的尺寸强度换算系数按现行国家标准《混凝土结构工程施工质量验收规范》（GB 50204—2002）的规定取用；其标准成型方法、标准养护条件及强度试验方法符合普通混凝土力学性能试验方法标准的规定。

检验方法：检查开盘鉴定资料和试件强度试验报告。

5）混凝土浇筑时，严格控制每次下料的高度和厚度，保证分层厚度不超过30cm。振捣方法要正确，不得漏振和过振。严格控制振捣时间和振捣棒插入下一层混凝土的深度，保证深度在5~10cm，振捣时间以混凝土翻浆不再下沉和表面无气泡泛起为止，一般在15s左右。

6）混凝土浇筑完毕后，应按施工技术方案及时采取有效的养护措施，并应符合下列规定：

① 应在浇筑完毕后的12h以内对混凝土加以覆盖并保湿养护。

② 混凝土养护的时间一般不得少于14天。

③ 浇水次数应能保持混凝土处于湿润状态；混凝土养护用水应与拌制用水相同。

④ 混凝土强度达到 1.2N/mm² 前，不得在其上踩踏或安装模板支架。

注：a. 当日平均气温低于 5℃时，不得浇水。

b. 混凝土表面覆盖塑料布而不便浇水时，宜涂刷养护剂。

c. 对大体积混凝土的养护，应根据气候条件按施工技术方案采取控温措施。

检查数量：全数检查。

检验方法：观察，检查施工记录。

7) 封底混凝土表面标高检测

在撤除全部导管前，应测绘全部混凝土面高程图，并保证混凝土面平均标高大于设计标高 15cm。

第六节　钢吊箱施工安全监测

苏通大桥主 4 号墩特大型钢套箱为哑铃形异型结构，此超大型钢套箱结构设计无现有范例，沉放无类似经验，其结构设计及沉放工艺是一个前所未有的复杂课题。在施工过程中面临江阔、水深、流大、风疾、浪高以及船舶撞击危险等复杂的外部条件。因此，在钢套箱施工过程中，开展整体结构应力、变形和整体刚度的跟踪监测对钢套箱安全施工至关重要，它确保了信息化施工方案的顺利实施和钢套箱的安全起吊、安全沉放、安全封底和安全抽水，并为类似工程积累了宝贵的经验。

一、监测仪器

1. 结构应力和应变监测仪器

（1）结构应力和应变传感器

振弦式传感器（图 6-99）特别适用于现场环境恶劣的桥梁工程和岩土工程的安全监测。其性能优胜于传统的电阻式、半导体式测试仪器的主要原因在于使用频率作为输出讯号，较采用电流作为远距离输送讯号所产生的误差为少，频率即使在传递超过 2000Hz 的情况下也衰减甚微。同时，频率受水分渗入、温度变化、接触电阻或泄漏电阻等因素的影响相对较小。这一优点，加上采用了坚固且密封的钢结构，使振弦式传感器能在长期监测过程中保持极高的可靠性与稳定性，是恶劣环境中的理想监测设备。

图 6-99　振弦式传感器

由于钢套箱的绝大部分应力测点处于复杂的工作环境中，太阳辐射和江水对观测结果均有较大影响，而不同的工况，甚至同一工况的不同时间，太阳辐射和江水的影响都会有较大的差异，故需对观测结果作温度修正。同时考虑到钢套箱受力条件的复杂性以及对观测精度的高要求，所以，本项目拟采用在同类传感器中性能最优异的美国 Geokon（基康）公司生产的 BGK-4000 型振弦式表面应变计。其技术参数为：传感器长 150mm，量程为 3000（微应变），分辨率为 1，精度为 ±0.1％F.S.，非线性＜0.5％F.S.，工作温度为 －20℃～+80℃，采用四芯完全屏蔽土工电缆。可直接焊接在钢结构的表面，可同时观测钢结构的应变和环境温度，并进行准确的温度修正，可根据钢结构的变形模量，换算其应力。

(2) 信号和数据传输电缆

为了适应钢套箱应力监测点所处的复杂工作环境，并确保监测点的成活率≥90%，监测数据传输电缆的选择十分重要。它要求传输电缆具有优异的电器性能和物理性能：常温条件下，导体直流电阻≤55Ω/km，绝缘电阻≥1×10³，工作电容≤110PF/m，长期工作温度-40℃～70℃，接头耐水压≥5MPa，不受电磁干扰和射频干扰影响，并具有一定的承重性能。所以，本项目所有的数据传输电缆均采用Geokon（基康）公司生产的专门铝箔完全屏蔽四芯土工电缆。

(3) 便携式数据采集仪

信号和数据采集仪器采用GK-403便携式振弦读数仪。GK-403便携式振弦读数仪采用基康（Geokon）公司低电压激励技术，便携式防水结构内置充电电池，高精度、高分辨率，极好的抗干扰性能；独具实时在线监测功能；带有率定器，随时校核仪器状态。技术特点：多种激励范围选择：提供通用及专用扫频方式，更适合于各种类型的振弦传感器；存贮方式灵活：选择手动或自动存贮，可存贮6400条数据记录；同步温度测量：支持多种温度传感器；数据通讯及在线监测软件：人机对话方式，图形化界面，直接显示工程值；实时时钟及光隔RS-232接口：保证在各种现场恶劣条件下的可靠数据传输；良好的低温工作性能：极限工作温度可低至-25℃；智能判断的自动开关机。

2. 钢套箱整体变形监测仪器

滑动式伺服加速度测斜仪用于监测钢套箱不同深度的侧向变形和倾斜率。美国Geokon公司生产的Model GK-6000型测斜仪（图6-100）主要由以下4个部分组成：

图6-100 测斜仪

(1) 感应元件。感应元件有单轴和双轴之分，装于圆柱型不锈钢外壳内，具有极高的精度、稳定性，且非常坚固耐用。内置专门的弯曲系统和差动检波/放大器，使其具有灵敏度高、动态量程广、结构坚固、长期稳定性好和温漂极低等特点。弯曲悬挂系统不受外界振动的影响，因而有良好的抗震性。获得专利的伺服加速度计包括一个热补偿增益网，在整个操作温度范围内始终保持恒定的动态响应。不受输入电压波动影响。

(2) 探头。由不锈钢制成，具有良好的防水性能。定位轮安装在位于探头轴上的密封球形轴承上，由弹簧悬臂支撑，能随套管的大小而伸缩，使探头能适应各种不同直径的测斜孔。

(3) 电缆。电缆用于在探头和读数仪间传递信号，在套管中升降探头和确定探头深度。在探头升降过程中，由滑轮和电缆夹固定电缆的位置。由氯丁（二烯）橡胶外皮包裹，防水，每半米有一个标记。电缆内还有一根不锈钢丝芯，可使伸长减到最小。电缆与探头端部用防水密封接头连接。

(4) 读数仪。GK-603便携式数据采集仪轻便而坚固。用户菜单界面设置简单，操作和读数非常方便。用户可通过六个功能键直接在仪器上进行设定和操作。由于仪器具有以下特点，因而可在野外恶劣环境中使用：防水；抗冲击仪器箱；防潮密封面板；接头帽保护接头不受雨雪侵蚀及泥土污染；遥控开关使仪器可方便测读数据。

二、测点数量和观测频度

主 4 号墩钢吊箱自 2004 年 10 月 10 日～2005 年 1 月 9 日进行了单点试吊、整体起吊、整体沉放、封底混凝土浇筑和箱体内抽水工作，项目组在此期间根据施工进度和合同要求及时进行了跟踪监测工作。

1. 测点数量

为了做好钢吊箱的安全施工，确保万无一失，项目组在完成合同规定的监测点布置和观测频度的同时，还增加了部分测点，实际测点为：

(1) 16 个起吊支座的 48+3 个应力测点，其中起吊支座 2 增加 3 个测点；
(2) 底板主梁的 18 个应力测点；
(3) 吊箱壁体的 36 个应力测点；
(4) 底板桁架的 16 个应力测点；
(5) 拉压杆的 13 个应力测点；
(6) 千斤顶支撑梁的 16 个应力测点；
(7) 钢管支撑及支撑桁架的 7 个应力测点；
(8) 钢套箱整体变形的 8 个水平位移观测孔（即测斜孔，孔深为 16m，每个观测孔布置 31 个测点）。

2. 观测频度

(1) 单点试吊。对 16 个起吊支座共 67 个测点根据分级加荷方式（20％、50％、60％、65％、70％、卸荷）进行 6 次观测。

(2) 整体起吊及沉放。对起吊支座、底板主梁、桁架共 101 个测点进行 19 次观测。其中在钢套箱自浮后起吊支座测点即不进行观测（3 次）。

(3) 封底混凝土浇筑期间。钢套箱下沉自浮后起吊支座测点即不进行监测。由于施工使部分测点电缆损坏，在封底混凝土浇筑期间，对底板主梁（12 个测点）、桁架（9 个测点）、壁体（36 个测点）、内支撑钢管（7 个测点）、拉压杆（13 个测点）共 77 个测点进行 40 次观测。

(4) 抽水期间。对底板主梁（12 个测点）、桁架（9 个测点）、壁体（36 个测点）、内支撑钢管（7 个测点）、拉压杆（13 个测点）共 77 个测点进行 14 次观测。对 8 个水平位移观测孔共 248 个测点进行 12 次观测。

(5) 桩头破除和承台浇筑期间。对底板主梁、桁架、壁体、内支撑钢管和拉压杆的应力测点进行 13 次观测。对 8 个水平位移观测孔共 248 个测点进行 5 次观测。

三、监测点的布置与测点编号原则

1. 应力监测点的布置与测点编号原则

主 4 号墩钢吊箱监测系统包括底板主梁应力监测、加强桁架应力监测、起吊支座应力监测、壁体应力监测、内支撑钢管应力监测、拉压杆应力监测、钢套箱整体变形水平位移监测，共布置 157 个应力监测点，8 个测斜管。

(1) 底板主梁测点布置

4 号墩钢吊箱底板主梁布置了 4 个监测剖面，测点布置及编号见表 6-29，测点平面布置如图 6-101 所示。

底板主梁监测剖面及测点布置　　　　　　　　　　表 6-29

横桥向轴线剖面	1111、1112、1113、1114、1115、1116、1117	顺桥向上游侧剖面	1211、1212、1213
横桥向主航道侧剖面	1121、1122、1123、1124、1125、1126、1127	顺桥向下游侧剖面	1221

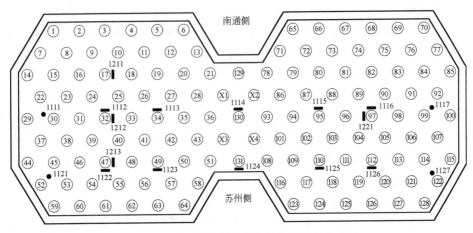

图 6-101　主 4 号墩钢吊箱底板主梁测点布置图

（2）桁架测点布置

4 号墩钢吊箱加强桁架布置 9 个监测剖面，测点布置及编号见表 6-30，测点平面布置如图 6-102 所示。

桁架监测剖面及测点布置　　　　　　　　　　表 6-30

横桥向北侧桁架	2111、2112、2113、2114、2115	顺桥向下游侧	2241
横桥向南侧桁架	2121	系梁区顺桥向北侧桁架斜杆	2311
顺桥向上游侧	2211、2212	系梁区顺桥向南侧桁架斜杆	2321、2322、2323
顺桥向细梁区	2221	下游侧桁架斜杆	2331
顺桥向下游侧隔板桁架	2231		

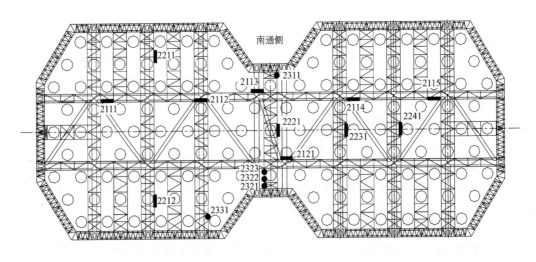

图 6-102　主 4 号墩钢套箱桁架应力测点布置图

（3）起吊支座测点布置

4号墩钢吊箱16个起吊支座，除1号支座布置了7个应力监测点外，其他每个支座布置了4个监测点，测点布置及编号见表6-31，测点平面布置如图6-103所示。其中，编号为XXX1的，其安装位置如图中标示1；编号为XXX2的，其安装位置如图中标示2；编号为XXX3的，其安装位置如图中标示3；编号为XXX4的，其安装位置如图中标示4；2号支座的3015、3016、3017的安装位置为图6-104（b）中所示。

支座应力监测点布置 表6-31

1号支座	3021、3022、3023、3024	9号支座	3031、3032、3033、3034
2号支座	3011、3012、3013、3014、3015、3016、3017	10号支座	3041、3042、3043、3044
3号支座	3161、3162、3163、3164	11号支座	3051、3052、3053、3054
4号支座	3151、3152、3153、3154	12号支座	3061、3062、3063、3064
5号支座	3141、3142、3143、3144	13号支座	3071、3072、3073、3074
6号支座	3131、3132、3133、3134	14号支座	3081、3082、3083、3084
7号支座	3121、3122、3123、3124	15号支座	3091、3092、3093、3094
8号支座	3111、3112、3113、3114	16号支座	3101、3102、3103、3104

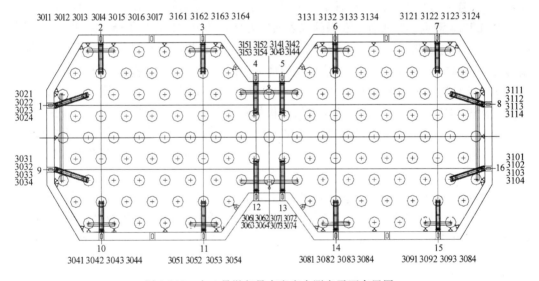

图6-103 主4号墩起吊支座应力测点平面布置图

（4）壁体测点布置

主4号墩钢吊箱壁体共布置8个测点系统，其编号为4XXX，其中第二位表示测点系统编号；第三位表示安装部位，如4X1X代表连系撑监测点，4X2X代表壁板监测点，4X3X代表次梁监测点，4X4X代表环板监测点，4X5X代表箱型梁监测点。第四位用以区分同一部位的多个测点。各壁体监测系统测点布置如下：

1）BTY1测点：共布置4套振弦式表面应力计，其中1套为联系撑应力测点，1套为次梁应力测点，1套为环板应力测点，1套为隔仓板应力测点。次梁竖向应力测点布置于第7-第8层环板之间，测点编号为4131。连系撑表面计布置于第6层处，测点编号为

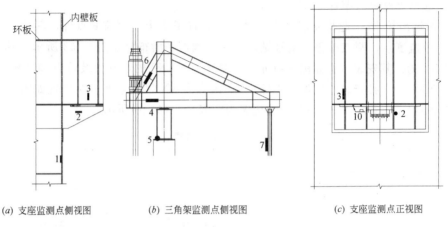

(a) 支座监测点侧视图　　(b) 三角架监测点侧视图　　(c) 支座监测点正视图

图 6-104　起吊支座及支架应力测点安装示意图

4111，隔仓板表面计布置于第 5 层环板之下 20cm，测点编号为 4151。环形板应力测点布置于第 6 层环板，测点编号为 4141。

2) BTY2 测点：共布置 4 套振弦式表面应力计，其中 2 套为环板应力测点，2 套为连系撑应力测点。2 套环形板应力测点均布置于第 13 层环板，测点编号分别为 4241 和 4242。2 套连系撑应力测点均布置于第 13 层连系撑，测点编号分别为 4211 和 4212。

3) BTY3 测点：共布置 8 套振弦式表面应力计，其中 1 套为连系撑应力测点，1 套为内壁板水平向应力测点，2 套为次梁竖向应力测点，1 套为环板水平向应力测点，1 套为箱形梁水平向应力测点，2 套为箱形梁竖向应力测点。连系撑应力测点布置于第 6 层连系撑，测点编号为 4311，内壁板应力测点布置于第 7 层环板之上 12cm，测点编号为 4321，2 套次梁竖向应力测点分别布置于第 5 层环板处和第 5-第 6 层环板之间，测点编号分别为 4331 和 4332，环板应力测点布置于第 6 层，测点编号为 4341，箱形梁水平向应力测点布置在第 5 层环板之下 20cm，测点编号为 4351，箱形梁竖向应力测点布置在第 5 层和第 9 层环形板之上 20cm，测点编号分别为 4352 和 4353。

4) BTY4 测点：共布置 6 套振弦式表面应力计，其中 2 套为连系梁应力测点，2 套为壁板应力测点，2 套为箱形梁应力测点。壁板表面计布设于第 7 层环板处，测点编号为 4422，箱形梁表面计分别布置于第 5 和 9 层环板之上 20cm 处，测点编号为 4451 和 4452。2 套连系撑测点布置于第 7 层，测点编号分别为 4411 和 4412，壁板测点布置于第 7 层板之上 12cm，测点编号为 4421。

5) BTY5 测点：共布置 4 套振弦式表面应力计，其中 2 套为连系撑应力测点，1 套为竖向次梁应力测点，1 套为环板水平向应力测点。2 套连系撑测点布置于第 6 层，测点编号为 4511 和 4512，次梁测点布置于第 5-第 6 层环板之间，测点编号为 4531，环板测点布置于第 6 层，测点编号为 4541。

6) BTY6 测点：共布置 4 套振弦式表面应力计，连系撑、壁板、次梁和环板各布置 1 套表面计。连系撑应力测点布置于第 6 层连系撑，测点编号为 4611。壁板水平向应力测点布置于第 6 层环板之下 20cm，测点编号为 4621。次梁竖向应力测点，布置于第 5-第 6 层环板之间，测点编号为 4631 环板水平向应力测点布置于第 6 层环板，测点编号为 4641。

7）BTY7 测点：共布置 4 套振弦式表面应力计，其中 1 套为连系撑应力测点，1 套为竖向次梁应力测点，2 套为环板水平向应力测点。次梁应力测点布置于第 5-第 6 层环板之间，测点编号为 4731。环形板水平向应力测点布置于第 6 层环板，测点编号为 4741。连系撑应力测点布置第 6 层连系撑，测点编号为 4711。

8）BTY8 测点：共布置 5 套表面应力计，其中 1 套为连系撑应力测点，2 套为壁板水平向应力测点，2 套为竖向次梁应力测点。联系撑测点布置于第 7 层连系撑，测点编号为 4811。2 套次梁竖向测点分别布置于第 7-第 8 层环板之间和第 7 层环板，测点编号为 4831 和 4832。壁板水平向应力测点分别布置于第 7 层环板之上 12cm 和第 7 层环板处（套箱内），测点编号分别为 4821 和 4822。壁体测点平面布置见图 6-105 所示。

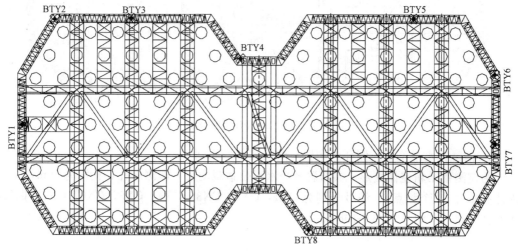

图 6-105 壁体测点平面布置图

（5）内支撑钢管测点布置

内支撑钢管测点编号为 5XX，第二位为剖面号，第三位为同一剖面中测点号。内支撑钢管共布置 7 个测点，如图 6-106 所示。

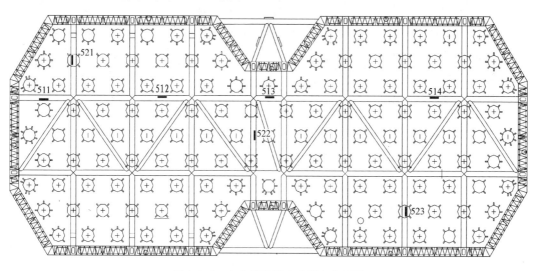

图 6-106 内支撑钢管应力测点布置图

(6) 拉压杆测点布置

拉压杆测点编号形式为5XX，其中第二位为剖面号，第三位为同一剖面中测点号。拉压杆共布置13个测点，如图6-107所示。

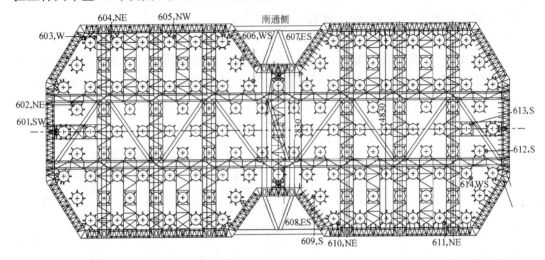

图 6-107 拉压杆测点布置图

2. 钢吊箱水平位移监测孔的布置与测斜孔编号原则

为监测钢吊箱整体变形，共布置8个水平位移观测孔（即测斜孔，孔深为16m，每个观测孔布置31个测点）。编号分别为CX1，CX2，CX3，CX4，CX5，CX6，CX7，CX8，测斜孔分布及其编号如图6-108所示。

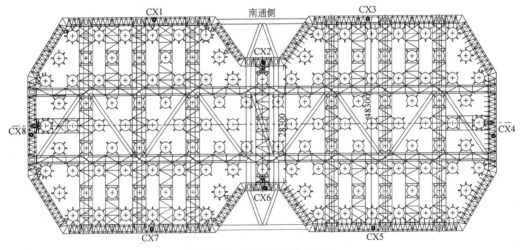

图 6-108 测斜孔测点布置图

四、主4号墩钢吊箱应力监测结果

1. 底板主梁应力监测结果

底板主梁各个测点在整体起吊下沉、封底混凝土浇筑、钢套箱抽水期间的监测结果如如6-109～图6-111所示。

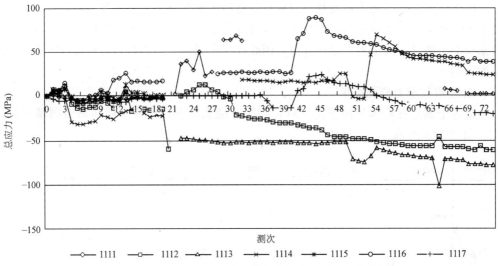

图 6-109 底板主梁测点（横桥向轴线）总应力变化图

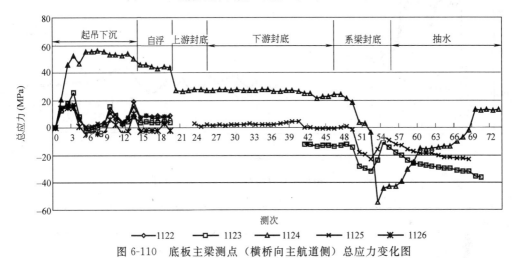

图 6-110 底板主梁测点（横桥向主航道侧）总应力变化图

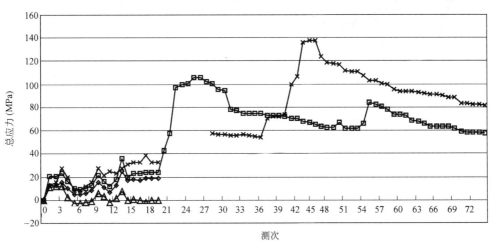

图 6-111 底板主梁测点（纵桥向）总应力变化图

从图中可看出，底板主梁在抽水完成后仍有较大安全储备。但从各测点应力变化曲线可以看出，在各施工工序中封底混凝土浇筑对底板主梁应力变化起主导作用，抽水可改善受拉部位受力条件，但不利于受压部位。因此在承台浇筑期间仍有必要对底板主梁测点继续跟踪观测。

2. 加强桁架应力监测结果

桁架各个测点在整体起吊下沉、封底混凝土浇筑、钢套箱抽水期间的监测结果如图6-112～图6-114所示。

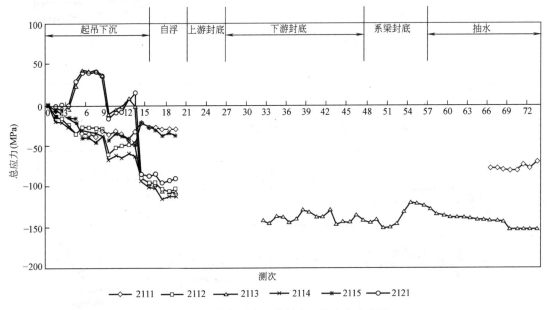

图 6-112 桁架测点（横桥向）总应力变化图

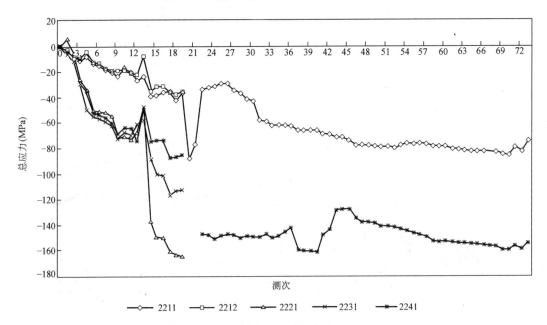

图 6-113 桁架测点（纵桥向）总应力变化图

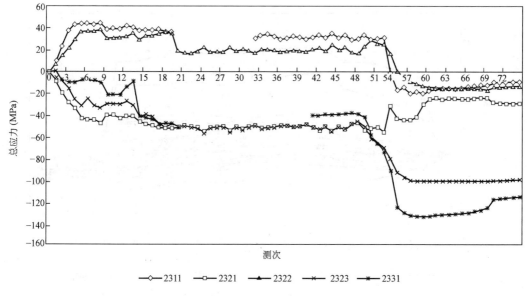

图 6-114 桁架测点（斜杆）总应力变化图

从图中可看出，整体起吊、下沉对桁架应力起主导作用，封底对其影响不大，抽水后趋于稳定，桁架有较大安全储备。

3. 起吊系统应力监测结果

起吊系统各个测点在整体起吊下沉自浮后便无监测必要，因此起吊系统仅在整体起吊、下沉及自浮过程中进行跟踪观测，监测结果如图 6-115～图 6-118 所示。

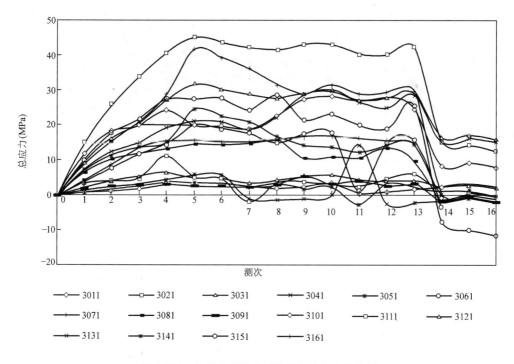

图 6-115 起吊系统测点（壁板）总应力变化图

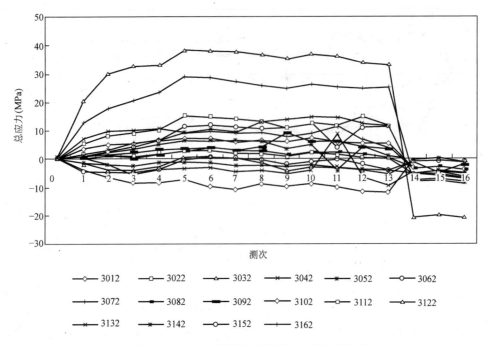

图 6-116　起吊系统测点（肘板）总应力变化图

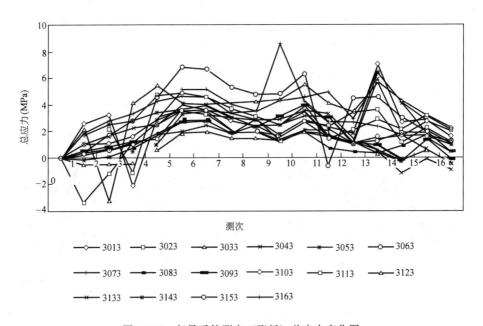

图 6-117　起吊系统测点（腹板）总应力变化图

监测结果表明，在整体起吊下沉中起吊系统各测点总应力值有较大波动并具有同步性，与各工况对应，反映了在整体起吊及下沉过程中的应力调整。监测结果表明在整体起吊及下沉过程中起吊系统各构件有足够强度，完全可满足要求，钢套箱的安全起吊及下沉也证明了监测的准确性。

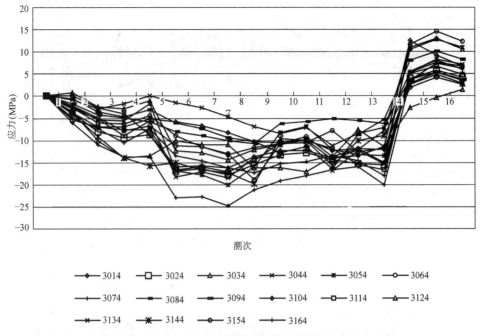

图 6-118 起吊系统测点（横梁）总应力变化图

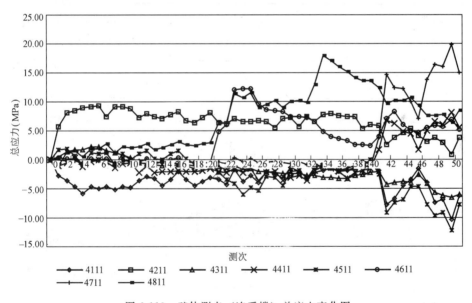

图 6-119 壁体测点（连系撑）总应力变化图

4. 壁体应力监测结果

由于主 4 号墩钢吊箱采用分节拼装的施工工艺，壁体测点分布于各节中，所以壁体测点在钢套箱拼装完毕、封底前开始监测。监测结果见图 6-119～图 6-123。

监测结果表明，在封底混凝土浇筑期间壁体测点变化相对稳定，抽水期间应力变化较大，与内外水位差变化相关密切。

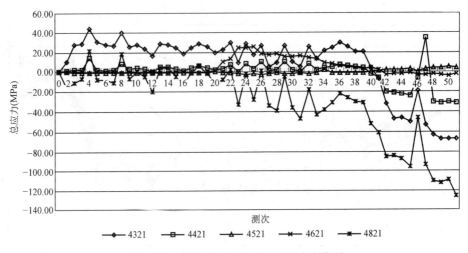

图 6-120 壁体测点（壁板）总应力变化图

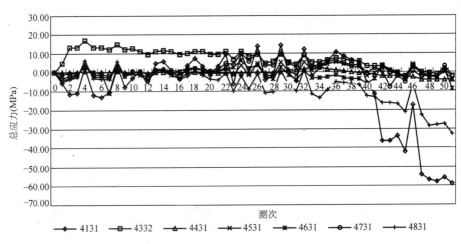

图 6-121 壁体测点（次梁）总应力变化图

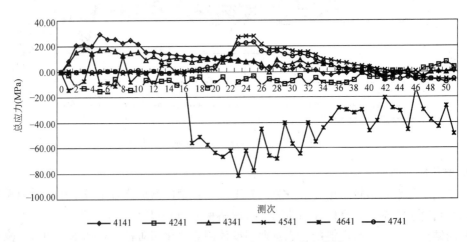

图 6-122 壁体测点（环板）总应力变化图

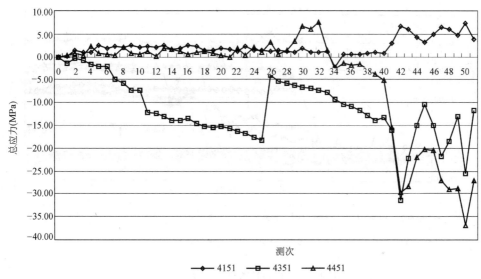

图 6-123 壁体测点（箱形梁）总应力变化图

5. 内支撑钢管应力监测结果

由于主 4 号墩钢吊箱采用分节拼装的施工工艺，内支撑钢管测点只有待内支撑钢管焊接完成才能安装，所以内支撑钢管测点在钢套箱拼装完毕、封底前开始监测。监测结果如图 6-124 所示。

监测结果表明，在封底混凝土浇筑期间变化相对稳定，在抽水期间压应力增加，但仍有较大安全储备。

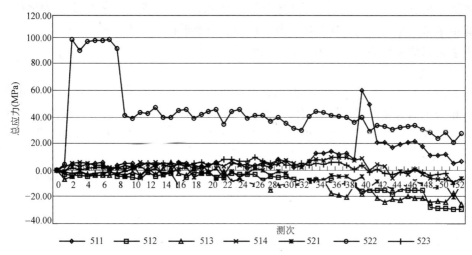

图 6-124 内支撑钢管总应力变化图

6. 拉压杆的应力监测结果

由于主 4 号墩钢吊箱采用分节拼装的施工工艺，拉压杆测点只有待拉压杆焊接完成才能安装，所以拉压杆测点在钢套箱拼装完毕、封底前开始监测。监测结果如图 6-125 所示。

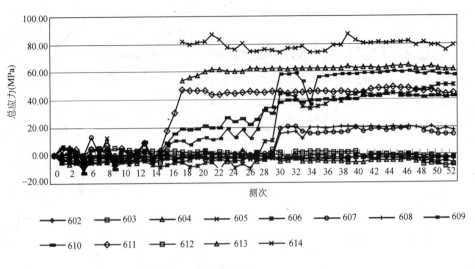

图 6-125 拉压杆测点总应力变化图

监测结果表明，在上游封底浇筑混凝土期间拉压杆各测点应力值无太大变化，下游封底混凝土浇筑期间拉压杆测点609、610、611、613、605应力增大，增大到一定值应力变化相对稳定。系梁区开始浇筑混凝土时，拉压杆测点606、608、607开始增大，增大到一定值应力变化相对稳定。抽水期间拉压杆随内外水位差变化而变化。

五、承台浇筑过程中的跟踪观测

主4号墩承台体积庞大，混凝土需分区、分层浇筑，且施工工期紧迫，为确保承台浇筑期间钢吊箱安全与稳定，在各区、各层混凝土浇筑过程中，侧重对壁体的应力和变形以及底板主梁和加强桁架的应力测点进行及时跟踪观测。

1. 应力观测结果

为全面、客观地反映承台浇筑对钢套箱各测点应力及壁体变形的影响，所给出的应力值均为相对于钢套箱起吊前的总附加应力值（不含初应力），壁体水平位移值为相对于抽水前的总位移值，水位差为套箱内水位与潮位之差。各主要构件的应力观测结果分别为：

（1）底板主梁

承台浇筑对底板主梁各测点的影响较小，底板主梁仍然保持较大的安全储备。

（2）加强桁架

承台浇筑期间，桁架各测点应力变化与内外水位差关系密切。实测最大拉应力增量25.46MPa，受压构件的压应力水平继续减弱。

（3）壁体和内支撑钢管

承台浇筑期间，壁体和内支撑钢管各测点应力变化虽然仍与内外水位差关系密切，但受混凝土浇筑的影响也较为显著，而且变化规律也较为复杂。不过从总体上看，仍然表明钢套箱结构强度具有较大的安全储备。

2. 壁体水平位移观测结果

主4号墩钢吊箱2005年1月9日抽水见底，随后即进入套箱内清理和承台施工阶段，

2005年1月9日～2005年2月28日为上游底层钢筋铺设阶段。上游第一层混凝土于2005年2月28日～3月2日浇筑，下游第一层混凝土的浇筑时间为3月6日～3月8日，3月12日～3月14日浇筑上游第二层混凝土，3月19日～3月21日浇筑下游第二层混凝土，4月14日～4月16日浇筑上游第三层混凝土，4月20日～4月22日浇筑下游第三层混凝土。在此期间，为了保证钢吊箱在承台浇筑过程中的安全性，对钢吊箱壁体的8个测斜孔进行水平位移观测。

水平位移结果如图6-126～图6-133所示。图中所给结果为水平位移增量值，以垂直壁体向套箱内位移值为正。

监测结果表明：承台混凝土浇筑使壁体产生向外的水平位移（但系梁区壁体在第一层混凝土浇筑过程中的水平位移为向内侧），钢管撑割除后钢套箱壁体再次产生向内的水平位移，壁体内浇筑混凝土对个别测斜管产生较大影响。承台浇筑期间实测壁体最大水平位移为20.67mm，钢套箱仍有较大的安全储备。

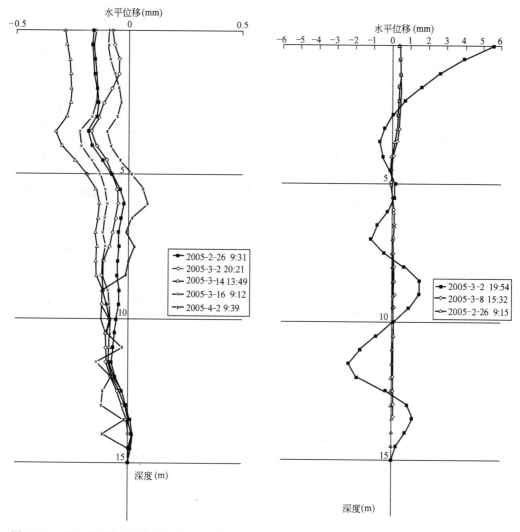

图6-126 CX1测斜孔水平位移与深度关系曲线　　图6-127 CX2测斜孔水平位移与深度关系曲线

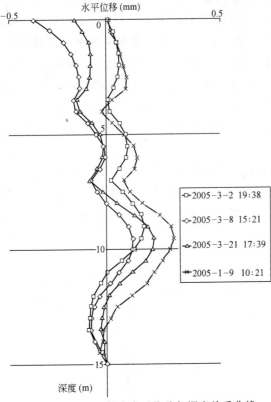

图 6-128 CX3 测斜孔水平位移与深度关系曲线

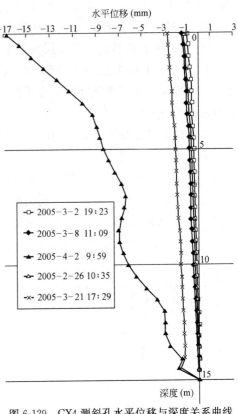

图 6-129 CX4 测斜孔水平位移与深度关系曲线

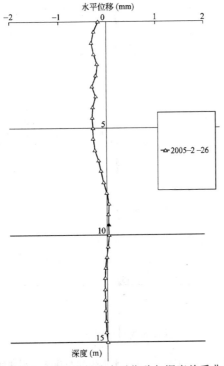

图 6-130 CX5 测斜孔水平位移与深度关系曲线

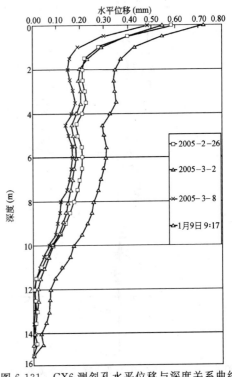

图 6-131 CX6 测斜孔水平位移与深度关系曲线

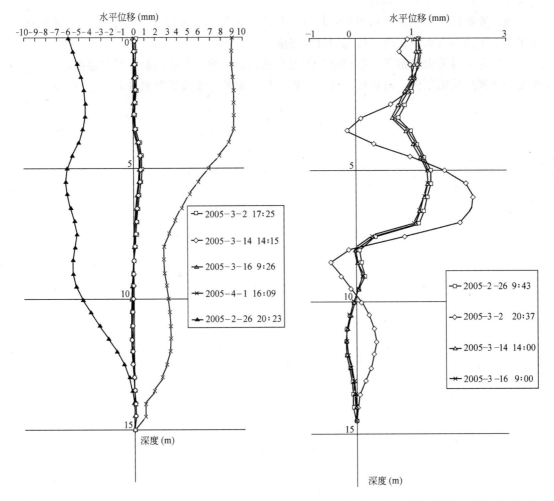

图 6-132 CX7 测斜孔水平位移与深度关系曲线　　图 6-133 CX8 测斜孔水平位移与深度关系曲线

六、结论

（1）主 4 号墩起吊系统的应力水平均较低，结构强度具有较大的安全储备。

（2）底板主梁和加强桁架在钢吊箱施工和承台浇筑的各个工况中，其应力水平均较高（尤其是加强桁架）。但封底混凝土浇筑后，应力状态得到一定的改善，结构强度具有一定的安全储备。

（3）从单点试吊、整体起吊和沉放、封底混凝土浇筑、吊箱内抽水和承台混凝土浇筑的各个工况，钢吊箱壁体各个构件的应力水平也不高、整体水平位移较小，壁体具有足够的强度和刚度。值得说明的是，壁体的应力和变形与潮位变化具有明显的相关性。

（4）钢管撑在抽水期间应力变化与水位差变化具有同步性，钢管撑对壁体侧向变形的约束起到重要作用。但钢管撑的受力具有较大的不均匀性，其强度未得到充分发挥。

（5）拉压杆在套箱封底与抽水期间为确保钢吊箱的稳定与安全起到重要作用。但其强度未充分发挥,而且很不均匀。

(6) 系梁区为整个钢吊箱的薄弱部位,在整体起吊和沉放以及封底混凝土浇筑期间,其加强桁架的应力水平较高,接近设计允许值。

(7) 主4号超大型钢吊箱结构设计无现有范例,沉放无类似经验。根据监测结果进一步做好反演和反馈工作,对优化设计、节省工程投资具有十分重要的意义。

第七章　大体积混凝土承台施工

苏通长江公路大桥群桩基础平面尺寸 113.75m×48.1m，居世界第一，其承台体积很大。对于这样一座特大型桥梁的承台混凝土，如何在材料和施工技术方面总结和吸收以前的建桥经验，集中优势力量攻关难题，并反映出该桥以耐久性为目标的建桥新材料和施工新技术是摆在施工单位面前的一项重要课题。为此项目部进场伊始就把提高结构混凝土的耐久性、安全性和服役寿命研究放在首位，首先在总结国内外重大桥梁工程各主体部位采用的高性能混凝土材料基础上，进行调查与分析，针对该桥各主体部位对材料的特殊要求，制备出性能更好并适用于苏通大桥各主体部位特殊要求的多系列高性能混凝土结构材料，并重点解决墩身表面色差与微裂纹问题；其次对大体积混凝土施工进行了深入研究，最大限度提高各系列结构混凝土温控防裂能力和耐久性，延长其服役寿命；最后建立了苏通大桥结构混凝土耐久性保障体系和施工指南，确保了苏通大桥的工程质量。

第一节　高性能混凝土的配制技术

一、高性能混凝土概述

1. 高性能混凝土的定义和技术途径

20世纪以来，以混凝土为建筑材料的工程结构物得到飞速发展，它已成为桥梁、大坝和城市运输系统——现代化标志的首选材料。据统计，当今每年消耗的混凝土量达到100亿t，而且在21世纪将继续稳定地增长。但在使用过程中，人们也发现，混凝土结构并不如想象的那样耐久。进入20世纪70年代以来，不少工业发达国家正面临着一些钢筋混凝土结构，特别是早年修建的桥梁等基础设施老化问题，需要投入巨资进行维修或更新。另一方面，随着现代科学技术和生产的发展，各种超长、超高、超大型混凝土结构，以及在严酷环境下使用的重要混凝土结构，如高层建筑、跨海大桥、海底隧道、海上采油平台、核反应堆、有毒有害废物处置工程等的建造需要在不断增加。这些混凝土工程施工难度大、使用环境恶劣、维修困难，因此要求混凝土不但施工性能好，尽量在浇筑时不产生缺陷，更要耐久性好，使用寿命长，这就是高性能混凝土的产生背景。

(1) 高性能混凝土定义

近年来混凝土技术突飞猛进，主要体现在高性能混凝土的概念深入人心，其应用日益广泛，作为高性能混凝土制备重要技术手段的高效减水剂和矿物掺合料发展日新月异。但目前人们对高性能混凝土的理解并不统一。一般来说，高性能混凝土是指高强、高耐久性、高工作性。一些美国学者更强调高强度和尺寸稳定性（北美型），欧洲学者更注重耐久性（北欧型），而日本学者更偏重于高工作性（日本型）。具体如下：

1) 1990年美国国家标准与技术研究院（NIST），美国混凝土协会（ACI）的定义：

高性能混凝土是具有某些性能要求的匀质混凝土，必须采用严格的施工工艺、采用优质材料配制的、便于浇捣、不离析、力学性能稳定、早期强度高、具有韧性和体积稳定性等性能且耐久的混凝土，特别适用于高层建筑、桥梁以及暴露在严酷环境中的建筑结构。

1998年美国ACI又提出：高性能混凝土是符合特殊性能组合和匀质性要求的混凝土，采用传统的原材料和一般的拌合、浇筑与养护方法，往往不能大量地生产出这种混凝土。所指特性例如：易于浇筑，振捣不离析，早强，长期力学性能，抗渗性，密实性，低水化温升，韧性，体积稳定性，恶劣环境下的较长寿命。

2）1999年我国吴中伟院士指出：

高性能混凝土是一种新型高技术混凝土，是在大幅度提高普通混凝土性能的基础上采用现代混凝土技术制作的混凝土，是以耐久性作为设计的主要指标。针对不同用途要求，对下列性能有重点地予以保证：即耐久性、施工性、适用性、强度、体积稳定性、经济性。

3）以冈村为代表的一部分日本学派认为：高流态、免振自密实的混凝土就是高性能混凝土。也就是说，他们强调的是新拌混凝土的性质，其理由是：①混凝土的技术熟练工人越来越少，自密实的混凝土用不到什么技术就可以保证混凝土质量，也可以保证施工速度。②可以有效减少施工时的环境噪声。

由以上定义可以看出，所谓高性能混凝土重点强调的是混凝土的高耐久性，而且高性能混凝土与其使用环境是紧密联系的。在一种环境下配制的高性能混凝土（如我国西北沿湖地区），用到另一种环境中（如海水侵蚀环境）则不一定是高性能混凝土，高性能混凝土离开外部具体环境则失去意义。另外，高性能混凝土不是混凝土的一个品种而是强调混凝土的"性能"(performance)或者质量、状态、水平。或者说是一种质量目标。对不同的工程，高性能混凝土有不同的强调重点（即"特殊性能组合"）。

（2）高性能混凝土的技术途径

高性能混凝土的重要特征是高耐久性，而耐久性则取决于抗渗性。抗渗性则与混凝土中的水泥石密实度和界面结构有关。因此，欲配制高性能混凝土，一方面必须使用高效减水剂，降低水胶比，并使混凝土具有比较大的流动性和保塑功能，保证施工和浇筑混凝土密实性；另一方面，通过掺合料在混凝土中的应用，改善骨料与水泥石的界面结构，改善水泥石的孔结构，提高混凝土的抗渗性。

因此，高性能混凝土是整个工程全部环节协调、配合共同得到的耐久的可持续发展的混凝土，不是只要有配合比就能生产的，而是由包括原材料控制、拌合物生产制备与整个施工过程来实现的。

2. 对高性能混凝土认识的几个误区

由于要求混凝土结构的耐久性，混凝土首先就必须是体积稳定的、匀质的。

（1）高强混凝土即高性能混凝土

混凝土高强不一定耐久，强度越高，抗拉与抗压强度比越小，构件延性比小；水灰比低，混凝土自收缩大；水泥用量大，混凝土温升大；高强混凝土早期弹性模量大，徐变小，收缩应力大；因此高强混凝土开裂倾向大，而严酷环境中混凝土一旦开裂，耐久性大大降低。

（2）高流动性混凝土即高性能混凝土

高流动性混凝土由于水胶比大，早期收缩大，混凝土更容易开裂；另外混凝土流动性过大则易出现离析，现场振捣易分层，骨料下沉，水泥浆上浮，混凝土匀质性差；另外，混凝土流动性大，则水胶比大，水化温升更高。

(3) 掺加掺合料的混凝土即高性能混凝土

高性能混凝土为改善抗渗性，必须掺加掺合料。而简单地取代水泥掺加并不一定能配制出高性能混凝土。目前掺加掺合料的目的主要出于经济考虑，目标仍然着眼于强度，而对掺合料缺乏了解，且缺乏使用正确的方法。与水泥相比，掺合料的性能对水胶比更敏感，也就是说，为达到改善抗渗性目的掺加掺合料时，必须降低水胶比。

3. 高性能混凝土应注意的几个问题

(1) 混凝土黏度

在桥梁工程中，通常泵送混凝土具有较高的黏度，带来泵送困难，泵管磨耗大等问题。出现此问题的主要原因是：胶凝材料用量过大，水胶比较低造成的。改善的具体措施有：(1) 优化配合比，降低胶凝材料总量；(2) 适量引气，混凝土中含有3%～5%的微气泡不仅可以增大流动性，降低黏度，而且可以提高混凝土的抗渗性和抗冻性，从而改善耐久性。(3) 掺加粉煤灰，由于粉煤灰的密度仅为水泥的70%左右，等量取代水泥后，可以增加浆体含量，改善可泵性。

(2) 混凝土的凝结时间

水泥的凝结时间与混凝土的凝结时间无直接联系，混凝土室内试验凝结时间与施工现场混凝土的可振性也没有定量联系。混凝土的凝结与环境温度和混凝土自身温度关系很大，尤其是夏季施工时，室内凝结时间甚至达到现场凝结时间的1倍以上。因此，凝结时间的确定必须与现场构件尺寸、环境温度联合起来考虑。

(3) 混凝土强度发展

试验室的强度仅是工程的控制指标，与现场构件强度相差较大。如果不掺加粉煤灰、磨细矿粉等掺合料，现场构件强度一般低于试验室试件强度。掺加掺合料后则相反。高温养护的试件早期强度高，后期强度降低。

4. 水泥与高效减水剂的适应性

目前水泥与外加剂的适应性问题较为突出，带来现场混凝土坍落度损失情况越来越严重。关于水泥与外加剂适应与否，目前还不能定量地表示，多数以掺外加剂后能否达到预期效果来衡量。根据Aitcin等人的工作，认为水泥与高效减水剂的适应性可以用初始流动度、是否有明确的饱和点以及流动性损失来衡量。影响高效减水剂和水泥适应因素是多方面的、错综复杂的，其主要因素有水泥的物化性能、高效减水剂的性能和混凝土拌合物的性能等，简述如下。

(1) 水泥物化性能的影响

1) 碱含量的影响

一般认为，随着碱含量的增高，减水剂对水泥的塑化效果变差。水泥中的碱含量为0.6%～0.8%时，水泥与外加剂的适应性最好，过高和过低均会降低适应性。

2) 石膏掺量和品种

石膏用于调节硅酸盐水泥的凝结时间与硬化速度。为达到所需效果，水泥中溶解Ca^{2+}和SO_4^{2-}的数量是关键因素。但不同形态的石膏的溶解速度又很大区别，见表7-1。

不同形态石膏的溶解速度（25℃，以无水 CaSO₄ 计）　　　　表 7-1

石 膏 形 态	溶解速度(g/L)	石 膏 形 态	溶解速度(g/L)
石膏	2.08	可溶性无水石膏	6.30
α-石膏	6.20	天然无水石膏	2.70
β-石膏	8.15		

普遍认为，掺有硬石膏的水泥当遇到木钙等减水剂时会出现适应性不良。目前，水泥厂为降低成本，有在二水石膏中掺加硬石膏或工业石膏的情况，易出现适应性不良的情况。另外，水泥粉磨时温度过高，会导致二水石膏脱水变成单水石膏或无水石膏，也会出现水泥与外加剂适应性不良。

3）水泥矿物成分

当水泥中的 C_3A 含量过大时，也会出现适应性不良。水泥中不同矿物成分对外加剂的吸附性不一样，由大到小顺序为：$C_3A>C_4AF>C_3S>C_2S$。水泥水化时，C_3A 吸附大量的外加剂，使水溶液中的外加剂数量减少，从而出现混凝土坍落度损失过快。一般要求水泥中 C_3A 含量<8%或采用外加剂后掺法可以避免适应性不良。

4）掺合料的种类

粉煤灰中的含碳量过高，会吸附大量外加剂，从而加快坍落度损失。实践证明，高效减水剂对矿渣和二级以上粉煤灰的适应性较好，而对火山灰的适应性较差。

5）水泥的陈放时间

水泥陈放时间越短，水泥越新鲜，高效减水剂对其塑化效果越差。因为新鲜水泥的正电性强，吸附阴离子性表面活性剂的数量较多，所以容易出现刚出磨的水泥和出磨温度较高的水泥坍落度损失快的现象。

（2）混凝土拌合物的性能

影响高效减水剂与水泥适应性的因素有水胶比、骨料种类和级配、胶凝材料用量、用水量等。高性能混凝土通常采用较小的水胶比。当用水量较少时，新拌混凝土中的各种作用（表面润湿、水泥水化、电解质溶解等）争夺水分子，由于水量有限，水泥的水化受到干扰，更容易出现外加剂与水泥不适应的现象。

（3）水泥新标准对混凝土坍落度损失的影响

2001 年实行的水泥胶砂强度检验方法（ISO 法）规定，水泥检验采用 0.5 水灰比和 1∶3 的胶砂比进行水泥强度检验，使原来 GB 检验的胶砂强度大幅度下降，导致了水泥厂的水泥细度普遍提高和熟料中 C_3A 含量的增加，同时粉磨中加入助磨剂，这些都不利于减水剂的塑化效果。另一方面，这种较大水灰比掩盖了石膏的溶解度、碱含量、水泥细度等因素对水泥流动性的影响，目前具体施工时，混凝土的水胶比一般较低，在 0.35~0.45 之间，有时甚至达到 0.30。在低水胶比时，石膏的品种与种类、水泥矿物成分（C_3A 含量、碱含量、C_3S 含量）、水泥细度、外加剂品种与掺量、掺合料种类等因素会导致混凝土流动度的快速损失。

二、低碱水泥与外加剂适应性试验研究

苏通大桥是世界第一斜拉桥，大桥主体结构设计使用年限为 100 年。要满足大桥使用年限，混凝土的耐久性尤为重要，混凝土碱骨料反应对混凝土耐久性影响很大。水泥作为混凝土中最重要的原材料,指挥部要求控制其碱含量<0.6%。因此,在水泥招标时要求生产厂家必须供应低碱水泥,其碱含量为0.52%~0.56%。但由于受成本、生产技术、质量控制水平等种种因素影响,生产厂家提供的低碱水泥与外加剂的适应性变差,且不很稳定。为确保施工质量,项目部试验室选用上海麦斯特、北京西卡和南京水科院的聚羧酸和萘系减水剂,采用不同水灰比、外加剂掺量进行配合比调整,仍无法解决外加剂与水泥适应性差的问题。现场使用时主要表现为:(1)从6月份开始在施工过程中发现混凝土拌合物泌水较为严重;(2)混凝土坍落度损失较大;(3)混凝土成品出现色差;(4)在水泥常规检测中其水泥的需水量很小等等。

在设计C50箱梁配合比中,使用了多个厂家、多种系列的外加剂都无法配制出能满足施工和设计要求的混凝土,主要问题是拌合物坍落度损失过大。另外,其他标段也反映出水泥样品的性能和色泽差异很大的问题。针对以上出现的情况,项目部特成立以武汉港湾设计研究院、南通华新水泥厂、项目部试验室、上海麦斯特外加剂厂、北京西卡外加剂厂的工程师组成的试验分析小组针对水泥进行分析,以求得一个相对稳定的水泥生产配方,并进行不同粉煤灰品种和不同外加剂品种对混凝土拌合物的坍落度损失、泌水的影响试验。

1. 水泥配方的试验研究

(1) 试验用原材料

1) 粉煤灰:南通华能粉煤灰有限公司Ⅱ级粉煤灰,其性能指标见表7-2。

粉煤灰性能指标 表7-2

项目	细度	需水量比	含水率	烧失量	SO_3含量
指标	9.5%	99%	0.1%	5.4%	1.07%

2) 细骨料:江西赣江黄砂,其细度模数$\mu_f=2.70$;堆积密度:1540kg/m³;表观密度:2650kg/m³;含泥量:0.5%;空隙率:42%。

3) 粗骨料:镇江茅迪玄武岩,其堆积密度:1560kg/m³;表观密度:2840kg/m³;针片状含量:7%;压碎值:7%。其中C40选用5~31.5mm粒径,C50选用5~25mm粒径。

4) 水泥:南通华新水泥厂P.O42.5低碱水泥,不同的水泥配方及编号详见试拌情况部分。

5) 外加剂:选用上海麦斯特SP-8CR和北京西卡Sika聚羧酸盐外加剂。

6) 水:长江水。

(2) 试验结果

确定好试验实施细则后,在工地试验室进行混凝土试拌,试拌环境温湿度满足《普通混凝土拌合物性能试验方法标准》(GB 50080—2002)要求,所有计量仪器均经过强制检定或自我校验合格。由于在现代化的混凝土施工中,混凝土拌合物要具备高性能混凝土的特性,其工作性能要求很高。由于混凝土拌合物性能无法满足施工,为了查明水泥中各种成分对适应性的影响,首先用四种不同配方的水泥进行拌合物工作性能对比试验。

1) C40墩身混凝土试拌情况

① 墩身配合比技术要求:

a. 设计强度(28天)大于50MPa;

b. 坍落度160～200mm；

　　c. 1h后坍落度大于150mm；

　　d. 初凝时间大于10h，终凝时间小于15h；

　　e. 和易性好，易泵送；

　　f. 混凝土拌合物无泌水；

　　g. 必须选用玄武岩。

② 墩身混凝土基本配合比，见表7-3。

墩身混凝土基本配合比　　　　表7-3

配合比	水泥（kg/m³）	粉煤灰（kg/m³）	砂（kg/m³）	5～16mm碎石（kg/m³）	16～31.5mm碎石（kg/m³）	外加剂
0.358：1：1.79：2.57	367	65	772	333	777	Sika 或 SP-8CR

③ 试验用水泥、外加剂品种及编号：

　　a：中热水泥熟料＋二水石膏＋石灰石粉＋助磨剂，比表面积为340～350m²/kg；

　　b：中热水泥熟料＋二水石膏＋3％石灰石粉＋4％粉煤灰＋助磨剂，比表面积为340～350m²/kg；

　　c：中热水泥熟料＋二水石膏＋7％石灰石粉，比表面积为340～350m²/kg；

　　d：中热水泥熟料＋石灰石粉＋二水石膏＋助磨剂，比表面积330m²/kg；（现场使用）；

　　e：上海麦斯特SP-8CR　　浓度20％；

　　f：北京西卡　Sika　　浓度20％。

④ 试拌结果与讨论：

试验结果表明（表7-4），4种水泥配方和上海麦斯特外加剂的适应性都比较差，混凝土拌合物的坍落度经时损失都很大。其中4号配合比与其他配合比比较和易性和保水性最差，主要是d配方水泥的比表面积较小的缘故。但也可看出3号配合比试拌结果相对好些，说明水泥掺和料配方不同对外加剂的适应性有一定的影响。6号配合比在3号配合比基础上调整结果混凝土状态明显好于以前。试验证明适当提高水泥的比表面积可以明显的改善混凝土拌合物的和易性和保水性；在试验的4种水泥中c配方的水泥的适应性最好；c配方水泥在加入引气剂的情况下有利于混凝土拌合物工作度的保持。

同配合比同外加剂（麦斯特）不同配方水泥试拌结果　　　表7-4

序号	水泥＋外加剂	外加剂掺量（％）	加水时间	坍落度(mm)	1h后坍落度(mm)	拌合物初始状态
1	a＋e	1.0	8:43	140	60	状态好，无流动
2	b＋e	1.0	8:55	190	90	状态好，流动性好
3	c＋e	1.0	9:00	205	135	状态好，流动性好
4	d＋e	1.0	9:15	175	70	和易性差、保水性差
5	a＋e	0.95	11:20	190	65	无缓凝、无引气
6	c＋e	0.95＋万分之一引气剂	11:45	200	165	状态好

表 7-5 试验结果表明，西卡外加剂对 c 配方水泥的适应性与麦斯特大同小异。采用 c 配方水泥、缓释型西卡外加剂拌制的混凝土拌合物坍落度损失和保水性均满足设计要求，但混凝土成本会大大提高。水泥厂所提供的 4 种水泥样品中，要求水泥厂按 c 水泥配方正常生产水泥后取样再进行试拌，以验证水泥拌制混凝土的可重复性。

同配合比同外加剂不同掺量（西卡）不同配方水泥试拌结果 表 7-5

序号	水泥＋外加剂	外加剂掺量(%)	加水时间	坍落度(mm)	1h 后坍落度(mm)	拌合物状态
1	a＋f	0.4	9:20	—	—	坍落度损失太快
2	c＋f	0.7	9:36	215	160	状态一般
3	c＋f	1.1(缓释型)	10:30	95	90	坍落度太小
4	c＋f	1.0(缓释型)	11:55	200	165	状态好

2) C50 预制箱梁混凝土试拌情况

① 箱梁配合比技术要求

a. 设计强度（28 天）大于 60MPa，36h 强度大于 25MPa；3 天强度大于 40MPa；

b. 坍落度 140～160m；

c. 1h 后坍落度大于 100mm；

d. 初凝时间大于 6h，终凝时间小于 9h；

e. 和易性好；

f. 混凝土拌合物无泌水；

g. 必须选用玄武岩；

h. 使用 I 级粉煤灰。

② 箱梁混凝土基本配合比，见表 7-6。

箱梁混凝土基本配合比 表 7-6

配 合 比	水泥 (kg/m³)	粉煤灰 (kg/m³)	砂 (kg/m³)	5～16mm 碎石 (kg/m³)	16～31.5mm 碎石 (kg/m³)	外加剂
0.316：1：1.41：2.20	456	51	714	558	558	Sika 或 SP-8CR

③ 试验用水泥、粉煤灰、外加剂品种及编号：水泥厂由于成本原因，没有满足工地要求取消水泥中粉煤灰的要求。新提供的水泥配方和编号如下：

A：中热水泥熟料＋二水石膏＋石灰石粉＋粉煤灰＋助磨剂，比表面积为 340～350m²/kg；

B：中热水泥熟料＋二水石膏＋石灰石粉＋粉煤灰，比表面积为 340～350m²/kg；

C：上海麦斯特SP-8CR　　浓度20%；

D：北京西卡　Sika　　浓度20%；

E：南通华能电厂，颜色灰黑；

F：镇江谏壁电厂，颜色灰白。

④ 试拌结果及讨论：同配合比同粉煤灰同外加剂不同配方水泥试拌结果，见表 7-7、表 7-8。

同配合比同粉煤灰同外加剂（麦斯特）不同配方水泥试拌结果　　　表 7-7

序号	水泥+外加剂+粉煤灰	外加剂掺量（%）	加水时间	坍落度(mm)	1h后坍落度(mm)	拌合物状态
1	A+C+E	0.9	15:37	215	50	损失快
2	B+C+E	0.9	16:10	105	—	状态一般
3	B+C+E	1.1	16:25	215	75	损失快

同配合比同粉煤灰同外加剂（西卡）不同配方水泥试拌结果　　　表 7-8

序号	水泥+外加剂+粉煤灰	外加剂掺量（%）	加水时间	坍落度(mm)	1h后坍落度(mm)	拌合物状态
1	A+D+E	0.85	15:55	205	55	状态一般 损失快
2	B+D+E	1.0	17:12	185	85	状态一般 损失快

由于水泥样品中没有按照要求不加粉煤灰，试拌结果是两种水泥均与减水剂适应很差，加助磨剂的适应性更差，坍落度损失更大，无法满足施工要求。将配合比中的南通华能电厂粉煤灰更换为镇江谏壁电厂粉煤灰后重新试验，试验结果见表 7-9。

同配合比同粉煤灰同水泥不同外加剂试拌结果　　　表 7-9

序号	水泥+外加剂	外加剂掺量（%）	加水时间	坍落度(mm)	1h后坍落度(mm)	拌合物状态
1	B+C+F	1.1	17:35	230	115	状态好损失快
2	B+D+F	1.0+缓释1/万	17:55	120	95	状态好损失小

同配合比同水泥同外加剂（西卡）和掺与不掺粉煤灰试拌结果　　　表 7-10

序号	水泥+外加剂	外加剂掺量（%）	加水时间	坍落度(mm)	1h后坍落度(mm)	拌合物状态
1	B+D+F	0.9（调整固含量后加适当缓释成分）	10:15	130	95	状态好
2	B+D	1.1（调整固含量后加适当缓释成分）	10:35	190	195	表面一层黑色物质

同配合比同水泥同粉煤灰同外加剂（麦斯特）不同掺量试拌结果　　　表 7-11

序号	水泥+外加剂	外加剂掺量（%）	加水时间	坍落度(mm)	1h后坍落度(mm)	拌合物状态
1	B+C+F	Rheoplus 251.0 MA202 1/万	11:05	210	180	状态良好 保水性好
2	B+C+F	Rheoplus 251.0 MA202 0.5/万	11:22	220	180	状态良好 保水性好
3	B+C+F	Rheoplus 251.0	11:40	215	190	状态良好 保水性好

表 7-7、表 7-8 对比反应出品质较好的粉煤灰对混凝土拌合物的状态影响很大，用镇江谏壁电厂粉煤灰的混凝土拌合物状态明显优于南通华能电厂的混凝土拌合物状态。表 7-11 可以看出在品质较好的粉煤灰混凝土中采用具有缓释技术的外加剂也有可能解决坍落度损失问题。

表 7-9 试验结果可以看出优质粉煤灰可以明显改善混凝土拌合物性能。水泥厂在水泥中加入的粉煤灰烧失量等指标很差，导致两种当今最先进的外加剂与水泥的适应性较差，尤其是坍落度经时损失快的现象。另外在混凝土中不掺粉煤灰进行试拌（表 7-10 中第 2 组），发现混凝土拌合物表面浮出一层黑色物质，经振捣后黑色悬浮物更多，初步怀疑为水泥中掺入粉煤灰中碳物质较多，证明水泥中加入的粉煤灰质量是很差，并且烧失量很大，含碳量较高，碳吸附外加剂导致混凝土坍落度损失快。即使保证了混凝土拌合物的坍落度损失和泌水满足要求，在混凝土施工中使用该水泥，也避免不了混凝土成品"花脸"的出现，对成型构件无法保证外观颜色的一致性。另外还可以看出在外加剂中加入适当的缓释成分能改善拌合物坍落度损失。

在表 7-11 的试验结果中可以看出：麦斯特缓释型外加剂和镇江谏壁电厂粉煤灰拌制的混凝土拌合物坍落度损失满足要求。如使用镇江谏壁电厂粉煤灰的混凝土坍落度损失优于南通华能粉煤灰。试验表明优质的粉煤灰可以很好的改善拌合物的坍落度损失并具有一定的保水性。谏壁电厂的粉煤灰优于南通华能粉煤灰的技术指标是烧失量小和风选粉煤灰的较好颗粒形状。可见控制粉煤灰烧失量和选择粉煤灰生产工艺对控制混凝土拌合物的质量的关键因素之一。

2. 新配方水泥试验、使用情况

按照以上试验思路经过细化试验后得出水泥配方为：

中热水泥熟料＋6%石灰石粉＋5%二水石膏；比表面积为 320～330m^2/kg。

水泥厂按新配方进行试生产后从生产线上取水泥样品检测性能指标，并将该样品水泥按不同存放时间分别进行与外加剂适应性的试拌，验证该水泥与外加剂的适应性和水泥存放时间与外加剂掺量的关系；然后对不同批号的水泥进行取样后试拌，验证水泥质量的稳定性。如果与外加剂适应性均能满足要求且质量稳定立即批量投入生产。

（1）新配方水泥的性能

新配方生产水泥的性能指标见表 7-12。

新配方水泥性能指标　　表 7-12

项目	细度（%）	标准稠度用水量（%）	安定性	凝结时间		抗折强度（MPa）		抗压强度（MPa）	
				初凝时间（min）	终凝时间（min）	3天	28天	3天	28天
指标	1.6	26.6	合格	116	167	5.9	8.6	31.7	52.0

新配方低碱水泥各项性能指标均满足《硅酸盐水泥、普通硅酸盐水泥》（GB 175—1999）的要求，与该厂普通水泥的性能指标相差不大。掺加石灰石粉一方面可以降低水泥生产成本，减少熟料掺量；另一方面根据"最大密实度原理"，石灰石粉可以改善细粉料的颗粒级配，填充水泥颗粒的空隙，从而提高水泥的早期强度，所以该水泥虽然采用中热水泥熟料早期强度指标也完全合格。

（2）试拌结果

从生产线上直接取回的新鲜水泥试拌混凝土，验证该低碱水泥配方与外加剂的适应性。试拌时水泥温度为 65℃，采用上海华登外加剂厂生产的聚羧酸 HP400R 外加剂进行验证工作。该厂外加剂属于聚羧酸系列外加剂，其产品已成功用于南京长江三桥和杭州湾跨海大桥。由于前期的C50混凝土配合比强度富裕太大，此次试拌使用经优化后的配合比。试拌结果见表7-13。

新鲜水泥与外加剂试拌结果　　　　　　　　　　　　　　　表7-13

配合比	材料名称	水泥	粉煤灰	黄砂	碎石	水	外加剂
	单方材料用量（kg/m³）	425	50	711	1159	158	4.418
	比例	0.895	0.105	1.497	2.440	0.333	0.009
	产地、规格	南通华新	镇江谏壁Ⅰ级灰	江西赣江中砂	镇江资源5～31.5mm	长江水	上海华登HP400R

投料量（30L）

水泥(kg)	粉煤灰(kg)	黄砂(kg)	碎石(kg)	水(kg)	外加剂(g)
12.75	1.50	21.33	34.77	4.74	132.54

物理性能指标

坍落度(mm)	流动度(mm)	1小时后坍落度(mm)	1小时后流动度(mm)	和易性保水性	泌水率(%)
215	480	180	330	好	0

由表7-13可以看出，混凝土拌合物的保水性好，坍落度经时损失均较小，证明该低碱水泥配方生产的新鲜水泥在水泥温度很高的工况时与上海华登外加剂厂的聚羧酸外加剂的适应性较好。

将取回水泥样品放置于干燥环境中3天、7天、14天后。用同样的配合比，同批号同生产厂家的外加剂拌制出初始状态基本相同的混凝土拌合物，验证该低碱水泥配方的水泥随存放时间的延长其吸附外加剂的情况和坍落度损失情况。其试拌结果见表7-14～表7-16。

存放3、7、14天后水泥于外加剂试拌结果　　　　　　　　　　表7-14

放置天数	外加剂掺量(%)	泌水率(%)	坍落度(mm)	流动度(mm)	1h后坍落度(mm)	1h后流动度(mm)
3	0.9	0	215	480	200	440
7	0.85	0	210	470	205	430
14	0.82	0	210	475	205	440

不同批次水泥与外加剂适应性试拌结果　　　　　　　　　　表7-15

批次	外加剂掺量(%)	泌水率(%)	坍落度(mm)	流动度(mm)	1h后坍落度(mm)	1h后流动度(mm)
1	0.9	0	200	450	175	395
2	0.9	0	205	460	190	410
3	0.9	0	200	455	180	405

不同聚羧酸外加剂厂外加剂与水泥适应性验证结果　　　　　表7-16

外加剂厂	外加剂掺量(%)	泌水率(%)	坍落度(mm)	流动度(mm)	1h后坍落度(mm)	1h后流动度(mm)
麦斯特	0.9	0	175	300	120	245
马贝	1.2	0	195	340	210	445
水科院	0.95	0	200	545	145	245
苏博特	1.1	0	200	435	200	445

从表 7-14 可以看出，随低碱水泥存放时间的延长，混凝土拌合物要达到基本相同的初始坍落度和基本相同流动度所需外加剂的掺量是逐渐往下降的，其坍落度和流动度经时损失随水泥存放时间的延长也越来越好。

此次试生产低碱水泥与外加剂适应性通过试验证明很成功，在以后的水泥生产过程中项目部分析小组让水泥厂在不同时段取 3 个不同批号的水泥样品进行重复试验，检验此配方低碱水泥在生产中的质量稳定性，也是检验水泥厂的生产控制是否处于可控状态。其不同的 3 批次水泥试拌结果见表 7-15。

从表 7-15 可以看出，不同批次的低碱水泥与外加剂的适应性比较稳定，在试拌过程中没有出现混凝土拌合物坍落度、流动度经时损失快、泌水等现象发生，证明水泥生产质量稳定。但如果该水泥只与上海华登一家外加剂厂的聚羧酸外加剂相适应的话，也不能说明该低碱水泥与外加剂的适应性就很好了。由于苏通大桥主 4 号墩承台配合比要求高，设计难度大，对外加剂要求更加苛刻。用主 4 号墩承台初步配合比，分别用上海麦斯特、意大利马贝、南京瑞迪、苏博特四家外加剂厂生产的聚羧酸外加剂进行试拌验证。验证结果见表 7-16。

从表 7-16 可以看出，只需要外加剂厂的技术人员对外加剂组分稍作改动或适当调整外加剂掺量就可解决该低碱水泥与外加剂的适应性问题。虽然承台配合比使用南通华能Ⅱ级粉煤灰，坍落度损失也基本能满足设计要求。通过一系列试验验证了研究的思路是正确的，提供水泥配方合理、可行。但取消水泥中粉煤灰和助磨剂会相应地提高水泥生产成本。

水泥厂按新配方生产的水泥在苏通大桥的实际施工使用中到目前为止没有发现异常情况，混凝土拌合物暂未出现过坍落度损失大、泌水严重等情况出现。浇筑的混凝土实体外观质量较以前大有改观。在指挥部组织的水泥例会上各标段反应近期水泥质量较为稳定。事实证明提供的水泥配方在水泥厂严格的生产控制下生产出的低碱水泥与外加剂的适应性很稳定。

3. 结束语

通过反复比对和试验，得知苏通大桥使用的 P.O42.5 级低碱水泥对外加剂的适应性影响的因素除水泥自身碱含量以外还与下列因素有关：

（1）粉煤灰掺合料烧失量过大，含碳量过高；

（2）水泥比表面积控制不稳定，部分水泥比表面积偏小；

（3）助磨剂对水泥与外加剂适应性影响很大。

在生产低碱水泥时应从以下几方面加以控制：

（1）必须采用质量稳定的熟料；

（2）外掺料最好只加入优质石灰石粉；

（3）考虑到水泥厂的成本问题，在水泥中加入粉煤灰作为掺合料是可行的，但必须要掺入Ⅱ级以上风选优质粉煤灰，并严格控制其烧失量和碱含量；

（4）水泥磨细时应控制好磨温，避免加入的二水石膏失水，造成混凝土假凝；

（5）在粉磨水泥时不允许加助磨剂；

（6）水泥比表面积要控制在 330～350m²/kg；

（7）生产的成品水泥必须在专库中储存均化 15 天。

通过现场项目部施工和其他标段反映，中热水泥熟料＋6%石灰石粉＋5%二水石膏；比表面积为320～330m²/kg配方的水泥与外加剂适应性稳定。

由于低碱水泥与外加剂的适应性是目前较难彻底解决的技术难题，以后低碱水泥和外加剂适应性使用过程中可能还会出现这样或那样的问题，例如在低温环境下聚羧酸外加剂的滞后反应问题；高温环境下混凝土拌合物的坍落度损失较大的问题；水泥温度过高使混凝土拌合物产生假凝和容易泌水的问题；使用新鲜水泥时必须提高外加剂掺量等问题。按项目部解决低碱水泥与外加剂适应性的思路会增加水泥生产成本，如何通过水泥配方降低水泥成本是以后工作的重点。

第二节 大体积混凝土裂缝控制的一般措施

混凝土是一种多项介质组成的复合材料，具有不连续性、非均质性的特点，在荷载作用下，其力学性能、变形性能和破坏机理有很大离散性，并存在试件的尺寸效应，这正是大体积混凝土材料特性研究的困难所在。对于桥梁基础大体积混凝土而言，对混凝土材料特性的准确评价和合理利用，将极大地关系到工程的安全性和经济性。因此，全面深入地开展桥梁基础大体积混凝土温控防裂全套技术研究，可为桥梁的设计和施工提供可靠的科学依据，并对保证施工质量、提高工程安全度、节约工程投资都具有重大意义。

一、大体积混凝土定义

如果一个混凝土的结构，在温度或湿度变化引起体积变化的情况下，能够自由收缩或膨胀，这个结构的混凝土不会开裂。实际上，混凝土结构各部分在不同程度都受到一定的约束，它不能自由收缩。如果由于约束或差异应变产生的拉应力大于混凝土抗拉强度时便产生裂缝。港口工程、桥梁工程以及其他土木工程中有部分钢筋混凝土结构尺寸较大。由于结构尺寸大，水泥水化热引起的混凝土温度升高，不易及时散发，形成较大的温度差异，较大的温度变化和差异引起的体积变化，常常导致受约束的混凝土开裂。美国混凝土学会ACI 207认为，大体积混凝土是"现场浇筑的混凝土，尺寸大到需要采取措施降低水化热和水化热引起的体积变化，以最大限度地减少混凝土的开裂"。美国混凝土学会还认为，结构最小尺寸大于0.6m，即应考虑水化热引起混凝土体积变化与开裂问题。国际预应力混凝土协会（FIP）"海工混凝土设计与施工建议"规定，"凡是混凝土一次浇筑最小尺寸大于0.6m，特别是水泥用量大于400kg/m³时，应考虑采用水化放热慢的水泥或采取其他降温散热措施"。日本建筑学会标准（JASSS）认为，"结构断面最小尺寸在80cm以上，水化热引起混凝土内最高温度与外界气温之差超过25℃的混凝土，称为大体积混凝土"。我国港口、桥梁工程经验说明，船坞、泵房、大型挡土墙、桥墩、承台、锚碇等体积较大的混凝土结构如不采取适当的温控措施，因水化热会导致混凝土开裂。

二、大体积混凝土的早期开裂分析

1. 承台大体积混凝土的技术要求

苏通长江公路大桥是目前在建的世界上最大跨度的特大型公路桥梁，其远塔辅助墩（主2号、7号墩）、过渡墩（主1号、8号、3号、6号墩）、主墩（4号、5号）墩均为高桩承台，远塔辅助墩承台平面尺寸 52.0m×32.5m，顶、底面标高分别为＋6.3m、－4.0m，厚度由边缘的 4.0m 变化到最厚处的 10.3m。过渡墩承台平面尺寸 43.2m×19.3m，顶、底面标高分别为＋6.3m、－2.0m，厚度由边缘的 4.0m 变化到最厚处的 8.3m。主墩承台平面尺寸为 51.35m×48.1m，其厚度由边缘的 5m 变化到最厚处的 13.324m，两个承台间的系梁平面尺寸为 11.05m×28.1m，厚 6m，系梁中部设 2m 后浇段最后浇筑，将两承台连成整体。混凝土强度等级为 C35，承台均采用双壁钢吊箱施工，箱夹壁内填充混凝土，上部用竹胶模板进行混凝土浇筑。

苏通大桥承台均为大体积混凝土结构。由于水泥水化过程中产生的水化热，使浇筑后初期混凝土内部温度急剧上升，引起混凝土膨胀变形，而此时混凝土的弹性模量很小，因此，升温引起受基础约束的膨胀变形产生的压应力很小。随着温度逐渐降低混凝土产生收缩变形，但此时混凝土弹性模量较大，降温引起的变形受基础约束会产生相当大的拉应力。当拉应力超过混凝土的抗拉强度时，就会产生温度裂缝，对混凝土结构产生不同程度的危害。此外，在混凝土内部温度较高时，外部环境温度较低或气温骤降期间，内表温差过大在混凝土表面也会产生较大的拉应力而出现表面裂缝。

承台混凝土设计为 C30 泵送混凝土。根据流变学原理，可泵性良好的混凝土在泵管中应该是"柱塞式"的流动，当混凝土泵对混凝土柱塞的压力超过输送管内壁与水泥浆层的摩擦力时，混凝土即向前流动。可泵性良好的混凝土应具有较高的流动性，即坍落度损失小、黏聚性好，在泵压作用下不离析、不泌水。因此承台混凝土一方面为减少混凝土与管壁的摩擦力，应该具有丰富的水泥浆体含量；另一方面，从温控方面考虑，应尽量降低混凝土中的胶凝材料尤其是水泥的含量。为解决二者之间的矛盾，必须对混凝土配合比进行深入研究，为混凝土的施工及温度应力计算提供依据，并为温控防裂工作提供指导。

承台混凝土根据设计和施工条件，确定的技术要求为：

（1）设计要求：设计强度等级 C35，配制强度≥41.58MPa；

（2）施工要求：

28 天抗压强度≥35MPa；

初始坍落度：18～20cm；

凝结时间：≥30h；

水化热温升：在浇筑温度基础上的水化热温升不超过 35℃；

内外温差：混凝土内外温差不超过 25℃；

防裂：承台混凝土施工期不出现有害温度裂缝。

2. 现代混凝土结构裂缝产生的主要原因

目前混凝土开列的问题越来越严重，Burrows 认为，普通混凝土因为破碎而破坏，现代高性能混凝土因为开裂而耐久性降低。1996 年 Krauss 和 Rogalla 调查了美国和加拿大的 20 万座桥梁，发现其中 10 座以上的桥梁混凝土面板在修建后不久就产生贯穿裂缝，裂缝间距仅有 1～3m。我国虽没有详细的统计，但混凝土裂缝是普遍存在的。从工民建的梁板柱结构到高速公路的混凝土路面，从大坝到桥梁，混凝土开裂已成为影响混凝土建筑物使用安全和寿命的关键因素。目前混凝土结构的开裂主要不是荷载的作用，而是变形所致，如温度变形、收缩变形和基础不均匀沉降变形等，都可能引起混凝土结构的开裂。据统计，变形引起的裂缝几乎占到全部裂缝的 80％以上。

变形产生的裂缝的原因很复杂,研究还不够深入。它涉及到结构设计、材料组成、施工技术、环境状态等因素。而混凝土材料本身的组成与性质的变化,以及随之而来的施工技术变化可能是现代混凝土容易开裂的主要原因,这主要体现在以下两方面:

(1) 水泥矿物组成的变化

Metha 和 Burrows 认为美国自 1974 年以来桥面耐久性日益突出的直接原因是使用具有较高早期强度的水泥和混凝土。Neville 指出标准中对水泥的细度、C_3S 含量和早期强度没有限制导致了混凝土损坏程度的增加。随着水泥生产技术的发展,几十年来水泥的矿物组成与性质都有了很大变化。在 20 世纪 30 年代,普通硅酸盐水泥熟料中 C_3S 的含量仅 30% 左右,比表面积约为 $220m^2/kg$。这样的水泥早期强度低,强度发展速率也低,用该水泥配制的混凝土,其损坏形式为破碎,结构很少开裂。为了加快建设速度,水泥的 C_3S 含量和比表面积越来越高。我国现代大型水泥厂生产的硅酸盐水泥 C_3S 的含量超过 50%,比表面积在 $340\sim370m^2/kg$ 之间。这就导致了混凝土高的早期强度和弹性模量,低的变形和应力松弛,混凝土的脆性增加和徐变能力下降,由此引发早期裂缝。

(2) 混凝土流动性的变化

自 20 世纪 80 年代混凝土高效减水剂的普遍应用以来,混凝土的工作性能得到了很大改善,加快了施工进度,改善了劳动条件。20 世纪 30 年代普遍采用干硬、插捣混凝土,其坍落度 0cm;20 世纪 50 年代采用的混凝土坍落度为 $0\sim2cm$;20 世纪 70 年代混凝土坍落度为 $5\sim12cm$;20 世纪 80 年代普遍采用泵送、流态混凝土,其坍落度为 $8\sim20cm$;20 世纪 90 年代以后采用泵送、自密实混凝土,其坍落度为 $10\sim25cm$。随之带来的问题是混凝土的收缩性大大增加,尤其是掺加了大量掺合料的混凝土。

另外,对于水泥合混凝土的性质变化,结构设计人员和施工人员缺乏深入的认识和深入系统地研究,无法采取相应的技术措施,也是造成现代混凝土普遍开裂的一个重要原因。

三、防止混凝土开裂的一般技术措施

防止混凝土早期热开裂要考虑的三个主要因素是:(1) 在浇筑的混凝土结构中温度的变化;(2) 新浇筑的混凝土的力学性能;(3) 基础或邻接结构对混凝土结构的约束程度。大体积混凝土开裂主要是水化热使混凝土温度升高引起的,所以采取适当措施控制混凝土温度升高和温度变化速度在一定范围内,使温度变化产生的应力小于混凝土的抗拉强度,就可避免出现裂缝。这些措施包含于混凝土施工的全过程,包括分析混凝土内的温度分布、产生的约束应力,以及选择混凝土成分、施工安排、浇筑前后降低混凝土温度的措施和养护保温等。

1. 降低混凝土的水化热

水化热引起混凝土内最高温度是混凝土绝热温升,混凝土的热扩散性能,结构尺寸,混凝土浇筑温度和各种温度和因素影响的总和,因此降低混凝土发热量和降低混凝土浇筑温度是重要的措施,这些措施如下:

(1) 采用低水化热的水泥

采用低水化热的水泥以降低混凝土温度,长江上建造的几座大桥的大体积混凝土均采用水泥、矿渣、粉煤灰三组分胶凝材料,胶凝材料的成分为水泥 25%~30%,矿渣 35%~

45%，粉煤灰 25%～40%。日本明石海峡大桥锚碇应用中热 B 类矿渣水泥，锚碇基础连续墙应用中热硅酸盐水泥 40%，矿渣 40%，粉煤灰 20%三种成分混合的低热水泥。

(2) 采用缓凝高效减水剂

掺加高效减水剂可以减少用水量和减少水泥用量，降低混凝土温度，同时延缓早期的强度发展。

(3) 应用低热膨胀系数的粗骨料

不同的岩石具有不同的线膨胀系数，由此配制混凝土的线胀系数相差很大，当混凝土变形受到约束时产生的内应力也就有很大差异。几种岩石的膨胀系数见表 7-17。

几种岩石的线胀系数　　　　表 7-17

岩石种类	线胀系数(10^{-6}/℃)	岩石种类	线胀系数(10^{-6}/℃)
花岗岩	1.8～11.9	白云岩	6.7～8.6
闪长岩	4.1～10.3	石灰岩	0.9～12.2
辉绿岩	3.6～9.7	大理岩	1.1～16.0
砂岩	4.3～13.9		

(4) 尽可能应用粒径较大的粗骨料

尽可能用粒径较大的粗骨料，应用颗粒形状好和级配优良的粗骨料。避免用砂量过多，应用级配优良且没有粘土的砂。

(5) 采用低流动性混凝土

只要施工技术允许，尽可能应用低坍落度混凝土，低坍落度混凝土用水量少，有利于降低温度、减少干缩。同时应用强度和耐久性允许的最小水泥用量。

(6) 充分利用后期强度

利用后期强度减少水泥用量，大体积混凝土结构在浇筑完毕后往往要有很长一段时间才承受荷载，因此可以利用较长龄期的混凝土强度。大体积混凝土大多掺加粉煤灰和其他矿物混合材，它们有较好的后期强度，可以利用 60 天或 90 天的强度。

2. 降低混凝土浇筑温度

如果把混凝土的浇筑温度降低 10℃，可以降低其开裂时的应变 10%～15%。降低新拌混凝土温度的有效方法是降低水和骨料的温度。过度降低混凝土温度在某些情况下并不可取，例如在气温 25℃ 的环境下，混凝土的浇筑温度低至 10℃，此时表面混凝土迅速硬化，而内部混凝土却成熟缓慢，当最终内部混凝土温升膨胀，必然会给已经有一定程度硬化强度的表面混凝土带来开裂的危险。混凝土浇筑温度提高将加速水泥的水化反应，使混凝土的绝热温升增大。如浇筑温度低于 16℃～18℃ 时，每 100kg 水泥用量实际温升值为 12℃；当浇筑温度为 21℃ 时，每 100kg 水泥实际温升值增加至 16℃。降低混凝土浇筑温度的方法如下：

(1) 在低温季节浇筑混凝土

在低温季节浇筑混凝土，可以经济地建造大体积混凝土结构。

(2) 降低材料温度

有些散装水泥温度高达 70℃，应予避免。骨料堆搭设凉棚，避免阳光直射，或者喷水冷却骨料，水泥储罐亦可油漆成白色。

(3) 加冰拌合

温度升高1℃水吸收的热量差不多是水泥和骨料的4.5倍，所以采用冷却水拌合可以有效地降低混凝土温度，冰化成0℃的水要吸收热量335kJ/kg，用冰片代替部分水拌合混凝土是一种常用的降低混凝土浇筑温度的方法，但在拌合终了前要注意使所有的冰都溶化，以保证混凝土质量的均匀性。降低水温2.0～2.2℃，可以使混凝土温度下降0.5℃；而粗骨料温度下降0.8～1.1℃，即可使混凝土温度下降0.5℃。此外也可以用液氮降低拌合混凝土温度。

（4）避免吸收外温

运输工具、泵送管道、拌合车等均采用麻袋包覆，淋水降温。在模板和混凝土外表面遮荫，避免阳光直射或水养护。

3. 分块分层浇筑混凝土

结构水平尺寸愈大约束愈大，大体积混凝土结构往往根据搅拌能力和浇筑能力划分为若干块浇筑混凝土，分块要注意避免断面的突然变化，两个不同断面它们的温度变化和干缩不同，断面变化处会产生约束。同时采用薄层浇筑，利用层面散热以降低混凝土温度，分层厚度一般为0.75～3.0m。

4. 埋设冷却水管

埋设水管用连续流动的冷水可以降低混凝土温度，也可以把混凝土块体冷却到稳定的温度。冷却水可用江水，冷却时间一般在浇筑开始初期的10～15天，一般可用管径为25～42mm的薄壁钢管。决定冷却效率的主要因素是管距，冷却水温度和通水时间、管径大小的影响不大。在浇筑开始水管覆盖一层混凝土后即应开始通水，通水持续时间应足以保证混凝土第二次温升不超过初次温升，较小的大体积混凝土当到达最高温度并开始下降时应停止通水，要避免致使混凝土开裂的较大温度梯度，冷却速度以每天温度下降0.6～2.0℃为宜。

5. 表面保温与养护

防止开裂的一个重要原则是尽可能保持新混凝土不失去水分，温度降低在一定范围内。无约束的混凝土表面冷却可使表面收缩，约每降低1℃收缩0.001%，30m长度降低30℃缩短9mm。约束会减少收缩，但会引进拉应力，温度下降幅度较大时，足以引起表面混凝土开裂，表面裂缝向内伸展，只需产生内部裂缝的应力的一半，所以在寒潮时混凝土受到冷击，尤应采取保温措施。收缩开裂取决于：①混凝土表面的干燥程度；②混凝土用水量的多少；③约束的程度和性质；④混凝土的延伸性能。混凝土延伸性表示混凝土的应变能够达到多大而不超过其抗拉强度，是徐变与弹性应变能力之和。弹性应变能力在很大程度上取决于骨料成分，而且在很大范围内变化，石英卵石混凝土应变能力小，弹性模量大，易于干缩开裂。

第三节 4号主墩承台大体积混凝土温控设计

苏通长江公路大桥C1标4号主墩承台最大平面尺寸为51.35m×48.1m，其厚度由边缘的5m变化到最厚处的13.324m。混凝土强度等级为C35，承台方量为45000多 m^3，承台采用双壁钢吊箱施工，上部用竹胶模板进行混凝土浇筑。

该承台为大体积混凝土结构。由于水泥水化过程中产生的水化热，使浇筑后初期混凝土内部温度急剧上升，引起混凝土膨胀变形，而此时混凝土的弹性模量很小，因此，升温引起受基础约束的膨胀变形产生的压应力很小。随着温度逐渐降低混凝土产生收缩变形，但此时混凝土弹性模量较大，降温引起受基础约束的变形会产生相当大的拉应力。当拉应力超过混凝土的抗拉强度时，就会产生温度裂缝，对混凝土结构产生不同程度的危害。此外，在混凝土内部温度较高时，外部环境温度较低或气温骤降期间，内表温差过大在混凝土表面也会产生较大的拉应力而出现表面裂缝。

根据大桥的结构特点，项目部 C_1 标主 4 号墩承台大体积混凝土进行了温度场及应力场仿真计算，根据计算结果制定了承台不出现有害温度裂缝的温控标准，并制定了相应的温控措施。温控计算采用大型有限元程序"大体积混凝土施工期温度场与仿真应力场分析程序包"进行。其主要特点为：

(1) 该程序用于结构施工期累积温度场及仿真应力场的计算。

(2) 可以考虑混凝土分层浇筑方式、入仓温度、浇筑层厚度、施工期间歇、混凝土及基础混凝土弹模的变化、外界水温及气温的变化、混凝土的自生体积变形及徐变影响等复杂因素，能够模拟实际的施工运行过程。

(3) 提供三种单元类型：8～20 变节点六面体等参元，6～15 变节点五面体等参元和 8 节点六面体等参元。

(4) 具有多种求解器，可以选用直接解法或迭代法求解大型线性方程组，具有速度快、存储量小的特点，可利用微机进行大型混凝土结构的仿真分析。

(5) 可以输出高斯点应力和节点应力。

(6) 有一套完善的数据查错功能。

(7) 另配有一套完善的前后处理程序。

一、基本计算资料

1. 气象资料

(1) 施工期历年气温统计资料，见表 7-18。

(2) 施工期历年水温统计资料，见表 7-19。

施工期历年气温统计资料　表 7-18

时间	最高温度(℃)	最低温度(℃)	平均温度(℃)
2月份	18.9	−3.4	5.4
3月份	21.1	−0.5	7.8
4月份	25.3	3.4	10.5
5月份	27.4	8.3	17.8
6月份	32.6	17.3	26.4
7月份	37.0	21.0	31.7
8月份	39.0	18.8	33.6

施工期历年水温统计资料　表 7-19

时间	最高温度(℃)	最低温度(℃)	平均温度(℃)
2月份	8.27	3.41	5.72
3月份	11.2	6.61	8.86
4月份	17.0	10.3	13.7
5月份	20.3	15.4	17.9
6月份	22.5	19.2	20.9
7月份	24.2	20.3	22.6
8月份	24.9	21.6	23.4

2. 施工资料

4 号主墩承台混凝土设计强度等级 C35，施工时拟分五层浇筑，浇筑高度分别为 2.3m、2.3m、2.0m、3.0m 和 3.724m，第一层与第二层浇筑间歇期为 10 天，第二层与第三层浇筑间歇期为 35 天，第三层与第四层浇筑间歇期为 10 天，第四层与第五层浇筑间歇期为 10 天。

主墩承台预计于 2005 年 2 月中旬开始施工，5 月初结束，混凝土浇筑温度见表 7-20。

混凝土浇筑温度（℃）　　　　　表 7-20

层号	第一层	第二层	第三层	第四层	第五层
温度	15	16	19	20	21

承台混凝土冷却水管拟采用 φ32mm 的薄壁钢管（壁厚 3.25mm），冷却水为江水。4 号墩承台共布置十二层冷却水管，水管水平间距为 0.8m。

3. 承台混凝土施工配合比

（1）混凝土原材料

① 水泥：南通华新 P.O 42.5 水泥；

② 粉煤灰：南通华能Ⅱ级粉煤灰；

③ 黄砂：江西赣江中砂，细度模数为 2.75；

④ 碎石：镇江茅迪 5～31.5mm；

⑤ 外加剂：上海华登 HP400R。

（2）施工配合比

根据 1～2 号墩承台施工经验，大体积混凝土应最大程度减小水化热温升，因此对混凝土配合比进行了优化，胶凝材料由 410kg/m³ 降低到 390kg/m³。同时，根据原材料供应情况，配制了 3 个配合比备用。计算采用的混凝土配合比见表 7-21。

4 号墩承台混凝土施工配合比　　　　　表 7-21

	配合比号	水泥	粉煤灰	砂	石	水	外加剂	备注
单位用量（kg/m³）	1	242	148	710	1180	151	3.705	华能Ⅱ级灰
	2	222	148	738	1155	137	2.664	谏壁Ⅰ级灰
配合比	1	0.62	0.38	1.82	3.03	0.387	0.0095	第一、二层使用
	2	0.60	0.40	2.00	3.12	0.370	0.0072	第三、四、五层使用

（3）水泥水化热及绝热温升试验

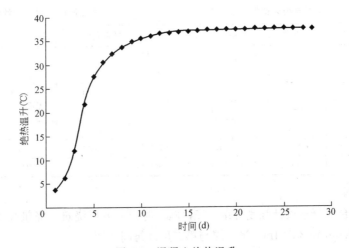

图 7-1　混凝土绝热温升

根据施工配合比进行水泥水化热试验,试验结果见表7-22,混凝土绝热温结果见图7-1。

水泥水化热试验结果 表7-22

水泥掺量(%)	粉煤灰掺量(%)	水泥水化热值(kJ/kg)		
		1d	3d	7d
62	38	141	186	239

二、混凝土材料参数及数值模型

1. 材料参数

混凝土材料参数参考有关设计规范及工程试验结果。C35混凝土弹性模量、热学参数、干缩和自生体积变形取值见表7-23、表7-24、表7-25、表7-26。

C35混凝土劈裂抗拉强度试验结果(MPa) 表7-23

龄期(天)	7	14	28	60
C35	1.63	2.57	3.21	3.54

C35混凝土弹性模量取值($\times 10^4$ MPa) 表7-24

3天	7天	28天	60天	90天	120天
1.35	2.27	3.29	3.47	3.69	3.87

C35混凝土热学参数 表7-25

线胀系数(10^{-6}/℃)	导温系数(m²/h)	导热系数(kcal/m·h·℃)
7.7	0.0045	2.7

C35混凝土自身体积变形($\times 10^{-6}$) 表7-26

3天	7天	14天	21天	28天	60天	90天	180天
2.11	15.54	18.03	6.09	−3.89	−7.47	−12.07	−29.30

备注:表中"−"表示收缩

2. 数值模型

计算中使用的绝热温升、弹性模量、徐变度的数值模型分别为:

(1) 绝热温升

绝热温升公式取双曲线函数:

$$\theta(\tau) = \frac{\theta_0 \tau}{n+\tau}$$

式中 θ_0——最终绝热温升;

τ——时间;

n——参数。

混凝土的 θ_0 和 n 值分别为40和13.5。

(2) 弹性模量

弹性模量随时间的增长曲线采用四参数双指数形式，即

$$E(\tau)=E_0+E_1(1-e^{-\alpha\tau^\beta})$$

式中 E_0——初始弹模；

E_1——最终弹模与初始弹模之差；

α、β——与弹模增长速率有关的两个参数，其值分别取 0.402 和 0.335。

(3) 徐变度

根据工程经验，取 C35 混凝土徐变度如下（单位：$10^{-6}/\text{MPa}$）：

$$C(t,\tau)=0.263\times10^{-4}(0.30+4.38/\tau)(1-e^{-0.25(t-\tau)})+$$
$$0.263\times10^{-4}(0.252+2.04/\tau)(1-e^{-0.018(t-\tau)})$$

式中 $C(t,\tau)$——徐变度；

t——混凝土龄期（天）；

τ——徐变加荷龄期（天）。

(4) 计算工况

1) 根据承台结构特点，取单个承台的 1/4（包括系梁）进行网格剖分计算；

2) 4号主墩承台最大平面尺寸为 51.35m×48.1m，其厚度由边缘的 5m 变化到最厚处的 13.324m，按 2.3m+2.3m+2.0m+3.0m+3.724m 分五次浇筑计算。

3) 4号墩承台混凝土受钻孔桩和封底混凝土的约束，封底混凝土计算时视为老混凝土，取弹性模量为 2.7×10^4 MPa。

4) 计算时考虑冷却水管的降温效果，4号墩承台混凝土中沿厚度方向布置十二层冷却水管。

5) 平均风速按 6m/s 考虑。

6) 计算时考虑混凝土表面的保温。根据承台四周边界条件取三种不同的散热系数。承台顶面为第三类边界条件（向空气散热），取散热系数为 1.11m/天；承台侧面下部为钢吊箱，按第一类边界条件计算；承台上部斜面为土工布加麻袋保温，取散热系数为 0.352m/天。

7) 计算过程中考虑寒潮的影响。

8) 计算时考虑徐变、自身体积变形对混凝土应力的影响。

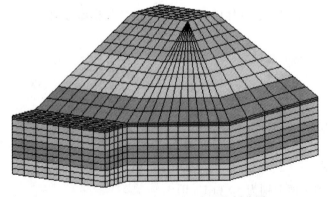

图 7-2 苏通大桥 4 号墩承台网格剖分图

三、计算结果及分析

1. 网格剖分

取 1/4 承台进行有限元网格剖分计算，4 号墩承台混凝土计算模型网格剖分见图 7-2。

2. 主要计算成果

（1）温度场主要特征

混凝土浇筑后，一般在 2～3 天达到峰值，约 1 天后温度开始下降，初期（4～6 天）降温速度较快，以后降温速率逐渐减慢，至 15～20 天后降温平缓。由于混凝土二次浇筑，下层混凝土的温度随着上层混凝土的浇筑会出现一定程度的反弹。承台混凝土中部温度最高，四周温度较低，靠近边缘部分混凝土温度梯度较大。4 号墩承台混凝土温度特征值见表 7-27 和图 7-3。

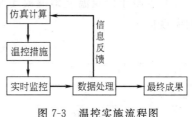

图 7-3 温控实施流程图

4 号墩承台各层混凝土温度特征值（℃） 表 7-27

层号	1	2	3	4	5
数值	43	45	46	51	53

（2）应力场主要特征

4 号承台混凝土各龄期的最大温度主拉应力见表 7-28。

4 号承台混凝土最大温度主拉应力及安全系数 表 7-28

龄期（天） 安全系数	3	7	14	28	60	90
第一层	0.14	1.14/1.43	1.58/1.63	2.04/1.52	2.37/1.49	2.55
第二层	0.12	1.17/1.39	1.59/1.62	2.02/1.54	2.29/1.55	2.25
第三层	0.49	1.23/1.33	1.66/1.55	2.02/1.57	2.27/1.56	2.19
第四层	0.55	1.24/1.31	1.66/1.55	1.95/1.59	2.13/1.66	2.08
第五层	0.83	1.25/1.30	1.68/1.53	1.92/1.62	2.04/1.74	1.94

3. 结果分析

计算结果表明，混凝土早期内部为压应力，以后逐步转化为拉应力。混凝土早期内部温度应力呈现出四周（边缘）应力大、中间应力小的特征，这主要是由于内外温差引起的。后期承台第一层混凝土由于受到封底混凝土和钻孔桩灌注桩的约束，温度应力较大，最大应力出现在靠近承台底部约 2.0m 左右位置。混凝土各龄期均有一定的安全系数，如果承台混凝土施工质量均匀、早期有效保温，可以避免出现有害温度裂缝。

四、温控标准和温控措施

1. 温度控制标准

混凝土温度控制的原则是：①尽量降低混凝土温升、延缓最高温度出现时间；②降低混凝土降温速率；③降低混凝土中心和表面之间、新老混凝土之间的温差以及控制混凝土表面和气温之间温差。温度控制的方法需根据气温（季节）、混凝土内部温度、结构尺寸、约束情况、混凝土配合比等具体条件确定。根据本工程的实际情况，制定如下温控标准：

(1) 混凝土内部最高温度按表 7-29 控制；

(2) 混凝土最大内外温差≤24℃；

(3) 混凝土浇筑温度即混凝土平仓、振捣后，上层混凝土覆盖前，距表面 5～10cm 处的温度值。

混凝土内部最高温度与浇筑温度（℃）　　　表 7-29

层　号	第一层	第二层	第三层	第四层	第五层
最高温度	≤43	≤45	≤46	≤51	≤53
浇筑温度	≤15	≤16	≤19	≤20	≤21

2. 温控措施

(1) 混凝土原材料优选及质量控制

选择级配良好的砂、石料、性能优良的缓凝高效减水剂，选用低水化热的矿渣水泥掺加高品质的粉煤灰，是大体积混凝土温控施工的有效措施。

1) 水泥：采用 42.5 普通水泥。水泥应分批检验，质量应稳定。如果存放期超过 3 个月应重新检验。

2) 粉煤灰：在规范允许范围内尽量增加粉煤灰掺量，以推迟水化热温峰的出现，降低混凝土绝热温升。粉煤灰入场后应分批检验，质量应符合《用于水泥和混凝土中的粉煤灰》(GB 1596—2005) 的规定。

3) 细骨料：宜采用中粗砂。细度模数在 2.5 左右，砂子含泥量必须小于 2%，并无泥团，其他指标应符合规范规定，砂子入场后应分批检验。

4) 粗骨料：石子级配必须优良，来源稳定。入场后分批检验，严格控制其含泥量不超过 1.0%，如果达不到要求，石子必须用水冲洗合格后才能使用，其他指标必须符合规范要求。

5) 外加剂：采用缓凝高效减水剂，以最大限度降低水泥用量，推迟水化热温峰的出现。外加剂的减水率应大于 22%。

6) 水：拌合用水应符合有关规范规定。

(2) 优化混凝土配合比，降低水化热温升

优化混凝土配合比，降低水泥用量，混凝土最大绝热温升控制在 42℃。混凝土应具有良好的粘聚性，不离析、不泌水，初始坍落度应控制在 16～18cm，第一层混凝土应控制在 18～20cm，混凝土初凝时间应大于 25h。

(3) 混凝土浇筑温度的控制

降低混凝土的浇筑温度对控制混凝土裂缝非常重要。相同混凝土，入模温度高的温升值要比入模温度低的大许多。在混凝土浇筑之前，通过测量水泥、粉煤灰、砂、石、水的温度，可以估算浇筑温度。

1) 水泥使用温度不应超过 60℃，否则应采取措施，如要求水泥厂家在水泥出厂前放置一段时间，或采取多次倒运的方法降低水泥使用温度。

2) 冬期施工如日平均气温低于 5℃时，为防止混凝土受冻，可采取拌合水加热及运输过程保温等冬期施工措施。

(4) 控制混凝土浇筑间歇期、分层厚度

各层混凝土浇筑间歇期尽可能控制短。总体原则是：为降低老混凝土的约束，在尽可能的情况下要做到薄层、短间歇、连续施工。如果两层混凝土间歇期超过控制指标15天，上层分层应进行适当减薄或采取其他措施。

(5) 埋设冷却水管及其要求

1) 水管位置

根据混凝土内部温度分布特征，4号墩承台混凝土内布设十二层冷却水管，冷却水管为$\phi32mm$的薄壁钢管，其水平间距为0.8m，冷却水管距混凝土侧面应大于0.8m，每根冷却水管长度不宜超过200m，冷却水管进水口集中布置，以利于统一管理。

2) 冷却水管使用及其控制

① 冷却水管使用前应进行压水试验，防止管道漏水、阻水；

② 混凝土浇筑到各层冷却水管标高后即开始通水，各层混凝土峰值过后立即停止通水。通水流量应大于25L/min，以形成紊流；

③ 为防止上层混凝土浇筑后下层混凝土温度的回升，采取二次通水冷却，通水时间根据测温结果确定；

④ 控制进出水温度，合理取水，冬季不应低于10℃，可与冷却水出水混合提高温度。

为保证冷却水的初期降温效果，项目部应与温控单位协调配合。根据现场实际情况，优化冷却水管的管路布置，合理选择水泵，并配备检修人员，以保证冷却系统正常工作。

(6) 养护

对于大体积混凝土，由于水化放热会使温度持续升高，如果气温不是过低，在升温的一段时间内应加强散热，如模板洒水降温等。为了承台混凝土强度正常增长和减少收缩裂缝，现场监控要特别重视承台混凝土的保温、养护。

当混凝土处于降温阶段则要保温覆盖以降低降温速率。可采取如下措施：混凝土冲毛后顶面覆盖麻袋保温；混凝土侧面采用竹胶模板，在外部包裹土工布和麻袋进行保温；在钢吊箱顶面搭设防风棚，必要时棚内用碘钨灯照射表面加温；推迟拆模时间，选择气温较高时拆模；如出现寒潮天气，适当增加2～3层保温层厚度，边角部位适量增加麻袋。

五、现场监控

为检验施工质量和温控效果，掌握温控信息，以便及时调整和改进温控措施，做到信息化施工，需对混凝土进行温度监测。因为大体积混凝土的温度、应力发展及防裂是一个十分复杂的过程，外界温度、湿度、施工条件、原材料变化等都会引起温度、应力的变化，只有通过监控才能更准确地了解结构的质量和抗裂安全状况，检验不同时期的温度特性和温控标准。当温控措施效果不佳，达不到温控标准时，部分可及时采取补救措施；当混凝土温度远低于温控标准限值时，则可减少温控措施，避免浪费。温控实施流程，见图7-3。

1. 监测仪器及元件

仪器选择依据使用可靠和经济的原则，在满足监测要求的前提下，选择操作方便、价格适宜的仪器。温度检测仪采用JGY-100型智能化数字多回路温度巡检仪，温度传感器为PN结温度传感器。JGY-100型智能化温度巡检仪可自动、手动巡回检测128点温度，

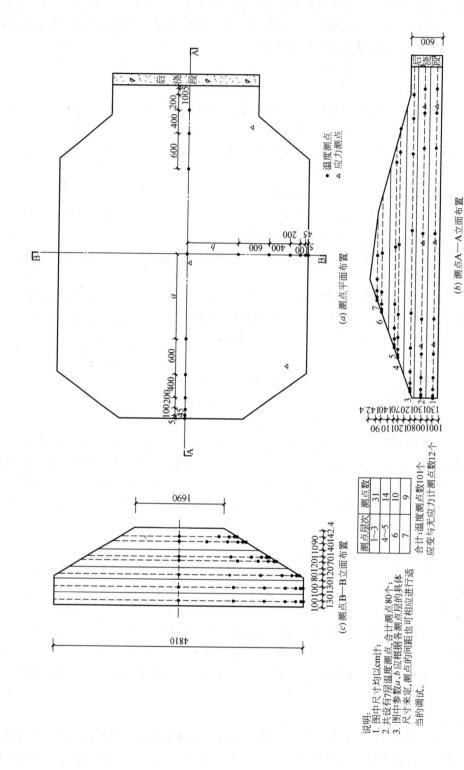

图 7-4 温度测点布置图

并具有数据记录和数据掉电保护、历史记录查询、实时显示和数据报表处理等功能。该仪器测量结果可直接用计算机采集,人机界面好,并且测温反应灵敏、迅速,测量准确,主要性能指标:①测温范围:$-50℃\sim+150℃$;②工作误差:$±1℃$;③分辨率:$0.1℃$;④巡检点数:64 点;⑤显示方式:LCD($240×128$);⑥功耗:$15W$;⑦外形尺寸:$230mm×130mm×220mm$;⑧重量:$≤1.5kg$。

温度传感器的主要技术性能:①测温范围:$-50℃\sim150℃$;②工作误差:$±0.5℃$;③分辨率:$0.1℃$;④平均灵敏度:$-2.1mV/℃$。

应力监测即在混凝土内埋入应变计和无应力计,测量混凝土的应变,通过混凝土的应变测值可进一步计算温度应力,从而判断混凝土的应力状态和抗裂能力,预测产生裂缝的可能性,以便及时采取防护措施。

应变计和无应力计选用 DI-25 型差动电阻式应变计。传感器主要性能指标:①标距 L(mm)=250,有效直径 D(mm)=29;②测量范围:拉($1×10^{-6}$),压 $600(1×10^{-6})-1000$,最小读数 $f(106/0.01\%)<4$;③$0℃$时自由状态电阻比(E_0)为 $0.9600\sim1.0400$,温度测量为$-25℃\sim+60℃$。

2. 检测元件的布置

测点的布置按照重点突出、兼顾全局的原则,在满足监测要求的前提下,以尽量少的测点获得所需的监测资料。根据结构的对称性和温度变化的一般规律,4 号墩承台测点布设在一侧,共布设 7 层 101 个测点,见图 7-4 所示。

3. 现场观测

(1) 监测元件的埋没

参照《混凝土大坝安全监测技术规范》(SDJ 336—89),并根据桥梁大体积混凝土的特点加以改进,由具有埋设技术和经验的专业人员操作。为保护导线和测点不受混凝土振捣的影响,用 $35m×35m$ 角钢及减震装置进行保护。

(2) 现场监测要求

各项测试项目宜在混凝土浇筑后立即进行,连续不断。混凝土的温度监测,峰值以前每 2h 监测一次,峰值出现后每 4h 监测一次,持续 5 天,然后转入每天测 2 次,直到温度变化基本稳定。每次观测完成后及时填写记录表。在检测混凝土温度、应力变化的同时,还应监测气温、冷却水管进出口水温、混凝土浇筑温度等。

混凝土的应力监测,在浇筑完成一周内,每 2h 监测一次,四周内每 4h 监测一次,以后每天测一次直至一周测一次。

六、4 号承台混凝土内部温度、应力监测成果

1. 温度监测成果及分析

(1) 温度综合监测成果见表 7-30、图 7-5～图 7-8。

4 号主墩承台温控检测成果表　　　　表 7-30

项　　目	最高温度(℃)	最高断面均温(℃)	最大内表温差(℃)
第一层	33.6	31.0	16.4
第二层	38.7	35.4	23.2

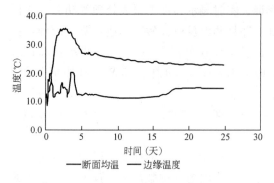

图 7-5　4号墩承台第一层混凝土温度过程线

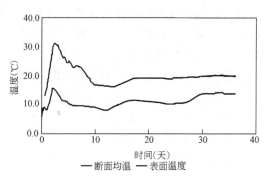

图 7-6　4号墩承台第二层混凝土温度过程线

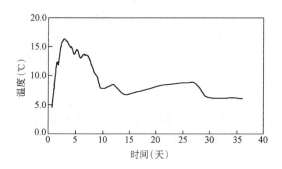

图 7-7　4号墩承台第一层混凝土内表温差过程线

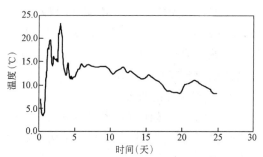

图 7-8　4号墩承台第二层混凝土内表温差过程线

(2) 成果分析

1) 从图 7-4～图 7-5 可以看出，4号墩承台混凝土第一、二层混凝土温度随时间变化规律比较一致，混凝土在浇筑之后急剧升温，升温阶段在 1.5～2.5 天左右，升温达到峰值后，温度稳定数小时，随后承台混凝土温度缓慢下降。混凝土峰值后，起始混凝土温度下降快，2～6 天后下降速率较平缓，测温结束时混凝土温度趋向于准稳定态。另外，当被第二层新浇混凝土覆盖以后，由于第二层新浇混凝土的急剧升温，使第一层混凝土温度亦有不同程度的回升。这是由于第二层混凝土向第一层混凝土传热的结果。各层混凝土的边缘温度低于该层混凝土的断面均温，其变化趋势也和该层混凝土的断面均温变化趋势呈现出较好的一致性。混凝土边缘测点温度波动较大，主要是由于气温变化较大所致。

2) 从图 7-6～图 7-7 可以看出，4号墩承台混凝土第一、二层混凝土最大内表温差随时间变化规律也比较一致。混凝土浇筑后最大内表温差先随时间延长迅速增大，2～3 天内达到峰值，峰值过后，最大内表温差开始下降，下降速度先快后慢，测温结束时最大内表温差变化平稳缓慢下降，最终将趋向于零。

2. 应力检测成果及分析

(1) 应力综合监测成果见表 7-31、图 7-9～图 7-14。

4号主墩承台应力检测成果表　　　　表 7-31

项　目	第一层			第二层		
	1号	2号	3号	4号	5号	6号
最大应力(MPa)	1.44	2.73	2.18	2.15	3.0	2.43

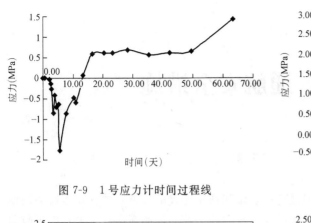

图 7-9　1 号应力计时间过程线

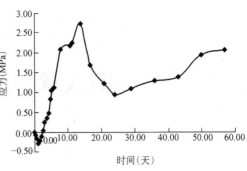

图 7-10　2 号应力计时间过程线

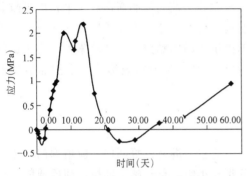

图 7-11　3 号应力计时间过程线

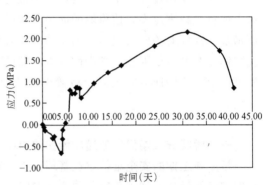

图 7-12　4 号应力计时间过程线

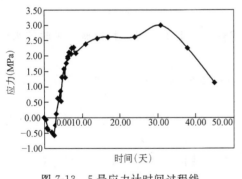

图 7-13　5 号应力计时间过程线

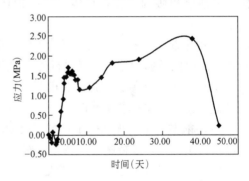

图 7-14　6 号应力计时间过程线

（2）成果分析

1）中心点应力变化规律

从图 7-8 和图 7-11 可以看出，混凝土浇筑后，随着内部温度的上升，混凝土体积发生膨胀，1 号和 4 号中心点处混凝土为压应力，最大值分别为 2.0MPa 和 1.6MPa。随着内部温度降低，混凝土中心点处由压应力逐渐转化为拉应力，在混凝土降温期拉应力增长较快，待混凝土内部温度降低到接近稳定温度后，拉应力基本稳定。

2）边缘点应力变化规律

从图 7-9、图 7-10、图 7-12 和图 7-13 可以看出，混凝土浇筑后边缘点在 3 天之内呈现为压应力，由于边缘点降温速率较快，混凝土迅速转化为拉应力，并在 10 天左右达到最大值。之后随着气温的逐渐升高，混凝土表面温度升高，拉应力逐渐下降。

第八章 通航安全措施

第一节 船舶通航维护

陆路交通运输业的不断发展,特别是高速公路和铁路建设的加速,建立在水路运输航道上的桥梁越来越多,使得船舶撞击桥墩以及在桥梁施工期间船舶撞击施工平台的事故急剧增加。国外有关资料显示,船舶撞击已成为航道上桥梁倒塌的主要原因之一。虽然目前我国尚无大型桥梁因船舶撞击而倒塌,但已有不少桥梁因船舶撞击而伤痕累累。为了保障桥梁安全、船舶通航安全以及桥梁施工期间的安全,必须采取有效措施,维护船舶通航安全。

一、桥梁施工期间船舶通航维护的组织措施

桥梁施工期的安全维护重在管理,施工期应由业主、港航监督部门、航道部门、水上公安部门及设计、施工单位共同成立专门的协调领导小组,负责施工期桥址河段通航安全维护的领导和协调工作,具体安全维护任务由港航监督部门承担。具体安全维护措施如下:

1. 根据航道维护方案及桥梁施工阶段适时调整上、下水航线,并根据施工时的水位、流速、流向以及船舶通航情况进行适当调整;

2. 确定施工水域并按进度提前发布航行通告,包括施工范围、时间、方式、标志及信号显示、航行注意事项等;

3. 港航监督部门加强施工水域航行管理,派驻现场监督艇担任施工水域监督警戒指挥过往船舶航行,维持施工水域交通秩序;

4. 报请港监雷达交管中心等监控部门对施工水域进行跟踪监督,与过往船舶通过VHF联络,结合监督现场进行预警、指挥;

5. 施工期间要保持良好的技术状态严格按申请批准的方案施工作业,并按有关规定显示正确信号夜间对灯光妥善遮蔽,不至影响过往船舶。

二、桥梁施工期间船舶通航维护的相关法律规定

在中华人民共和国沿海和内河水域进行桥梁施工时,为维护水上交通秩序,保障船舶、排筏航行、停泊和作业的安全,保护水域环境,必须遵守《中华人民共和国水上水下施工作业通航安全管理规定》、《中华人民共和国内河交通安全管理条例》及其他有关规定。

(1)各级港务(港航)监督机构(以下简称港监)具体负责其管辖水域内的施工作业通航安全监督管理工作;

（2）在长江、珠江、黑龙江干线及沿海水域、进出港航道、习惯航线上进行架设、构筑桥梁、索道、闸坝、隧道等大型固定性、永久性设施；在港外建立过驳、装卸站点；扩展港区范围，建立新港区；建设新锚地；设定永久性禁航区等相关的施工作业，事前须报港监局批准，其工程可行性研究和初步设计阶段的评审活动应有港监局参加，经审核符合通航安全要求或未符合通航安全要求的情况得到改正后，方可办理施工作业书面申请手续；

（3）实施施工作业的船舶、排筏、设施须按有关规定在明显处昼夜显示规定的号灯、号型；

（4）施工作业者在施工作业期间应按港监确定的安全要求，设置必要的安全作业区或警戒区，设置有关标志或配备警戒船。在现场作业船舶或警戒船上配备有效的通信设备，施工作业期间指派专人警戒，并在指定的频道上守听；

（5）施工作业者设置警示标志或配备警戒船进行现场巡逻的费用由施工作业者承担；

（6）施工作业者进行施工作业前，应按有关规定向港监申请发布航行警告、航行通告；

（7）施工作业者有责任清除其遗留在施工作业水域的碍航物体；

（8）严禁施工作业者随意倾倒废弃物；

（9）划定与施工作业相关的安全作业区必须报经港监局或当地港监核准、公告；

（10）与施工作业无关的船舶、排筏、设施不得进入施工作业安全作业区；

（11）施工作业者不得擅自扩大施工作业安全作业区的范围；

（12）施工作业结束后，施工作业者应及时向港监提交涉及通航安全的竣工报告。工程中有关涉及通航安全的部分经统一组织竣工验收合格后，方可投入使用；

（13）在通航河流上新建和已建桥梁，必须根据航道主管部门的意见，建设桥涵标志或桥梁河段航标，同时按港监部门的意见，增设航行安全设施，其建设和维护管理工作，由桥梁建设或管理单位负责；

（14）建设其他与通航有关的设施，涉及到航行安全和设施自身安全的，亦须设置航标予以标示，其设标和维护管理工作，亦由建设和管理单位负责；

（15）对设置和管理上述航标，建设或管理单位确有困难的，可以委托航道主管部门代设代管，有关设备和管理费用由委托单位负责；

（16）任何单位在通航水域进行工程建设，施工完毕必须按通航要求及时清除遗留物，如围堰、残桩、沉箱、废墩、锚具、沉船残体、海上平台等，并经航道主管部门验收认可。没有清除的，航道主管部门有权责成其限期清除，或由航道主管部门强制清除，其清除费用由工程施工单位承担。

第二节 防撞措施

一、碰撞机理和撞力计算方法

在船舶碰撞研究方面，主要目的是为了减少碰撞引起的损坏，目标是结构有适当的抵抗力和碰撞时产生较小的碰撞冲击力。要达到这样的目标，需完成两方面的工作：一是正确预报碰撞的冲击力，计算碰撞过程中能量的消耗和碰撞引起的周围水的运动；二是正确预报结构强度。这两部分，可以归结为碰撞的外部动力学问题和内部动力学问题。

1. 外部动力学问题

冲击过程中，船舶和周围水的运动的预报是属于外部动力学问题。因为碰撞船舶和周围水之间复杂的相互关系，外部动力学问题是非常复杂的。早期的研究只采用船舶动量分析的简单解，即假设撞击船在碰撞时不旋转，垂直于船舶运动方向的动量保持不变。这种方法不能得到船舶的运动方程，还未考虑船舶与桥墩之间的相互关系。而实际上碰撞是船舶与桥墩的相对运动和碰撞力的综合反映，因而求解问题的最好方法是对整个运动过程进行模拟。

现有的研究工作表明，船舶碰撞时的附连水质量是运动能耗的一个重要因素，一般情况下，横漂的附连水质量是船舶排水量的 10%～20%，升沉的附连水质量是 10% 左右，附连水质量变化对碰撞时结构吸收的能量有很大的影响。

对外部动力学的动荷分析，通过对船舶整体运动建立运动方程，确定双体间可能的相互作用力及能量分配。在碰撞后，任一瞬间的船舶运动可能包括横摇、横漂、摇首、纵倾、升沉和进退。对于一固定于船上、原点在船中的坐标系，船舶的运动方程采用切片理论，得到瞬态运动情况的水动压力，代入运动方程组，得到碰撞时的瞬态运动方程式。为求解此方程，首先要决定包含在 [M] 和 [C] 矩阵中的附连水质量和阻尼，可通过船舶剖面的二维附连水质量和阻尼沿船长的积分求得，因此计算船舶运动的第一步是决定每一个船舶剖面的二维附连水质量和阻尼。船长约有 20 个剖面，因它们都和频率有关，所以需要计算 30～50 个频率的数值。

2. 内部动力学问题

碰撞时结构的响应，通常归为内部动力学问题。20 世纪 90 年代开展的研究工作，发展了碰撞过程的相当多的简化分析方法、数值计算方法和结构的防护设计方法。船舶碰撞内部动力学问题的解包括能量吸收能力和被撞船舶侧壳板碰撞冲击抗力的计算，以及碰撞船舶首部崩溃中碰撞冲击和破坏能量的吸收。这类问题是非线性动力学问题，包括弹性和塑性变形，结构的崩溃和破裂，以及迅速改变的边界条件。碰撞时船舶的结构响应机理能简要地描述如下：当两体发生碰撞时，碰撞力是两体接触区域刚度的函数。因桥墩的刚性一般较大，所以船舶的局部结构可能发生变形、破坏或穿透，接触区域的几何形状将改变，这又将引起碰撞力大小的变化。要求解结构响应，在变形结构中的每一时刻必须满足平衡条件和相容条件，作用力必须平衡，局部内力的和必须等于外力。要满足力和位移边界条件，应力应变关系要满足弹性和塑性理论。鉴于船舶结构的复杂性和复杂的方程组，求解方程组是极其困难的。所以国际上碰撞研究除了试验研究外，也大量采用数值方法和近似理论方法。

在特定条件下，如破坏模型、凹瘪形状、结构布置和焊缝撕裂，可用相应的简化公式，通过构件典型破坏模式的组合来预报船舷或船侧碰撞所吸收的能量。简化公式是将结构看成是一些已知响应的较简单构件的组合，这些构件的响应可应用理论方法或应用经验公式。通过这些计算可得到对标准的船首和船侧结构准静态冲击力——穿透以及能量吸收——穿透的特性，这些近似方法和数值计算、实验结果相比较，有合理的一致性。例如对碰撞的船舶结构的响应的分析，可采用 Minorsky 或改进的 Minorsky 方法估算结构损坏；用 Gerard 和 Amdeahl 和 Yang Caldwell 方法可预报一些船舶对海上固定结构的首撞力等。

简化模拟碰撞，是研究碰撞过程的一个重要方面。两体接触点的位置称为碰撞点，假设所有的变形发生在碰撞点的周围，用 6 根非线性弹簧描述这一区域的变形。弹簧变形产生的力和碰撞力平衡，因此每一弹簧变形力就代表了这一弹簧方向上碰撞产生的力。计算这一组力的大小就可了解船舶碰撞时的受力情况。模拟从船舶接触的瞬间开始，作用的力为碰撞力和水动压力，碰撞力的增量为作用在碰撞点的弹簧力和弹簧力增量的函数，这个方程可用来得到碰撞的数学模型。

结构有限元分析方法的运用，为船舶桥墩碰撞过程进行数值模拟提供了较有力的手段。在碰撞过程中，桥墩为钢筋混凝土结构，上部承载着桥梁结构，进行初步分析时，桥墩通常简化为没有速度具有大的质量和刚度的物件，船体取为板、梁、柱的空间组合结构，可用显式动力计算方法模拟整个运动过程和碰撞力，精确的计算分析中可将桥墩、桥梁和船舶均作为弹性体进行冲击过程模拟，建立碰撞体系的完整计算模型，得到桥墩的力-变形曲线和船体破损过程。碰撞的外部动力特性和内部动力特性之间是同时发生相互影响的，模拟提供了求解问题的最好方法。

二、防护措施分类及原理

经过多年的研究应用，世界上涌现出多种类型的桥墩防撞设施，但其基本原理都是基于能量吸收、动量缓冲而设计的，每种防撞措施都有其特点和使用条件，下面将对各种方式分别予以说明。

1. 缓冲材料方式

采用木材、橡胶等软质材料，在桥墩周围形成缓冲保护层。船舶碰撞能量主要由木材、橡胶变形消能。它适用于小型船舶碰撞情况，或在其他防撞设施中配套使用。例如日本的岩黑岛大桥，缓冲材料设施能够承受 200t 级船舶以 1.44m/s 或 100t 级船舶以 1.75m/s 速度撞击。

2. 缓冲设施工程方式

采用木材、钢结构、钢筋混凝土等形成防撞结构体系。利用防撞设施本身和碰撞船舶的钢板及骨材变形、破裂、崩溃来吸收能量。此种方式适用性强，用途较广，规模可大可小，主要用于中型、大型防撞设施工程。例如澳大利亚塔曼岛的新鲍恩桥，设计承载 5000 吨级船舶，速度 3.6m/s 的碰撞。中国黄石长江公路大桥的浮式消能防撞设施，设计承载 5000 吨级船舶，速度 3.1m/s 的撞击。

3. 重力方式

由重物及其支撑结构组成。通过重物的移动，把船舶的撞击能量转化为重物的势能、重物周围水的动能。设施规模较大，宜设在较开阔的水域，抵抗中型船舶的撞击，设施需要重物的支撑结构，维护管理较复杂，碰撞损坏后维修较困难。实例有澳大利亚的 Tasman 桥。

4. 桩群方式

通常由桩群组成，桩群间用缓冲梁连接主要靠群桩联合变形缓冲吸能从经济角度考虑，小能量碰撞时较为合理，碰撞损伤后维修较困难。实例有娜威 Troms 桥。

5. 人工岛方式

在坚实的岩石层上由砂、石块构砌而成。在人工岛发生变形损伤的同时，船舶的势能变化和结构变形均能吸收一定能量，并可使碰撞船舶搁浅。人工岛使用寿命长、无需保养，但建造工程量大，初投资量大，并会影响航道，主要适用于大型船舶的高能量碰撞情形。例如法国的 Verdon 桥，设计承载 80000 吨级船舶，速度 7.72m/s 抗撞；还有挪威的 Brevik 桥等。

6. 薄壳筑造围堰方式

在钢板桩构成的圆筒中装满砂或混凝土，顶部用钢筋混凝土盖板，置于桥墩易受撞击的部位周围。设施整体质量通常很大，通过钢板桩变形破损和内部的填充物消能。能避免船舶与桥墩的直接撞击，但沉箱建造的工程量较大，特别在深水情形更是如此，且通常不能封闭所有的碰撞角度，实例有美国 Outer 桥，沉箱设计抗撞能力为 40000 吨级船舶，速度 1.54m/s。

7. 浮体系泊方式

由浮体、钢丝绳、锚定物组成。浮体移动、钢丝绳变形、锚定物在碰撞力作用下移动等都可吸收大量能量。即使在深水情况下，造价相对较低，缓冲变形量大，对碰撞船舶也有很好的保护作用。但对于吃水小的船舶可能会把浮体滑入船底而失效，实例有意大利 Taranto 桥的边墩，设计抗撞能力为 15000 吨级船舶，速度 3.1m/s。我国广东崖门大桥，采用钢质系泊浮体形式，设计抗撞能力为 5000 吨级船舶，速度 3.09m/s；10000 吨级船舶，速度 1.54m/s。

8. 非结构物防撞系统

在船舶上安装全天候电子导航系统。利用雷达进行交通监控，控制过往船舶。非结构物防撞系统能减少碰撞事故发生的概率，用于交通繁忙的航道效果明显。

三、桥梁基础施工期平台防撞措施

1. 防撞设计的基本要求

防撞设施的设计需要根据桥墩的自身抗撞能力、桥墩的位置、桥墩的外形、水流的速度、水位的变化情况、通航船舶的类型、碰撞速度等因素进行防撞设施一般应满足如下要求：

（1）对碰撞的船舶能量进行效能缓冲，使船舶不能直接撞击桥墩，或使船舶碰撞力控制在安全范围内；

（2）防撞设施不能影响航道的通航，占用航道范围尽量少；

（3）通过合理的结构、材料布置，尽量减少船舶的损伤；

（4）防撞设施制造、安装、维修经济方便，经久耐用，功能可靠。对防撞设施的设计制造，规范中的结论大部分来源于近似公式，对具体的条件，不一定很合适。更为合适和精细的方法可采用有限元数值模拟，利用显式动力学计算，能够较为准确地给出碰撞力和模拟出碰撞运动过程。

2. 桥梁基础施工平台防撞措施

桥梁基础施工平台形成后，为确保施工安全，应按相关法律法规要求及时设置安全警示标志，并在平台四周设置防护栏杆和布设救生圈、灭火器等安全设施。

（1）根据施工作业要求，确定施工占用水域，依据相关程序上报，及时要求航道管理部门发布航行通报，设置航标灯等助航标志。沿海和通航河流上设置的助航标志，必须分别符合下列国家标准：

1) 沿海助航标志应符合：

a.《中国海区水上助航标志》(GB 4696—84)；

b.《中国海区水上助航标志的主要外形尺寸》(GB 4697—84)。

2) 内河助航标志应符合：

a.《内河助航标志》(GB 5863—86)；

b.《内河助航标志的主要外形尺寸》(GB 5864—86)。

非航标管理部门在沿海和通航河流上设置专用航标，必须经航标管理部门的同意，标志设置单位应经常维护，使之保持良好技术状态。

（2）依据相关规定在作业船舶和平台上设置障碍物夜间警示灯。

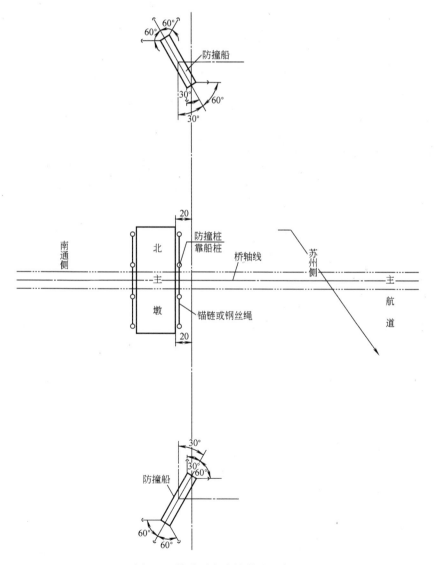

图 8-1　钻孔平台防撞措施示意图

(3) 在平台上、下游利用警戒船,设置警示标志,配备高频对讲机,派专人值班,配合港监部门对过往船舶进行监督,如图 8-1。

(4) 在部分成桩后,将钻孔平台与已经成桩的部分钢护筒连接,保证钻孔平台稳定性。

(5) 在平台两侧设置防撞桩。

(6) 在部分钢护筒分成桩后,将钻孔平台与已经成桩的部分用钢护筒连接,保证钻孔平台稳定性。

(7) 在起始平台和两侧辅助桩、防撞桩内填充密实的砂土,增大桩的刚性和防撞能力。

参 考 文 献

1. 陈明宪. 斜拉桥建造技术. 北京：人民交通出版社，2004
2. 杨渡军. 桥梁的防撞保护系统及其设计. 北京：人民交通出版社，1990
3. 黄绳武. 桥梁施工及组织管理. 北京：人民交通出版社，2001
4. 杨文渊，徐犇. 桥梁施工工程师手册（第二版）. 北京：人民交通出版社，2003
5. 史佩栋，高大钊，钱力航. 21世纪高层建筑基础工程. 北京：中国建筑工业出版社，2000
6. 左名麒，胡人礼，毛洪渊. 桩基础工程. 北京：中国铁道出版社，1996
7. 唐业清. 简明地基基础设计施工手册. 北京：中国建筑工业出版社，2003
8. 刘自明. 桥梁深水基础. 北京：人民交通出版社. 2003
9. 张宏. 灌注桩检测与处理，北京：人民交通出版社. 2001. 5
10. 顾晓鲁，钱鸿缙，刘惠珊，汪时敏. 地基与基础（第三版）. 北京：中国建筑工业出版社，2003
11. 李世京，刘小敏，杨建林. 钻孔灌注桩施工技术. 北京：地质出版社，1990
12. 王尚伦. 大连轻轨跨海滩桥梁基础施工技术. 铁道标准设计，2004（5）
13. 黄龙华，刘杰文，任旭初. 潮汐河段特大型深水钻孔桩基础施工技术. 桥梁建设，2003（5）
14. 陈礼忠. 东海大桥超大深钻孔灌注桩施工探索. 建筑机械化，2004 Vol. 25（11）
15. 周建诚，陈锡墀，苏洪雯，夏卫. 海口世纪大桥主墩沉井施工. 桥梁建设，2002（6）
16. 向龙会，章国平. 金上特大桥浅河汊低桩承台基础施工. 世界桥梁，2004（3）
17. 任剑波，刘晓东，彭力军. 南京长江第三大桥南塔基础施工. 桥梁建设，2004（1）
18. 傅益宏. 武汉军山长江公路大桥主跨斜拉桥的设计施工介绍. 交通科技，2000（3）
19. 张瑞军，王梓夫，徐国平. 武汉军山长江公路大桥异型钢围堰设计. 桥梁建设，2000（4）
20. 王学军，汪磊. 深水桥梁基础钢围堰施工程序研究. 重庆交通学院学报，2004 Vol. 23，(z1)
21. 吴方明. 西陵长江大桥主塔基础设计. 桥梁建设，2003（3）
22. 汪溯，李步云，戴晟春. 湛江海湾大桥48号主墩超长大直径桩基施工. 桥梁建设，2004（5）
23. 谭国顺. 钢护筒粉喷桩组合围堰的设计与施工. 桥梁建设，2000（1）
24. 李德坤. 深水基础整体式双壁吊箱围堰施工技术. 桥梁建设，2004（2）
25. 陈克振，谢江松. 潮州供水枢纽工程软基截流护底施工技术 [J]. 人民珠江，2004（3）
26. 李敏达等. 铰链式模袋混凝土沉排护底在河床整治中的应用 [J]. 甘肃水利水电技术，2004（6）
27. 焦爱萍，张耀先. 桥墩局部冲刷分析及防护对策 [J]. 人民黄河，2003（7）
28. 胡义龙. 软体排在航道工程护底中的应用 [J]. 港口工程，1998（6）
29. 丁前美. 苏通大桥南、北塔墩冲刷分析 [J]. 人民长江，2003（5）
30. 张翠萍等. 铅丝笼沉排结构在武庄护岸工程中的应用 [J]. 人民黄河，2004（11）
31. 白玉生. GPS在城市测量控制网改造过程中的应用与研究 [R]. 硕士学位论文，辽宁工程技术大学
32. 吕元林. 大跨度公路桥梁深水基础施工方案比较. 水运工程，2001，(4)，59~61
33. 左明福. 公路桥梁深水桩基础若干问题的探讨. 水运工程，2000，(3)，3~6
34. 左明福. 公路桥梁深水桩基础施工. 土工基础，1999，13（2），1~5
35. 任国旭. 西江特大桥深水桩基平台技术研究. 硕士论文，华南理工大学，2003，5
36. 黄宏伟，张冬梅，徐凌，杨澄宇. 国内外桥梁深基础形式的现状. 公路交通科技，2002，19（4），60~64

37. 雷少全，游碧松. 可移式水上平台及水上基桩施工技术. 探矿工程，1994，(3)
38. 朱春华，黄小雄. 大直径超长钢护筒的振埋施工技术. 上海地质，2001，65～67
39. 周冬生，徐巍，周先念. 海上桥梁施工平台的搭建技术. 世界桥梁，2004，85～88
40. 苏永会，胡玉龙，隆良军. 外海桥梁施工新技术. 重庆建筑大学学报，2003，2，124～128
41. 赵晶. 桥梁基础施工高架平台钢护筒渡汛加固措施. 华东公路，2001，10，21～23
42. 崔立志，万德臣. 浅海钻孔桩浮平台施工工艺. 云南交通科技，2001，4，34～36
43. 韩向阳. 南京长江水底隧道施工期通航问题研究. 现代隧道技术，2001 Vol. 38 (5)
44. 严仁军，李嵘，王勇，吴卫国. 水路航运与桥墩防撞研究. 交通科技，2003 (3)
45. 杨斌，杨胜发. 渝怀铁路长寿长江大桥施工期通航条件研究. 重庆交通学院学报，2002 Vol. 21 (4)
46. 《中华人民共和国水上水下施工作业通航安全管理规定》，2000.1.1 起施行
47. 《中华人民共和国航道管理条例实施细则》，1991.10.1 起施行
48. 陈克振，谢江松. 潮州供水枢纽工程软基截流护底施工技术 [J]. 人民珠江，2004 (3)
49. 李敏达等. 铰链式模袋混凝土沉排护底在河床整治中的应用 [J]. 甘肃水利水电技术，2004 (6)
50. 焦爱萍，张耀先. 桥墩局部冲刷分析及防护对策 [J]. 人民黄河，2003 (7)
51. 胡义龙. 软体排在航道工程护底中的应用 [J]. 港口工程，1998 (6)
52. 丁前美. 苏通大桥南、北塔墩冲刷分析 [J]. 人民长江，2003 (5)
53. 张翠萍等，铅丝笼沉排结构在武庄护岸工程中的应用 [J]. 人民黄河，2004 (11)
54. 俞高明，桥涵水力水文，人民交通出版社
55. 周履. 21世纪的重要课题-关于混凝土耐久性的新观点. 国外桥梁，1998，(4)
56. 洪乃丰. 钢筋混凝土基础设施腐蚀与耐久性. 陈肇元主编. 土建结构工程的安全性及耐久性（论文集）. 北京：中国建筑工业出版社，2003
57. 冯乃谦. 高性能混凝土. 北京：中国建筑工业出版社，2003
58. P. C. Aiticn, A. M. Neville. High Performance Concrete Demystified. Concrete International，1993，15 (1)：21～26
59. 廉慧珍. 对高性能混凝土十年来推广应用的反思. 混凝土，2003，(7)
60. 陈肇元. 高强混凝土与高性能混凝土. 载国家建设部编. 中国建筑技术政策. 北京：中国城市出版社，1998
61. 吴中伟，廉慧珍. 高性能混凝土. 北京：中国铁道出版社，1999
62. 王玲等. 高效减水剂和水泥之间适应性的影响因素. 姚燕主编. 新型高性能混凝土耐久性的研究与工程应用. 北京：中国建材工业出版社，2004
63. 刘秉京编著. 混凝土技术（第二版）. 北京：人民交通出版社，2004
64. 朱伯芳著. 大体积混凝土温度应力与温度控制. 北京：中国电力出版社，2003
65. 王铁梦著. 工程结构的裂缝控制. 北京：中国建筑工业出版社，1997
66. Metha P. K. and Burrows R. W. Building Durable Structures in the 21th Century. Concrete International，2001 Marth，57～63
67. 阎培渝. 混凝土结构的裂缝与控制. 姚燕主编. 新型高性能混凝土耐久性的研究与工程应用. 北京：中国建材工业出版社，2004
68. 甘新平等. 江阴大桥锚碇大体积混凝土温控监测报告. 技术服务报告. 武汉：中港二航局科研所. 2001
69. 汪澜编著. 水泥混凝土组成·性能·应用. 北京：中国建材工业出版社，2005
70. 柳献. 自密实混凝土塑性收缩性能研究. 混凝土与水泥制品，2002 (5)，P6～10
71. 赵筠. 自密实混凝土的研究和应用. 混凝土，2003 (6)，P6～10
72. 李清和. 高强与免振捣自密实混凝土. 建筑技术开发，1997 (12)，P34～37

73. 张国志，刘秉京. 自密实混凝土在桥梁工程中的应用. 中国港湾建设，2004（1）
74. 高流動コソクリ-ト施工指針. 日本土木学会
75. 邸小云等. 我国混凝土建筑结构的耐久性与安全问题. 土建结构工程的安全性与耐久性. 北京：中国建筑工业出版社，2003. 197
76. 杨国嫦. 水下不离析混凝土研究报告. 研究报告. 武汉：交通部第二航务工程局科研所
77. 林宝玉，吴绍章. 混凝土工程新材料设计与施工. 北京：中国水利水电出版社，1998